Rainer Grießhammer
Claudia Burg

WEN MACHT DIE BANANE KRUMM

Kolonialwarengeschichten

Gestaltet und illustriert:
BERNHARD KUNKLER DESIGN

Rowohlt

Redaktion Ingke Brodersen
Umschlaggestaltung Bernhard Kunkler

Jedes Jahr werden in der Bundesrepublik Deutschland Millionen von Büchern verkauft. Alle in Plastik eingschweißt. Die Folie schützt das Buch, aber leider nicht die Umwelt. Wir möchten, daß sich etwas ändert. Deshalb haben wir bei diesem Buch auf die Plastikfolie verzichtet. Das ist zumindest ein Anfang.

Rowohlt Verlag

1. Auflage September 1989

Satz: Sabon (Linotron 202)
Gesamtherstellung Clausen & Bosse, Leck
Printed in Germany
ISBN 3 498 02450 7

INHALT

Seite 9 Vorwort

BLUE JEANS – DAS BLAUE WUNDER 14

Seite 19 Vom Schock zum Schick / Seite 22 King Cotton und Onkel Toms Hütte / Seite 26 Das weiße Gold / Seite 31 Kolonialstil / Seite 33 Nicht mit ADLER-Augen / Seite 38 «Reine» Baumwolle – vergiftet / Seite 43 Literatur / Seite 43 Adressen

WEN MACHT DIE BANANE KRUMM 44

Seite 45 Warum ist die Banane krumm / Seite 46 Die Bananen-Multis / Seite 49 Vom Konzern zum Multi – United Fruit zum Beispiel / Seite 56 Der Bananenkrieg / Seite 59 Die saure Geschichte der süßen Banane / Seite 60 «Wir haben es satt, arm zu sein» – Nicaragua zum Beispiel / Seite 64 Die Schweizer Bananenfrauen / Seite 67 Augen auf beim Früchtekauf / Seite 70 Literatur / Seite 71 Ausstellung / Seite 71 Adressen

BAUM UM BAUM – RAUBMORD AM REGENWALD 72

Seite 73 Der Wald stirbt / Seite 76 Regen-Wald / Seite 80 Treibhausfieberträume / Seite 82 Tropenholz – für die Reichen / Seite 84 Zum Beispiel: Die Elfenbeinküste / Seite 86 «Ihr habt die Welt, laßt uns den Wald» / Seite 90 Rettung durch Wiederaufforstung? / Seite 91 Brennholz – für die Armen / Seite 93 Die Chipko-Bewegung in Indien / Seite 94 Wir fressen den Wald / Seite 97 Schulden gegen Regenwälder? / Seite 100 Tropenholzprodukte von A–Z / Seite 102 Literatur / Seite 102 Dias & Ausstellungen / Seite 103 Adressen

HAMBURGER – ES GEHT UM DIE WURST 104

Seite 105 Bürger gegen Burger / Seite 106 Das Vieh der Reichen frißt das Brot der Armen / Seite 108 Soja hier, Soja dort / Seite 112 VW do Brasil / Seite 114 Fleischeslust / Seite 118 Fast-Food – die Stulle der Postmoderne / Seite 122 Entführung ins McDonald's-Land / Seite 125 Literatur / Seite 126 Filme & Ausstellungen / Seite 127 Adressen

DIE ZIGARETTE – FRIEDE IHRER ASCHE 128

Seite 136 Tabak als Brotersatz / Seite 138 Die Macht der Multis / Seite 142 «Nichts kann uns aufhalten» – die Werbung / Seite 148 Sie rauchen gern? / Seite 156 In der Klinik / Seite 158 Die Sucht / Seite 160 Raucher produzieren Tote / Seite 163 Literatur / Seite 163 Adressen

BROT FÜR DIE WELT – DIE WURST BLEIBT HIER? 164

Seite 166 Das Brot / Seite 169 Panem et circenses / Seite 175 Wer Hunger pflanzt und Überschuß erntet / Seite 177 Wie die Fetten noch fetter werden / Seite 182 Die Multis und der Saatgutmarkt / Seite 185 Weizen als Waffe / Seite 191 Literatur / Seite 191 Filme / Seite 191 Adressen

SCHOKOLADE UND HUNGER 192

Seite 193 Fasten mit Schokolade / Seite 193 Der Kakaobaum / Seite 197 Süße Phantasien / Seite 200 Kakao, das braune Gold / Seite 205 Ritter-Sport zurück nach Ghana? / Seite 207 Von Nach-Speisen und Bonbonpädagogik / Seite 209 Literatur

KAFFEE – VON BRAUNEN BOHNEN UND GOLDENEN BILANZEN 210

Seite 215 *Die Kaffeepflanze* / *Seite* 219 *Braune Bohnen – Goldene Bilanzen* / *Seite* 224 *Brasilien: Kaffeebraunes Elend* / *Seite* 227 *Sandino Dröhnung statt Jacobs Krönung* / *Seite* 230 *Café sano* / *Seite* 236 *Literatur* / *Seite* 236 *Dias & Filme* / *Seite* 237 *Adressen*

ZUCKER – KEINE WEISSE WESTE 238

Seite 241 *Das süße Gift* / *Seite* 242 *Das Zuckerabkommen* / *Seite* 245 *Hungersnot auf Negros* / *Seite* 246 *Zahn um Zahn* / *Seite* 250 *Der Zuckerverbrauch* / *Seite* 254 *Zuckerbrot und Peitsche* / *Seite* 259 *Die Folgen der Sklaverei* / *Seite* 263 *Treibstoff statt Nahrungsmittel* / *Seite* 266 *Klebrige Folgen* / *Seite* 268 *Cuba-libre?* / *Seite* 272 *Die Zuckeraktionsgruppe* *Seite* 272 *Literatur* / *Seite* 273 *Filme* / *Seite* 273 *Adressen*

LASST BLUMEN SPRECHEN 274

Seite 276 *Mujeres en flores* / *Seite* 278 *Pyrethrum – Die Dorne der Chrysantheme* / *Seite* 279 *Mit fünf Mark dabei* / *Seite* 280 *Petunien – Schneeweißchen und Ziegelrot* / *Seite* 283 *Literatur* / *Seite* 283 *Adressen*

BANANEN sind kaum pestizidbelastet – der dicken Schale sei's gedankt. Wir können sie also bedenkenlos verzehren – aber nicht gedankenlos, denn in den Bananenplantagen der Dritten Welt werden giftige Pestizide im Großmaßstab und unter Gefährdung der Arbeiter eingesetzt. Ihre schwere Arbeit macht sie krumm, ihre Löhne sind minimal. Wir dagegen kaufen die Bananen billiger als einheimische Früchte, zum Spottpreis von DM 1,99 pro Kilo, und selbst davon erhalten die Bananenarbeiter höchstens drei Pfennig (!). Den Löwenanteil kassieren die amerikanischen Multis: United Brands («Chiquita»), Standard Fruit («Dole») und Del Monte. Mit diesen Namen verknüpft ist eine beispiellose Ausbeutung der bananenexportierenden Länder Mittel- und Südamerikas, ihre systematische Zurichtung zu abhängigen «Bananenrepubliken». Von ihrer wirtschaftlichen Zerschlagung und politischen Unterdrückung profitieren auch wir noch heute. Wir sind zwar nicht die Schreibtischtäter dieser Ausbeutung, aber wir sind die Eßtischtäter. Gerade deshalb kommt dem Kauf von Nicaraguabananen mit einem Solidaritätsaufschlag eine so wichtige Funktion zu: als Hilfe für eine unabhängige Entwicklung Nicaraguas und als Zeichen, daß wir endlich einen gerechten Handel mit der «Dritten Welt» wollen. Und der ist bitter nötig. Im Einkaufsnetz kleben die ungerechten Entstehungsbedingungen der Produkte wie im Spinnennetz: Hunger, Raubbau an der Natur, Unterdrückung, wirtschaftliche Verelendung.

In der «Dritten Welt» wird sich aber nichts ändern, wenn sich in den Industrieländern nichts ändert.
José Lutzenberger

Auch die **JEANS** zeigen, wer in der Weltwirtschaft die Hosen anhat. Daß wir für Jeans, Baumwoll-T-Shirts und andere Textilien «unverschämt niedrige Preise» (so eine unerwartet ehrliche Werbung) zahlen, kann doch nur bedeuten, daß der Rohstoff Baumwolle und die Arbeitslöhne in der Dritten Welt unverschämt billig sind. Hoch sind nur die Konzerngewinne. Die «passive Lohnveredelung» in den Freihandelszonen der südostasiatischen Länder wird nur allzuoft durch aktive Zerschlagung von Gewerkschaften und Unterdrückung der Opposition erkauft – wie zum Beispiel in Südkorea. Und daß im hungernden Sudan Baumwolle statt Weizen angebaut wird, während wir die extra verschlissenen «stone-washed-

Jeans» gern hauteng tragen, auch wenn der Wohlstandsbauch spannt, ist mehr als makaber.

Manche Produkte aus der Dritten Welt verwenden wir weitgehend unerkannt, zum Beispiel **TROPENHOLZ**. Wir haben ein Tropenholz-Brett vor dem Kopf, ohne es recht zu wissen: Immerhin wird für jeden dritten Neubau in der Bundesrepublik asiatisches Meranti-Holz verwendet. Baum für Baum stirbt so der Regenwald, wird der Boden unwiderruflich zerstört – und das schon seit Jahrzehnten. Es ist beschämend zu sehen, daß wir in den westlichen Industriestaaten uns erst jetzt Sorgen machen, wo deutlich wird, daß wir über die drohende Klimakatastrophe selbst betroffen sind. Im Tropenholz ist es eingeschnitzt: wie aus der ökologischen Bedrohung der Ökozid folgt, wie die wirtschaftlichen Grundlagen von Ländern schlicht abgeholzt werden, wie Naturvölker dabei gemordet werden. Unter dem Furnier dann die ganze Wahrheit: daß der Tropenwald auch durch unseren Konsum von Fleisch, von Südfrüchten, von Kaffee und durch unsere Importe von billigem Eisenerz und anderen Rohstoffen stirbt.

Die Fast-Food-Kultur bringt es an den Tag: wenn wir so schnell denken würden, wie wir **HAMBURGER** essen, wäre schon viel geholfen. Daß die Rindviecher der Reichen (letztere sind wir) das Brot der Armen fressen, daß wir in der EG 28 Millionen Tonnen «Futter»mittel aus der Dritten Welt importieren, daß dort Millionen verhungern, während wir Wohlstandsbürger an zu hohem (!) Fleischkonsum erkranken, ist zum Kotzen.

Offensichtlich verdrängen wir die deprimierende Realität der Dritten Welt. Lieber lassen wir uns einnehmen von den wunderschönen Urwaldbildern, den aalglatten Camel-Werbespots, gegen die sich selbst die Heimatschnulzen der fünfziger Jahre noch sozialkritisch ausnehmen. Daß den Kleinbauern in den Entwicklungsländern der arbeitsintensive und miserabel bezahlte Anbau des Tabaks bleibt, während sich wenige Multis am Handel und Verkauf von **ZIGARETTEN** dumm und dämlich verdienen; daß die Tabaksteuer in der Bundesrepublik dem Staat ein Mehrfaches von dem einbringt, was die Erzeugerländer an Erlös für den Tabak erhalten; daß Rauchen zu massiven Gesundheitsschäden der Bevölkerung führt und daß der Staat trotzdem nur etwa den 24000sten Teil seiner Tabak-Steuereinnahmen für Anti-Zigaretten-Aufklärung ausgibt und keine scharfen Gesetze erläßt – all das scheint im blauen Dunst zu verschwinden.

BROT und Getreide sind noch immer Inbegriff des Lebens-Mittels. Auf der Welt wird genug geerntet, 1984 waren es mehr als ein Kilo Getreide pro Tag und Kopf der Weltbevölkerung – und dennoch verhungerten allein 15 Millionen Kinder. Die Erklärung ist einfach und brutal: mehr als die Hälfte des Getreides wurde an unser Vieh verfüttert, in der EG mehr als 60 Prozent. Gönnerhaft lieferten die westlichen Länder neun Millionen Tonnen Getreide als Nahrungsmittelhilfe an die Hungernden, 900 Millionen Tonnen wurden ans Vieh verfüttert. Wer Getreide im Überfluß hat, hat die Hungernden im Griff: Wundern wir uns noch, daß Weizen als knappes Gut begehrtes Spekulationsobjekt ist, mit dem an der Börse gehandelt und gewuchert wird? Weizen wird dort schon verkauft, wenn er noch nicht einmal geerntet ist: «Papierweizen» nennt man dies. Die Hungernden notiert keiner.
Die «Grüne Revolution» hat versagt, wohlgenährt wurden davon nur unsere Chemiekonzerne. Sie schicken sich nun an, die letzten Ressourcen der Dritten Welt zu plündern: die genetischen Ressourcen. Beim wichtigsten Saatgut haben sie bereits das Monopol. Die Gentechnik wird dazu dienen, veränderte, marketing-orientierte Pflanzen und Tiere herzustellen, die dann auch noch patentiert werden sollen.

Die rasante Entwicklung der Bio- und Gentechnologie wird darüber hinaus einige klassische Kolonialwaren überflüssig machen. So wird beispielsweise daran gearbeitet, Kakao gentechnisch herstellen zu können. Die **SCHOKOLADE** würde dann in der Chemiefabrik entstehen. Was derartige Entwicklungen für Länder wie zum Beispiel Ghana darstellen, können wir uns kaum ausmalen. Der Kakaoanbau wurde dort erst 1890 initiiert, 80 Jahre später wurden zwei Drittel des kultivierbaren Landes mit Kakao bepflanzt! 1983 kam es zu einer Hungerkrise: Von Schokolade, die in Europa gegessen wird, wird man in Afrika nicht satt. Der Kakaomarkt ist einer der instabilsten Rohstoffmärkte und ein Paradies für Spekulanten: in der Höchstpreissaison 1982/83 wurde der Rohkakao 16mal verkauft, bevor er an den Abnehmer gelangte. Wir dürfen raten, wie oft der Kakaobauer aus Ghana mitgesteigert hat.

Während bei uns Kakao lange Zeit (Schokolade heute noch) für Genuß und gepflegtes Nichtstun stand, hatte **KAFFEE** von Anfang an die Funktion des asketischen Muntermachers – das ideale Getränk für das aufkommende Bürgertum. Der Kaffeeanbau, die Ernte und die Verarbeitung zum Rohkaffee sind sehr arbeitsintensiv und waren lange Zeit eine typische Sklavenarbeit. Die Ernte wird leicht durch Fröste oder lange Trockenheit gefährdet, die Böden sind schnell ausgelaugt. Grund genug, daß die Kaffeekonzerne den Anbau der Dritten Welt überlassen, während der lukrative Handel, das Rösten oder die Verarbeitung zu Pulverkaffee in den Industrieländern stattfindet. Oft ist dort schon die Kaffeesteuer so hoch wie die Rohkaffee-Erlöse der Erzeugerländer. Wenige Multis kontrollieren den Kaffeemarkt, die Preisschwankungen sind enorm, die Gewinne der Konzerne ebenso. Das erzählt der freundliche «Onkel Tchibo» im Werbefernsehen natürlich nicht. Als Alternative bietet sich wenigstens der in Dritte-Welt-Läden verkaufte Nicaragua-Kaffee mit Solidaritätsaufschlag an: Sandino Dröhnung statt Jacobs Krönung.

Auch der **ZUCKER** hat keine weiße Weste. An ihm klebt bis heute die Kolonialzeit. Die Karibik wurde zur riesigen Zuckerrohrplantage und mit Sklaven bestückt. Einstmals blühende Inseln mit Wäldern und vielfältigem Anbau wie zum Beispiel Kuba wurden so zu monostrukturierten Agrarkolonien. Davon haben sie sich bis heute nicht erholt. Den Kolonialmächten folgten die Schutz- und Wirtschaftsmächte USA und EG, die die wirtschaftliche Ohnmacht dieser Länder weidlich ausnutzten und mit dem durch Subventionen hochgeputschten eigenen Zuckerrübenanbau noch auf die Spitze trieben. Der Preisverfall treibt die Entwicklungsländer reihenweise in den Ruin und in die Hungerkatastrophe. Neue Süßstoffe, die Verwendung von biotechnologisch erzeugtem Kornzucker (zum Beispiel in Coca-Cola) und andere Entwicklungen beschleunigen diese Verelendung. Weil Zucker so billig ist, stieg der Zuckerverbrauch bei uns so an, daß Karies zur Volkskrankheit werden konnte. In Brasilien wird derweil für die Industriestaaten der nächste Test gefahren: in Volkswagen, die mit Alkohol aus vergorenem Zucker fahren. Dafür muß Brasilien Grundnahrungsmittel importieren, weil fruchtbarer Boden für Treibstoff statt Nahrung genutzt wurde.

Selbst **BLUMEN** werden so zur Exportware der Dritten Welt, sicherlich nur eine Nischenproduktion, aber dennoch typisch: mit dem hohen Pestizideinsatz, den Hungerlöhnen in Kolumbien und kräftigen Gewinnen der Handelsunternehmen.
So zeigen uns Jeans, Banane & Co. die Zusammenhänge zwischen Welthandel und Welthunger, zwischen Veredelung und Verelendung, zwischen Eßkultur und Klimakatastrophe. Die Dritte Welt krankt heute noch an den furchtbaren Erblasten der Kolonialzeit. Die ehemaligen Kolonialmächte hingegen haben auf dem krummen Rücken der Dritten Welt ihre Entwicklung zu prosperierenden Industriestaaten vollzogen und ein einmaliges Modell weltwirtschaftlicher Arbeitsteilung zementiert: Was viel Arbeit macht, was Natur zerstört, was Ressourcen vernichtet, was einseitige Abhängigkeit schafft, wurde und wird der Dritten Welt auferlegt; was gewinnträchtig «veredelt» wird, Handels- und Spekulationsgewinne verspricht, soll doch bitte schön den Industriestaaten zugute kommen. Die Dritte-Welt-Länder erhalten im Austausch immer weniger, ihre Schulden werden immer größer. Die Machtmittel der Kolonialländer bzw. heutigen Industrieländer waren und sind vielfältig: nackte Gewalt und Unterdrückung, Versklavung, Unterstützung von Staatsstreichen, Stützung korrupter und willfähriger Cliquen, Handelsboykott, Handelszölle, Bestechung, heimliche Gewinntransfers, Wirtschaftskriege und anderes mehr.
Natürlich gibt es dagegen Widerstand. Erfolgreichen und erfolglosen. Widerstand in der Dritten Welt und gegen die Industriestaaten. Widerstand in den Industriestaaten und für die Dritte Welt. Die Schweizer «Bananenfrauen», die Aguaruna-Indianer im Amazonasgebiet, die Chipko-Bewegung in Indien. Robin Wood bei uns. Boykottaufrufe gegen McDonald's, Burger-King, südafrikanische Früchte zeigen Wirkung und sind nur durch die Mitwirkung der Verbraucher, also durch Sie und mich, möglich, ebenso der Kauf von Dritte-Welt-Produkten mit einem Solidaritätsaufschlag. Widerstand ist möglich, und er ist nötig.

BLUE JEANS
– DAS BLAUE WUNDER

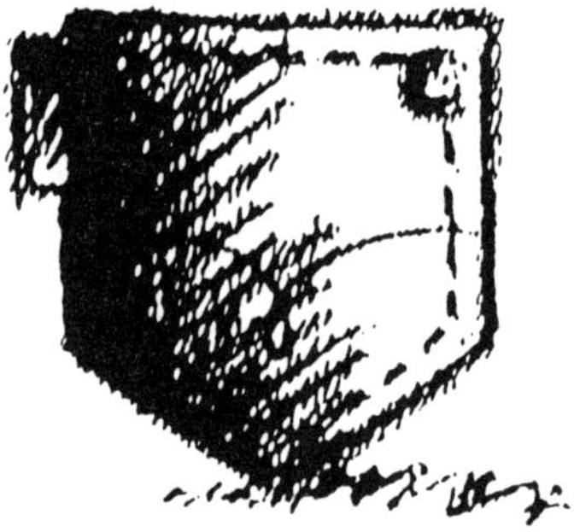

" They never die, they just fade away."

Heute gibt es sie in allen Farben, aber jeder kennt die Originalfarbe Blau und den Stoff, aus dem die Träume sind: unverwüstliche Baumwolle. Mindestens ebenso unverwüstlich ist der Mythos der Jeans. Es riecht nach Freiheit und James Dean. Es gibt keinen besseren Werbeträger als die blauen Hosen, denen dies alles gleichsam einge«nietet» ist.

Entsprechend lohnt es sich für die Jeansfirmen, den Mythos zu pflegen. So beginnt eine Firmenwerbung von Levi's mit dem Satz: «Es war einmal ein junger unternehmungslustiger Typ, der in der Enge seiner kleinbürgerlichen Heimatstadt Buttenheim keine Zukunft sah. Erst 18 Jahre alt, verließ er die ihm so vertraute fränkische Fachwerkidylle, um im fernen Amerika sein Glück zu suchen...»

Man ahnt es schon: Es folgt dann die bekannte Melodie «Vom Tellerwäscher zum Millionär»: Levi Strauss war einer von Hunderttausenden Auswanderer, die Mitte des 19. Jahrhunderts den Kontinent verließen. Er fand Unterschlupf und Arbeit bei zwei von seinen Brüdern, die in New York mit Stoffwaren handelten. Als der große Goldrausch im Westen begann, fuhr Strauss mit dem Schiff und mehreren riesigen Ballen braunen Segeltuchs nach San Francisco, nicht um Gold zu suchen, sondern um bei den Goldgräbern mit Zelten und Wagenplanen zu handeln. Diese aber brauchten viel dringender strapazierfähige Hosen für die harte Arbeit in den Goldfeldern. Levi Strauss disponierte kurzentschlossen um und schneiderte aus dem Segeltuch Hosen, sogenannte «Halb-Overalls». Später verstärkte er die Taschen mit Nieten, damit sie auch durch schwere Gesteinsproben nicht ausrissen, und ersetzte das Segeltuch durch robustes Baumwolltuch aus Europa.

Gefärbt wurden die Hosen mit dem Naturstoff Indigo, der aus einer tropischen Hülsenfrucht hergestellt wurde. Baumwollhosen hatte es natürlich schon früher gegeben, bekannt waren z. B. die Arbeitshosen der Seeleute aus Genua, amerikanisch: Geane. So entstand der Name Jeans, allerdings nur in der Verbindung Blue (Jeans).

1881 glückte dem deutschen Chemiker Adolf von Baeyer die Synthese des Indigos, so daß kurz vor der Jahrhundertwende der Farbstoff in großtechnischem Maßstab aus Steinkohlenteer hergestellt werden konnte. (Das war übrigens der Beginn der Chemieindustrie in Deutschland, später der berühmt-berüchtigten IG Farben.) Da Indigo nicht farbecht bzw. griffecht war, sahen (sehen) länger getragene Jeans immer etwas abgegriffen aus.

Patentanfrage:

1872 schrieb Jakob W. Davis den nachfolgenden Brief an Levi Strauss: «Ich schicke Ihnen per Eilzustellung zwei Hosen: eine in blau und die andere aus zehn Unzen weißem Tuch, das ich in großen Mengen bei Ihnen gekauft habe, und aus dem ich Hosen nähe, wie die beigelegten Muster... Das Geheimnis von diesen Hosen liegt in den Nieten, mit denen ich die Hosentaschen befestige, und die Nachfrage ist dermaßen groß, daß ich nicht schnell genug arbeiten kann. Ich verkaufe eine Hose aus Tuch für 3 Dollar und eine blaue für 2,50 Dollar. Meine Nachbarn sind auf diesen Erfolg eifersüchtig, und wenn ich mir die Nieten nicht patentieren lasse, werden sie sich überall verbreiten. Alle werden sie dann verwenden, und keiner wird mehr etwas daran verdienen.
Deshalb wünsche ich mir, meine sehr verehrten Herren, daß Sie das Patent mit meinem Namen übernehmen, weil ich ja der Erfinder bin, das würde zusammen 68 Dollar kosten und für diese 68 Dollar hätten Sie zur Hälfte die Rechte am Verkauf meiner Nietenhosen in allen Staaten am Pazifik und im Inland. Ich meinerseits würde mir die andere Hälfte der Vereinigten Staaten reservieren und die halbe Pazifikküste. Diese Investition ist für Sie eine Kleinigkeit, verglichen mit der Verbesserung für jede Art von Arbeitskleidung. Ich selbst verwende die Nieten für jedwede Oberbekleidung: Jacken, Westen, Hosen; und auch Sie werden sehen, daß es sich dabei um einen Artikel handelt, der sich sehr vorteilhaft verkaufen läßt... Ich weiß, das hört sich alles an wie eine Bagatelle, die es nicht verdient, daß man über sie spricht, aber dennoch war mir klar, daß Sie damit sehr viel Geld verdienen können. Wenn Sie sich entschließen, die Hosen nach meiner Art zu machen, dann können Sie Hosen aus Segeltuch wie das beigelegte Muster für 30 Dollar pro Dutzend verkaufen...»

Quelle: Daniel Friedmann, «Das Jeans-Buch», 1988

Die Jeans hatten als stabile Hosen einen hohen Gebrauchswert, dienten als Arbeitshosen und im Ersten und Zweiten Weltkrieg als Uniform für die siegreichen G.I.s. In den USA nutzte die Werbung das Heldenimage der Blue Jeans-Träger aus: in der Textilindustrie ebenso wie im Showgeschäft, so etwa Elvis Presley, der als ehemaliger Lastwagenfahrer auch während seiner Shows die alten Arbeitshosen trug.

«Die Blue Jeans versicherten einer neuen Generation die Befreiung von der Bügelfalte, die Generationen von jungen Männern beherrscht und unterdrückt hat. Wenn es in unserem Jahrhundert auch so etwas wie eine Emanzipation des Mannes gegeben haben soll (ich bin nicht so sicher), so beginnt sie auf jeden Fall mit dieser Befreiung von der Bügelfalte, dieser absurdesten Zwangsneurose des alten Europa.»
Horst Krüger

In der Bundesrepublik waren die «Blue Jeans» bis in die fünfziger Jahre verpönt: sie galten als proletarisch und erinnerten die ältere Generation an die amerikanischen Besatzungssoldaten und an die «amerikanische Negermusik» Rock 'n' Roll. In Büro, Schule, Theater oder auf Festen galten die «Amihosen» als nicht gesellschaftsfähig. Ausgerechnet der Schlagersänger Freddy Quinn brach das Tabu, als er zum erstenmal (1955) in den Nietenhosen öffentlich auftrat.

In den sechziger Jahren bildete der beginnende Überdruß an der Wohlstands- und Konsumgesellschaft den Nährboden für die weitere Verbreitung der Jeans, symbolisierten sie doch einfaches Leben, Stadtflucht und langlebige praktische Kleidung, geradezu den Gegensatz von Wegwerfgesellschaft. Jeans wurden zur Protest-Uniform.

Vom Schock zum Schick

Aber schon Ende der sechziger Jahre gab es Edel-Jeans zu kaufen. Aus dem Schock wurde Schick. Die Jeans waren damit als legere Freizeitkleidung salonfähig geworden. Heute werden etwa 70 Prozent aller Jeans kurz vor der Urlaubszeit, von März bis Juli, gekauft. 1985 wurden weltweit 900 Millionen Jeans verkauft.
Eine letzte Blüte als Protesthosen erlebten die Jeans in den osteuropäischen Staaten, wo sie zu horrenden Preisen auf dem Schwarzmarkt gehandelt wurden, bis sie 1978 auch dort original produziert wurden.

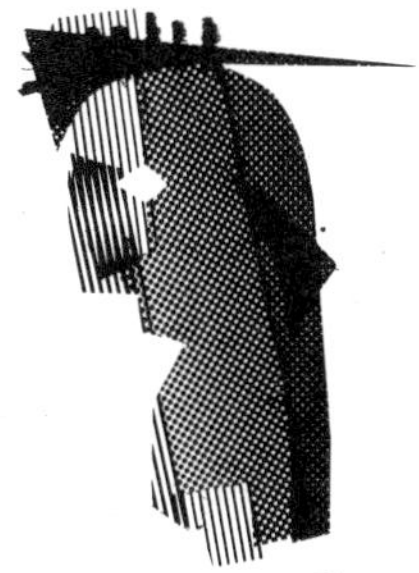

«Natürlich Jeans! Oder kann sich einer ein Leben ohne Jeans vorstellen? Jeans sind die edelsten Hosen der Welt. Dafür verzichte ich doch auf die ganzen synthetischen Lappen... Für Jeans könnte ich überhaupt auf alles verzichten, außer der schönsten Sache vielleicht. Ich meine natürlich echte Jeans. (...) Es gibt ja überhaupt nur eine Sorte echte Jeans. Wer echter Jeansträger ist, weiß, welche ich meine. Was nicht heißt, daß jeder, der echte Jeans trägt, auch echter Jeansträger ist... Die meisten wissen gar nicht, was sie da auf dem Leib haben... Ich meine, Jeans sind eine Einstellung und keine Hosen.»
U. Plentzdorf: «Die neuen Leiden des jungen W.», 1973

Nachdem der Markt gesättigt ist, muß die Werbung neue Bedürfnisse wecken. Entsprechend muß die «Freiheit» Hosen lassen und der Jeansträger wird mehr zum Trendsetter, der nicht mehr nach Gold schürft, sondern sein Dasein dem Design widmet.
Um die Jeans insbesondere bei Jugendlichen weiter verankern zu können, setzen neue Werbestrategien auf die Kombination der Jeanswerbung mit Kultfilmen, bekannten Musiktiteln oder ahmen Jugendzeitschriften wie Bravo nach, so zum Beispiel durch die in Jeansläden erhältliche Kundenzeitschrift «Sam's Depeche». Unübertrefflich war der «Badewannenspot», der als Kinowerbung gezeigt wurde und mit dem alten Ohrwurm «Wonderful World» von Sam Cooke unterlegt war. Der Titelsong

«Neu ist eine Oversized Variante in Denim der zweiten Generation, passend zu den Silver Tabs. Natürlich auch in echtem black Denim.»
Aus: Levi's Werbung

kam daraufhin nach zwanzig Jahren wieder in die Hitlisten und war täglich in allen Radiostationen zu hören. Die neu aufgelegte Platte mit der Badewanne auf dem Cover (!) wurde allein im ersten Jahr der Werbekampagne 600 000mal verkauft.
Auf allen Nähten und Nieten glänzt der Zeitgeist: Die wirtschaftliche Misere, die Jugendarbeitslosigkeit, die «no future» wird verdrängt durch den Rückgriff in die fünfziger Jahre, wo das Wirtschaftswunder winkt, die Welt noch in Ordnung ist, wo die Rollenklischees stimmen, saubere Jungs und süße Mädels eine putzige Rock 'n' Roll-Revolution veranstalten. Auch bei den älteren Zuschauern werden nostalgische Erinnerungen und Kauflust geweckt.

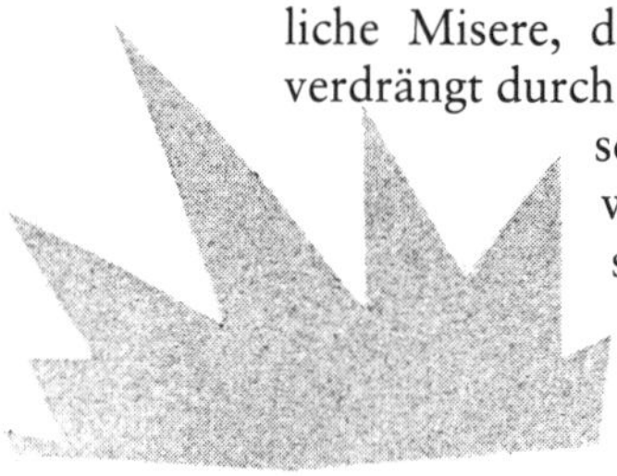

«Die Zielgruppe ist jünger geworden. Man hat auch dieses Mal die fünfziger Jahre neu aufgelegt. (...) Easy Going every where. Heute wie vor dreißig Jahren. Nach langer Suche hatte man auch die passenden Oldies mit ‹Stand by me› von Ben E. King und ‹When a man loves a women› von Percy Sledge gefunden.»
Levi's Presseinformation

Im neuen Spot wird der männliche «Held» dann auch folgerichtig zur Army eingezogen (vielleicht nach Vietnam?), beim Abschied am Busbahnhof schenkt er seinem «süßen blonden» Mädel noch ein Päckchen.
Die «Levi's Presseinformation» beschreibt, wie es weitergeht:

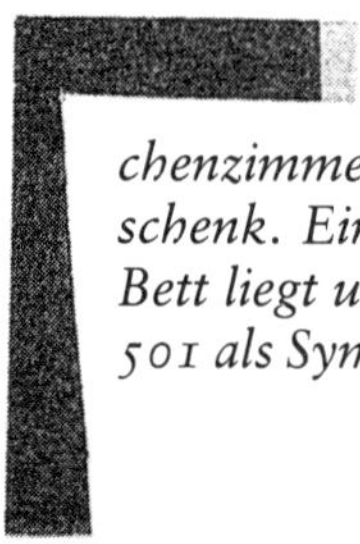

«Szenenwechsel. Sie sitzt zu Hause in ihrem Mädchenzimmer und öffnet mit Tränen in den Augen ihr Abschiedsgeschenk. Eine 501. Nicht unerotisch die Sequenz, wie sie auf dem Bett liegt und die Hose überstreift; Kamera kommt von oben. Die 501 als Symbol dieser Liebe.»

B L J E A N S

Liebe kommt eben von oben. Aus den Schaltzentralen und Werbeabteilungen der Jeansfirmen. Allein in der Bundesrepublik werden jährlich etwa 60 Millionen Jeans verkauft, etwa die Hälfte als Blue Jeans, die restlichen aus Cord oder anderen Stoffen. Die Namen der Fabrikate erinnern an die weite Welt (Mustang, Lucky Star, Pioneer usw.) und das ist auch richtig so: Die meisten der kleineren Fabrikate stellen die Hosen nicht in der Bundesrepublik her, sondern beziehen sie aus Lohnschneidereien oder Billiglohnländern wie Taiwan oder Hongkong.

King Cotton und Onkel Toms Hütte

«Die Mulattin hingegen, die mit Tom neu zu Legree gekommen war, konnte sich vor Erschöpfung kaum noch auf den Beinen halten. Sie war diese Arbeit anscheinend überhaupt nicht gewöhnt. Tom warf schnell ein paar Handvoll Baumwolle in ihren Korb, der noch halb leer war. Aber schon kam Sambo.
‹He, was gibt's da? Ihr wollt wohl betrügen, was?› Er versetzte der Frau einen Fußtritt und schlug Tom mit der Peitsche ins Gesicht. ‹Los, weiterarbeiten! Sonst erlebst du noch etwas anderes!›
Mit Mühe erhob sich die Frau, torkelte, stützte sich auf ihren Korb und pflückte mit zitternden Händen weiter. Tom achtete nicht auf die Gefahr, er ging zu ihr hin und leerte abermals seinen Korb in den ihren.
Inzwischen war die fremde Frau bei ihrer Arbeit näher herangekommen. Sie blickte Tom einen Augenblick mit ihren großen, dunklen Augen an, dann nahm sie Baumwolle aus ihrem Korb und legte sie in seinen.
‹Du weißt hier nicht Bescheid›, sagte sie, ‹sonst tätest du das nicht. In ein paar Wochen wirst du niemandem mehr helfen. Da wirst du zu tun haben, um für dich selbst zu sorgen.›
‹Gott verhüte es, Missis›, sagte Tom und gebrauchte unwillkürlich diese ehrfurchtsvolle Anrede. ‹Hier gibt es keinen Gott›, sagte die Frau und arbeitete rasch weiter.»

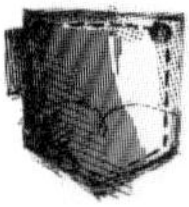

Harriet Beecher-Stowe, «Onkel Toms Hütte»

Onkel Toms Hütte erscheint noch als Hort der Gemütlichkeit gegenüber dem, was in Amerikas Baumwollstaaten wirklich geschah. Sklaverei und Baumwollanbau hingen eng zusammen, denn Produktion, Ernte, Reinigung und Verarbeitung der Baumwolle waren äußerst aufwendig: Die Pflanzen werden ein bis zweieinhalb Meter hoch. Etwa 75 bis 100 Tage nach der Aussaat blüht die Baumwolle. Im Fruchtknoten entwickeln sich die Samen, einzelne Zellen der Samenoberhaut stülpen sich aus und werden zu langen Samenhaaren (1200 bis 7000 pro Samenkorn, drei bis fünf Zentimeter lang). Gepflückt werden die reifen (Samen-)Kapseln. Da die Baumwolle aber während des Wachstums gleichzeitig Knospen, Blüten und Früchte entwickelt, erstreckt sich die normale Erntezeit bei der Handernte über einen Zeitraum von 90 bis 100 Tagen. Bei der Maschinenernte wird gewartet, bis etwa 70 Prozent der Kapseln reif sind, dann werden Welkmittel (Defoliantia) gesprüht, so daß die welken Blätter bei der Ernte leicht abgestreift werden können. Pro Pflanze kann man 125 bis 1250 Gramm Baumwolle ernten, pro Hektar etwa 220 bis 450 Kilogramm (USA) bzw. 475 bis 650 Kilogramm (Ägypten).

«Kürzlich aus Antigua importiert und zu verkaufen bei Edward Jones in der Isaac-Norris-Allee: Eine Lieferung staatlicher Negerfrauen und -mädchen im Alter von dreizehn bis einundzwanzig Jahren; alle haben die Pocken bereits überstanden.»
Aus einer Verkaufsannonce

Nach der Ernte muß die Rohbaumwolle aber noch entkörnt (egreniert) werden: Die Samenhaare (die gewünschten Fasern) müssen von den Kernen abgetrennt werden, ihr Anteil beträgt etwa ein Drittel. Vor der Erfindung geeigneter Maschinen war dies eine äußerst zeitraubende Angelegenheit. Man benötigte etwa zwei Tage Arbeit zum Pflücken von 100 Pfund Kapseln, zum Entkörnen derselben Menge aber mindestens fünfzig (!) Tage, zum Säubern und Pressen weitere zwanzig Tage. So erhielt man etwa acht Pfund verspinnbare Baumwolle, die in fünfundzwanzig bis vierzig weiteren Tagen versponnen wurde. Kein Wunder, daß Baumwollanbau und -verarbeitung in größerem Maßstab mit Sklaven durchgeführt wurden.

«Falls eine Person einem Sklaven die Zunge ausschneidet, das Auge ausreißt... oder ihn in grausamer Weise verbrüht, verbrennt oder ihn eines Gliedes beraubt oder sonst auf grausame Weise (anders als durch Peitschen oder Schlagen mit einer Pferdepeitsche, Rute, einem Ochsenziemer oder einem kleinen Stock oder durch Anlegung von Eisen oder durch Einsperren oder Gefangenhalten) züchtigt, so soll jede solche Person für jedes solches Vergehen die Summe von 100 Pfund bezahlen.»

Schutzstatut von South Carolina (1740)

Gerade das Entkernen der Baumwolle war so mühselig, daß oft der Anbau von Gemüse, Tabak oder Mais vorgezogen wurde. Das änderte sich schlagartig mit der Erfindung der Baumwollentkernungsmaschine, durch die der Baumwollanbau vorübergehend höchst rentabel wurde: Fast jedermann versuchte, an «King Cotton» zu profitieren, und in kürzester Zeit breitete sich der Baumwollanbau von den ersten Anbaugebieten in Südkarolina und Georgia weiter aus: über Alabama, Mississippi, Louisiana bis hin zu einem Teil von Texas. Gleichzeitig stieg die Zahl der Sklaven. Zu Beginn der Sezessionskriege lebten in diesem riesigen Gebiet acht Millionen Weiße (davon 350000 Sklavenhalter) und vier Millionen Schwarze.

Schon der Transport der gefangenen Sklaven von Afrika war so entsetzlich, daß etwa 60 Prozent der Sklaven dabei umkamen. Die männlichen Sklaven wurden paarweise an Händen und Füßen aneinander geschmiedet und unter Deck zusammengepfercht.

Nahrung und Trinkwasser wurden nur in Mindestrationen verteilt, die hygienischen Zustände waren so katastrophal, daß oft Seuchen ausbrachen. Wer überlebte, stürzte in ein neues Martyrium. Meist wurden die Sklaven verkauft – teilweise unter Auseinanderreißen der Familien.

Auf den Baumwollplantagen mußten die Sklaven fünfzehn bis achtzehn Stunden täglich arbeiten. Selbst für leichteste «Vergehen» gab es schwere Strafen wie Auspeitschen, Brandmarken oder Abschneiden von Gliedern. Ihre Behandlung nahm solche Ausmaße an, daß einige Bundesstaaten «Schutz»-Statute für die Sklaven erließen.

Die einzige, aber meist vergebliche Chance bestand in der Flucht. Die Sklavenhalter hetzten dann scharfe Hunde hinter dem Sklaven her.

Trotz allem scheint die materielle Lage der nach Nordamerika transportierten Sklaven (vor allem die Ernährung) im 18. Jahrhundert besser gewesen zu sein als die ihrer Leidensgenossen in der Karibik. Zumindest wuchs die Sklavenbevölkerung durch «natürliche Vermehrung», so daß kaum noch neue Sklaven «importiert» werden mußten. Ihre soziale Lage scheint aber weit schlechter als in der Karibik gewesen zu sein, da die nordamerikanischen Sklaven in abgekapselten Siedlungskolonien (Konzentrationslagern!) leben mußten und der Rassengegensatz dort über lange Zeit zementiert wurde, selbst noch über die Zeit der Sklaverei hinaus.

Auch die amerikanische Verfassung, die auf der von Thomas Jefferson verfaßten Unabhängigkeitserklärung fußte, veränderte diese Zustände kaum. Zwar wurden die bürgerlichen Freiheitsrechte hochgehalten, aber stillschweigend wurde die Sklaverei anerkannt, und den Einzelstaaten wurde bei der Sklavenfrage völlige Autonomie zugestanden. Thomas Jefferson und George Washington waren übrigens selbst Sklavenhalter. Während Washington aber seinen Sklaven in den Revolutionsjahren die Freiheit gab, hielt der Aufklärer und Gründungsvater Jefferson selbst dann noch Sklaven, als er seine klassisch gewordene Verurteilung der Sklaverei schrieb (Notes on the State Virginia, 1781/82).

«Nachricht. Unterzeichner besitzt vorzügliche Koppel Hunde, um entlaufene Sklaven aufzuspüren und zu jagen, und zeigt dem Publikum an, daß er für solche Dienstleistungen jetzt die folgenden Preise festgesetzt hat: Für jeden Tag, der zur Aufspürung und Jagd gebraucht wird: zwei Dollar, fünfzig Cent. Für das Einfangen jedes Sklaven: zehn Dollar. Für einen Weg über zehn Meilen beim Sklavenfang: zwanzig Dollar.
Ich füge hinzu, daß vorstehende Preise bei Bestellung bar bezahlt werden müssen. Unterzeichner wohnt anderthalb Meilen südlich von Dadeville, Alabama.

B. Black»

Die Sklavenwirtschaft expandierte sogar noch mit der Entwicklung der Spinnmaschine und der Baumwollentkernungsmaschine, so daß es um 1850 (!) in Nordamerika etwa 2,5 Millionen Sklaven gab, von denen etwa 1,8 Millionen im Baumwollanbau arbeiten mußten.

DAS WEISSE GOLD

Der Preis für ein Paar Jeans beträgt heute umgerechnet einige Arbeitsstunden, zu Anfang des 18. Jahrhunderts benötigte dagegen allein schon die Herstellung von einem Pfund Baumwollgarn etwa zwölf bis vierzehn Arbeitstage, hinzu kamen noch einige Tage zum Weben und zum Verarbeiten. Zur gleichen Zeit brauchte man etwa ein bis zwei Tage Zeit für ein Pfund Wollgarn und zwei bis fünf Tage für ein Pfund Leinen. Kein Wunder, daß zu dieser Zeit die Bekleidung weltweit zu etwa 78 Prozent aus Wolle bestand, zu etwa 18 Prozent aus Flachs und nur etwa zu vier Prozent aus Baumwolle. Innerhalb von 120 Jahren hat sich dieses Verhältnis dramatisch umgekehrt: um 1900 führte Baumwolle die Rangliste an (74 Prozent), gefolgt von Wolle (20 Prozent) und Flachs (sechs Prozent). Eine Reihe von Erfindungen und technischen Neuerungen der industriellen Revolution hatte die Produktionsbedingungen gerade in der Baumwoll-, Textil- und Bekleidungswirtschaft umgewälzt.

Veränderung in der Textilnutzung

	Wolle	Flachs / Leinen	Baumwolle	Chemiefasern
1780	78 %	18 %	4 %	–
1900	20 %	6 %	74 %	–
1984/85	6 %	2 %	46 %	46 %

1985 wurden weltweit etwa 32 Millionen Tonnen Fasern verbraucht, dabei ist allerdings zu berücksichtigen, daß die Bekleidungstextilien nur 50 Prozent ausmachen. Hinzu kommen Heimtextilien wie zum Beispiel Teppiche (mit 30 Prozent) und technische Textilien wie zum Beispiel Filtertücher (mit 20 Prozent).

Verknüpft über den Erdölpreis steht die Baumwolle heute in Konkurrenz mit synthetischen Fasern, ist aber die wichtigste Naturfaser mit den verschiedensten Einsatzgebieten: Jeans, Unterwäsche, Bett- und Tischwäsche, Küchen- und Handtücher, Hemden, Blusen, Kleiderstoffe, aber auch Nähgarn, Watte, Möbelbezüge, Karkassen von Auto- und Fahrradreifen, Schuhstoffe, Filtertücher, Segeltücher, Keilriemen u. v. a. mehr sind aus Baumwolle.
Nur die wenigsten wissen, daß aus den Samenkernen (die beim Entkörnen abgetrennt werden) wertvolles Speiseöl (weltweit etwa drei Millionen Tonnen!) gewonnen wird (aus diesem wiederum Margarine und Seifen), daß der Ölkuchen als Viehfutter und Düngemittel dient und daß aus den nicht verspinnbaren kurzen Fäden des Samens Zellstoff und daraus Papier hergestellt wird. Baumwoll-Linters (sehr reine Zellulose) sind wichtige Rohstoffe für die Chemiefaser- und Papierindustrie.
Die vielseitige Anwendung in der Textilindustrie beruht auf der speziellen Eigenschaft der Baumwollfaser. Diese ist korkenzieherartig gewunden und gibt eine gute Elastizität (günstig beim Spinnen). Baumwolle ist saugfähig, kann gut Wasser einlagern, und zwar direkt in die Faser, so daß sich der Stoff trotzdem nicht feucht anfühlt. Allerdings hat Baumwolle deswegen auch eine hohe Trocknungszeit (zum Beispiel nach Wasserwerfereinsatz bei Demonstrationen...) und knittert leicht.
Knitterarm und bügelfrei wird Baumwolle durch chemische Behandlung und als Mischgewebe mit synthetischem Polyester.

Baumwollerzeugung 1986/87

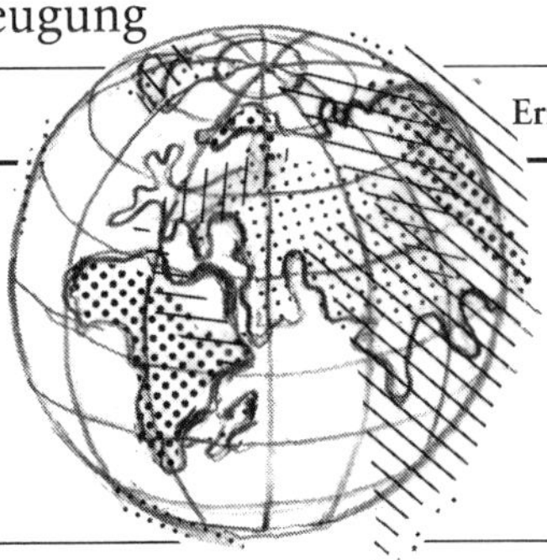

Länder	Erzeugung in 1 000 Tonnen
weltweit	15 476
China	3 540
UdSSR	2 647
Nordamerika	2 119
Indien	1 615
Afrika	1 361
Pakistan	1 320
Brasilien	703
Türkei	518

Quelle: Welt-Rohbaumwolltafel 1986/87, Internationales Baumwollinstitut

Im Mittelalter war Baumwolle noch sehr teuer, über seinen Anbau hatte man nur sehr unklare Vorstellungen. Das «weiße Gold» kam aus den Anbaugebieten Nordindien/Pakistan über Handelswege in den Mittelmeerraum. Anfang des 17. Jahrhunderts kamen Baumwollsamen von Indien über England in die amerikanischen Kolonien. Der Anbau «des Rohprodukts» Baumwolle war zwar billiger als der von Flachs oder die Haltung von Schafen, aber die Verarbeitung der Baumwolle war unvergleichlich teurer und behinderte ihre weitere Verbreitung.

Um 1860 kostete Baumwolltuch nur noch etwa ein Hundertstel von dem, was es 80 Jahre vorher gekostet hatte. Die erste bahnbrechende Erfindung des Industriezeitalters war nicht die der Dampfmaschine, sondern die Erfindung der «Spinning Jenny», einem Spinnrad mit mehreren Spindeln (1764). Der Erfinder James Hargreaves gab der Maschine den Namen seiner Tochter Jenny.

Zuerst waren es nur acht Spindeln pro Maschine, zwanzig Jahre später schon 80 Spindeln pro Maschine, die bald darauf durch Pferde- oder Wasserkraft angetrieben wurden.

1785 wurde von Edmund Cartwright der Webstuhl erfunden, 1804 der mechanische Webstuhl, aber noch entscheidender für die stürmische Zunahme der Baumwollproduktion war die Erfindung der Baumwollentkernungsmaschine, der sogenannten Egreniermaschine, durch Eli Withney im Jahr 1792.
Das Entkörnen der Baumwolle, also das Abtrennen der Samenhaare bzw. Baumwollfasern von den Kernen war bis dahin ein limitierender Faktor gewesen. Zum Pflücken von 100 Pfund Baumwolle brauchte man etwa zwei Tage, zum Egrenieren, Säubern und Pressen derselben Menge aber etwa siebzig Tage (!), danach blieben etwa acht Pfund verspinnbare Baumwolle übrig, die in etwa fünfundzwanzig bis vierzig Tagen versponnen wurden. Eine gute Egreniermaschine schafft dagegen etwa 1400 bis 1600 Kilogramm Baumwolle täglich, zusammen mit der Einführung der Spinn- und der Webmaschinen konnte die kostenintensive Verarbeitung der geernteten Baumwolle revolutioniert werden. Parallel zum Baumwollboom in den USA kam es in England zu bedeutenden Erfindungen bei der Baumwollverarbeitung und zum Beginn der industriellen Revolution. Die Auswirkungen in den USA und England waren gewaltig: um 1900 erzeugten die USA bereits zwei Drittel der Weltproduktion an Baumwolle, in England verviertausendfachte sich die Verarbeitung der Baumwolle (von 0,5 Millionen Pfund im Jahr 1765 auf zwei Milliarden Pfund im Jahr 1850). Die Kosten für

Baumwolltuch fielen von 1784 bis 1861 auf etwa ein Prozent. Die Arbeitsbedingungen im frühkapitalistischen England waren wie auf den amerikanischen Plantagen katastrophal, betroffen waren vor allem Frauen und Kinder («Manchestertum»).

England war durch verschiedene Entwicklungen geradezu prädestiniert, zum Geburtsort der industriellen Revolution zu werden. Zu Beginn der industriellen Revolution war es die führende Kolonialmacht und Handelsmacht der Welt, durch die Ausbeutung der Kolonien und durch Handelsgewinne konnte sich das englische Mutterland mit Reichtümern vollsaugen. Es ist kein Zufall, daß das spätere Industriezentrum Manchester in der Nähe des Hafens Liverpool lag, der die wichtigste Anlaufstation im Dreieckshandel mit Sklaven, Baumwolle und Tuchen war.

«Was die Industrie Gutes und Böses leistet, lernt man in Manchester kennen. Den Hauptreichtum des Bezirks erzeugen die Millionen Spindeln seiner Baumwollindustrie. Reichtum! Nirgends in England habe ich bisher eine so bleiche, kranke, von Elend und Unglück angefressene Bevölkerung gesehen, wie sie hier aus den niedrigen, rauchigen Häusern herausgrinst oder auf den engen staubigen Gassen der ärmeren Viertel herumliegt. Freilich ist das nur die Hefe des Volkes, aber die Hefe umfaßt drei Viertel des Ganzen.

Der Erfinder und Schriftsteller Max Eyth, 1861

Aber auch eine Reihe von binnenwirtschaftlichen Voraussetzungen spielten eine wichtige Rolle:

Durch den Zerfall der feudalen Gesellschaftsordnung wurden in der Landwirtschaft billige Arbeitskräfte freigesetzt, die größtenteils in die Städte abwanderten und dort als «industrielle Reservearmee» zur Verfügung standen. Die Unternehmer konnten auf Erfahrungen in der Schafwollverarbeitung und auf ausgebildete Arbeitskräfte zurückgreifen und hatten für den Bau und Betrieb von Maschinen wichtige Grundstoffe (Eisen, Kohle) vor Ort zur Verfügung. Auch die verkehrstechnische Infrastruktur war vergleichsweise günstig. Das bis dahin vorherrschende schafwollverarbeitende Heimgewerbe wurde schrittweise durch baumwollverarbeitende Maschinen bzw. Fabriken verdrängt. Um 1840 waren etwa 75 Prozent der Fabrikarbeiter im Textil- und Bekleidungsbereich beschäftigt.

Die Industrialisierung basierte aber nicht nur auf dem zunehmenden Einsatz von Maschinen, sondern auch auf einer zuvor notwendigen Spezialisierung der Arbeit. Die bis dahin integrierte Arbeit wurde in verschiedene Arbeitsschritte und an verschiedene Personen aufgeteilt, die so eine höhere Arbeitsleistung vollbringen konnten. Gleichzeitig ließen sich diese reduzierten Arbeitsvorgänge leichter mechanisieren. Die rücksichtslose Ausbeutung der Arbeiter stand der Sklavenarbeit nur wenig nach. Männer, Frauen und Kinder mußten für einen Hungerlohn vierzehn bis achtzehn Stunden schuften, noch 1875 gab es in England 118000 Kinder unter dreizehn Jahren, die unter entwürdigenden Umständen arbeiten mußten. «Manchestertum» wurde zum Inbegriff frühkapitalistischer Ausbeutung.

Kolonialstil

Heute leben in den Entwicklungsländern etwa 140 Millionen Menschen vom Anbau und der Verarbeitung von Rohbaumwolle, die den Anbau von Grundnahrungsmitteln oft zurückdrängt (vgl. Beispiel Sudan).
Nur zu leicht vergißt man, daß die Ursache für die weltwirtschaftliche Arbeitsteilung zwischen Entwicklungsländern (billige Rohstoffe, billige Arbeitskräfte) und Industrieländern (industrielle Verarbeitung und Veredelung mit hohen Preisen und hohem Gewinn) ihren Ausgangspunkt in der Kolonialzeit hat, als mit dem Reichtum, der den Kolonien entzogen wurde, die industrielle Revolution finanziert wurde, während die heutigen Entwicklungsländer besetzt waren und Rohstoffe und billige Arbeitskräfte stellen mußten. An letzterem hat sich bis heute nicht viel geändert.
Die fortschreitende Automation hat selbst in den Industrieländern zu einer Strukturkrise in der Textilwirtschaft geführt, bei der Hunderttausende arbeitslos wurden. Verschärft wurde dieses Problem durch eine Stagnation und sogar leichten Produktionsrückgang in der Textilindustrie. Der Markt in den Industrieländern ist schlicht übersättigt, der individuelle Verbrauch kann nur noch durch viel Werbung künstlich hochgehalten werden, während es den Entwicklungsländern an Geld fehlt.
Vor diesem Hintergrund mutet es makaber an, daß in den Industrieländern die Jeans heute vielfach «stone-washed» verkauft werden, also schon künstlich abgenutzt, während sich viele Arme in den Entwicklungsländern überhaupt keine Hosen leisten können. Dazu paßt, daß die Hosen heute wieder im Kolonialstil (!!) angeboten werden.
Nur einige wenige Entwicklungsländer haben sich aus der einseitigen Abhängigkeit der weltwirtschaftlichen Arbeitsteilung lösen können, etwa die vier südostasiatischen Länder Südkorea, Taiwan,

Pro-Kopf-Verbrauch von Textilfasern in Kilogramm

Industrieländer	15,4
Entwicklungsländer	3,4
BRD	19,2
USA	18,9
Schweiz	17,3
Südkorea	9,7
Ägypten	6,8
Brasilien	5,3
China	4,5
Kolumbien	3,4
Indien	2,0
Philippinen	1,9
Nigeria	1,3
Kenia	1,0
Äthiopien	0,9

Quelle: FAO, Enquête sur la consommation mondiale de fibres d'habillement, 1986

Singapur und Hongkong, die eine eigene Bekleidungsindustrie aufbauen konnten und damit heute auch schon Arbeitsplätze in den Industrieländern gefährden. Die hiesigen Firmen haben durch Direktinvestitionen, Einkauf von billigen Vorprodukten und durch Auslagerung arbeitsintensiver Produktionszweige in Billiglohnländer diese Entwicklung sogar noch gefördert. Besonders beliebt ist die auch «passive Lohnveredelung» (!) genannte Lohndrückerei in sogenannten Freihandelszonen, in denen den ausländischen Firmen von Billiglöhnen, Zollfreiheit und Anti-Streikgesetzen so ziemlich alles geboten wird, was sie sich träumen lassen könnten. Auch die Jeans von einigen kleineren Fabrikaten werden durch Auslagerung in Billiglohnländer produziert. Nur in wenigen Fällen mit besonders spektakulären Begleitumständen (so etwa um die Firma Adler, s. u.) werden die dortigen Arbeitsbedingungen und Niedriglöhne in der Bundesrepublik öffentlich wahrgenommen. Ansonsten hat die Firma Levi's mit ihrer Werbung durchaus recht: «Ein bißchen teurer, smarter und cooler, eben abgehoben vom weniger repräsentativen Background dieser Zeit, über den Weg in die Vergangenheit zu einem *international-identischen Lebensgefühl.*» Wie das aussieht:

Durchschnittslohn Textilindustrie Bundesrepublik Deutschland:	8,88 US-Dollar (1986)
Durchschnittslohn Textilindustrie Taiwan:	1,60 US-Dollar (1986)

NICHT MIT ADLER-AUGEN

«Unverschämt billig» sind die Bekleidungswaren der Firma Adler, will man ihren Werbeprospekten glauben. 1987 wurde öffentlich bekannt, wie unverschämt Adler wirklich ist. In einem südkoreanischen Zweigwerk der Firma («Flair Fashion» in Iri, etwa 250 Kilometer südlich der Hauptstadt Seoul) streikten die Arbeiterinnen für bessere Löhne und Arbeitsbedingungen und gegen sexuelle Belästigungen am Arbeitsplatz. Aber die Firma Adler hatte sich den Standort Südkorea nicht umsonst ausgesucht: dort herrscht eine Militärregierung, die Opposition wird unterdrückt, die Löhne sind niedrig und Streiks verboten. Folgerichtig holte Adler die Militärpolizei, ließ die Arbeiterinnen vom Betriebsgelände knüppeln und entließ zwölf «Rädelsführerinnen». Den Arbeiterinnen (Stundenlohn unter einer DM) drohte sie mit einer Betriebsverlagerung nach Sri Lanka, weil dort die Löhne noch billiger seien!

Die Auseinandersetzung zog sich bis in den September des gleichen Jahres und wurde von kirchlichen Gruppen und Frauengruppen auch in der Bundesrepublik bekanntgemacht. Die Firma Adler gab erst im Herbst nach, als auf bundesdeutsche Adler-Firmen mehrere Brandanschläge verübt wurden und es in Südkorea zu einem erneuten Streik kam. Als Urheberin der Brandanschläge hatte sich die Gruppe «Rote Zora» bekannt, nach Angaben der Bundesstaatsanwaltschaft eine feministische Untergruppe der «Revolutionären Zellen».

«Mode ist die Antwort der Textilindustrie auf die verlängerte Haltbarkeit der Stoffe.

Adler begründete das Nachgeben so:

«Das Unternehmen beugt sich damit der Gewalt terroristischer Gruppen, weil es keine andere Möglichkeit sieht, sein Werk in Südkorea und die Märkte in der Bundesrepublik ohne Gefahr weiterzuführen.»

Auf den folgenden Seiten sind die Stellungnahmen von Flair Fashion-Arbeiterinnen und ein Artikel aus der Adler-Hauszeitschrift gegenübergestellt. Der Leser kann sich so sein eigenes Bild machen, wer wen terrorisiert.
Wer die Auseinandersetzung nicht mit ADLERaugen, aber mit geschärftem Sinn verfolgt hat, kann darin ein durchaus treffendes Beispiel für eine weltweite Entwicklung in der Textil- und Bekleidungsindustrie sehen: der Auslagerung relevanter Produktionszweige in Billiglohnländer.
Seit Beginn der fünfziger Jahre kam es in den Industrieländern zu einem erheblichen Strukturwandel durch Automatisierung der Betriebe, in der bundesdeutschen Textilindustrie wurden allein zwischen 1960 und 1982 rund 360000 Arbeitskräfte «freigesetzt». Mit Beginn der siebziger Jahre verschlechterte sich die Situation noch, weil es durch Sättigung des individuellen Bedarfs und Bevölkerungsrückgang sogar zu einem leichten Produktionsrückgang kam, verschärft durch das Aufkommen neuer Textilländer wie Hongkong, Südkorea, Taiwan und Singapur (von Vertretern der hiesigen Textilwirtschaft gern auch als «Viererbande» bezeichnet).
Insgesamt waren und sind es nur einige Entwicklungsländer, die hier der weltweiten Arbeitsteilung trotzen konnten (und den Anteil an der weltweiten Textilproduktion trotz vielfacher Handelshemmnisse zwischen 1970 und 1983 sogar von 15 Prozent auf 26 Prozent steigern konnten). Die Industrieländer freilich nutzten diese Entwicklung wiederum zu ihrem dreifachen Vorteil: sie beteiligten sich durch Direktinvestitionen in den Ländern, sie kauften Vorprodukte billig ein, und sie verlagerten arbeitsintensive Teilprozesse ins Ausland («passive Lohnveredelung», bei der die deutschen Unternehmen aber durchaus sehr aktiv verdienen).

«‹Wenn ich ehrlich bin – mir blieb doch gar keine andere Wahl, als ins Ausland zu gehen. Zu Hause hätten mich die Kosten erschlagen.› So kommentiert Eberhard (‹Ebbe›) Bezner (42), Inhaber und Geschäftsführer der Bietigkheimer Olymp Herrenwäschefabriken, eine unternehmerische Entscheidung...
Im Juni 1978 gründete Bezner in Manila die Olymp Manila Inc. und baute in einem Industriegebiet am Rande der philippinischen Hauptstadt für 1,5 Millionen Mark die modernste Hemdenfabrik in Fernost... Der gesetzlich garantierte Mindestlohn, der de facto

auch der Höchstlohn ist, beträgt 17 Pesos, umgerechnet 4,50 DM (pro Tag, d. Verf.)...
Seit Mitte September (1979, d. Verf.) kommen die ersten Hemden für den Verkauf aus Manila, wo ausschließlich für den Export nach Deutschland gearbeitet wird. Transportkosten fallen kaum ins Gewicht: 50 Pfennig pro Hemd im Schiffcontainer, 1,50 DM bei Luftfracht. Die Stückgewinne sind hoch genug, um das kompensieren zu können. Mit 20 Prozent Gewinn rechnet Bezner pro Manila-Hemd. Bei der deutschen Produktion sind es nur 2,8 Prozent. ‹Jetzt stehen wir schon wieder besser da›, reibt Bezner sich die Hände.»
Managermagazin 2/1980

1982 wurden dergestalt Textilien im Wert von 3,3 Milliarden DM im Ausland be- und verarbeitet und dann wieder eingeführt. Auslagerungsindustrie heißt diese neue Form der internationalen Arbeits- und Gewinnteilung. Hauptsache, man «behält den Faden in der Hand»: Arbeit dort, Gewinn hier. Besonders beliebt sind dabei sogenannte «Freihandelszonen», die Entwicklungsländer ausländischen Unternehmen mit Sonderregelungen zur Verfügung stellen (Zollfreiheit, Befreiung von Devisen- und Steuerauflagen, unbeschränkter Gewinntransfer usw.). Frei ist an diesen vor allem der Profit, die Arbeiter dagegen werden mit Antistreikgesetzen und schlechten Löhnen geknechtet. Notfalls wird – wie bei Adler – die Militärpolizei geholt. Damit alles «unverschämt + billig» bleibt.

ZUM BEISP

Flair Fashion Co.» wurde vor acht Jahren in Iri/Südkorea als erste Produktionsstätte der Firma Adler im außereuropäischen Ausland gegründet und produziert mit 1300 meist weiblichen Arbeitern im Alter von 18 bis 25 Jahren im Jahr rund 1,6 Millionen Mäntel, Kleider, Blusen, Anzüge, Hosen und Röcke für die Adler-Modezentralen.

In Korea gibt es seit 1970 ein vorteilhaftes Sondergesetz für fremdes Investitionskapital, das koreanische Mädchen zum Spielzeug fremder Industrieller herabwürdigt. Die Vergewaltigungen von Arbeiterinnen in der Masan-Freihandelszone in den 70er Jahren sind noch in unrühmlicher Erinnerung.

Da die «Flair Fashion» ein zu 100 Prozent von Ausländern geleitetes Unternehmen ist, sind im Vergleich zu anderen Firmen derselben Branche die Löhne etwas höher, liegen jedoch immer noch weit unter 170 000 Won (ca. 400 DM), die vom regierungstreuen Bund der koreanischen Gewerkschaften als Mindestlohn gefordert werden. Außerdem werden täglich im Durchschnitt ein bis zwei Überstunden erzwungen. Die Raffinesse der von den deutschen Managern betriebenen Ausbeutung belegt der folgende Maßnahmenkatalog:

1. Praktikanten erhalten in den ersten drei Monaten 60 000 Won (ca. 140 DM) monatlich ausgezahlt.

2. Nach der dreimonatigen Probezeit finden Intelligenz- und Eignungsprüfungen statt, deren Nichtbestehen Minderwertigkeitskomplexe zur Folge hat.

3. Am Arbeitsplatz wird kontinuierliche Zeitmessung praktiziert, um die Produktionsquote unter Ausnutzung der Konzentrationsfähigkeit bis zur völligen physischen und psychischen Erschöpfung rücksichtslos zu steigern.

4. Jeder Abteilung wird ein deutscher Leiter zugeteilt, der bei der kleinsten Widersetzlichkeit ein Disziplinarverfahren einleitet.

5. Die Verantwortung für Unfälle wird auf die einzelnen koreanischen Arbeiterinnen abgewälzt.

6. Vorarbeiter oder Schichtleiter kann man nur über besondere sexuelle Beziehungen zu den deutschen Abteilungsleitern werden.

7. Insbesondere in der Anzugherstellung herrscht wegen der komplizierten Fertigung und der guten Auftragslage ein Dauerstress, der bis zum erzwungenen Verzicht auf die Mittagspause gehen kann.

8. Zum Feierabend finden peinlich genaue Leibesvisitationen statt.

9. Die deutschen Leiter reden in herablassender und verletzender Weise mit ihren Untergebenen.

10. Gesetzlich zustehende freie Tage werden unter Vorwänden immer wieder vorenthalten.

11. Deutsche Leiter halten sich koreanische Nebenfrauen auf Zeit. Wenn ihm eine Arbeiterin besonders gefällt, muß sie die Wünsche des deutschen Leiters erfüllen oder mit einer Versetzung auf einen schlechteren Arbeitsplatz oder gar Entlassung rechnen.

Um uns besser gegen die empörenden Machenschaften des deutschen Managements wehren zu können, ließen sich im Februar politisch bewußte Arbeiterinnen als Kandidaten für die Gewerkschaftswahlen aufstellen. Die Hoffnungen auf ein besseres Funktionieren der Gewerkschaft und eine wesentliche Verbesserung der Arbeitsbedingungen wurden enttäuscht, als das Unternehmen nur eine der Firma hörige Gewerkschaft akzeptieren wollte und eine Vollversammlung der Belegschaft und Neuwahlen auf unbestimmte Zeit verschob.

Bei der Veröffentlichung dieser Fakten über «Flair Fashion» in Deutschland hoffen wir auf Eure schwesterliche Hilfe.

ARBEITERINNEN
VON IRI/KOREA

EL ADLER

Jeden Morgen und jeden Abend strömen über 1300 schwarzhaarige, dunkeläugige Mädchen, meist zwischen 18 und 25 Jahren, aus den lila Firmenbussen in den Flair Fashion-Produktionsbetrieb in Iri, Südkorea.
Diese jungen, fleißigen und außerordentlich geschickten Mädchen sind es, die pro Jahr ca. 1,6 Millionen Mäntel, Kleider, Blusen, Anzüge, Hosen und Röcke für die Adler-Modezentren produzieren.
Nur für schwere Arbeiten, wie z. B. Bügeln, Zuschneiden, Lagerarbeiten und Maschinenreparaturen, wo Stärke eine große Rolle spielt, sind Männer am Werke.
Etwa 75 % der Mädchen wohnen in Chollabukto, im Umkreis von etwa 30 km um Iri. Dieses Gebiet wird auch als eine der Reisschüsseln Koreas bezeichnet. Eine zum Gelben Meer im Westen offene Ebene wird nach Osten von malerischen Bergen begrenzt, die zu Picknick und Wanderungen einladen. Die Eltern dieser Mädchen sind meist Reisbauern, Handwerker und Händler.
Etwa 300 der Mädchen stammen aus weit entfernten Städten, wie z. B. dem 250 km entfernten Seoul und dem 450 km entfernten Pusan. In Seoul, der Hauptstadt mit ca. zehn Mio. Einwohnern, werden 1988 die nächsten Olympischen Spiele ausgetragen. Pusan, im Süden der Halbinsel, mit ca. 5 Mio. Einwohnern, ist als Hafenstadt Südkoreas Tor zur Welt.
Diese 300 Mädchen wohnen kostenlos im firmeneigenen Wohnheim.
Diese Mädchen produzieren nicht nur fleißig, sondern sie sind auch besonders aktiv bei allen Firmenveranstaltungen dabei. Bei den monatlichen Geburtstagsparties und halbjährlichen Ausflügen wird kräftig gesungen. Zur Verblüffung der deutschen Techniker können die Koreaner viel mehr deutsche Volkslieder als mancher Deutsche.
Der Zahltag am Zehnten ist für die Mädchen der schönste Tag im Monat. Sofern sie in der Nähe wohnen, fahren sie am Abend zu ihren Eltern, die das hart erarbeitete Geld sicher für die Töchter zum Anschaffen der Aussteuer bis zur Hochzeit aufheben.
Sobald sie mit ca. 25 Jahren heiraten, scheiden zum Leidwesen von Herrn F. Adler die Mädchen bei Flair Fashion aus, verwöhnen ihre Männer und widmen sich ganz ihrer Familie und ihrem Haushalt. Auch mit noch so großen Anreizen sind sie nicht in die Fabrik zurückzulocken.
In der Zwischenzeit leisten 34 der in der Vergangenheit bei Flair Fashion von den deutschen Technikern ausgebildeten Gruppenleiterinnen Entwicklungshilfe in Sri Lanka. Sie haben sich für zwei Jahre verpflichtet, bei INCO den Singhalesen und Tamilen das Nähen beizubringen. Sie sind eines der zahlreichen Bindeglieder zwischen den beiden ADLER-Produktionsunternehmen.
FLAIR FASHION und INCO. Ohne die schwarzhaarigen, mandeläugigen Koreanerinnen wäre der steile Aufstieg des ADLER-Unternehmens kaum möglich gewesen.
Alle Mitglieder der FLAIR FASHION-Familie beglückwünschen alle ADLER-Mitarbeiter recht herzlich zum 25jährigen Firmenjubiläum. Flair Fashion ADLER, mansé! (mansé = koreanisch für «Hoch lebe!»)

FÜRCHTEGOTT ADLER

Zum 25jährigen Firmenjubiläum von ADLER wird eine Urlaubsreise nach Korea verlost. Alle Einsender einer korrekten Übersetzung eines koreanischen Textes nehmen an der Verlosung teil. Der 2.–50. Preis ist je ein Paket Ginsengtee, der die Manneskraft stärkt und die Damen jung erhält.

Aus der ADLER-Hauszeitschrift zum 25jährigen Firmenjubiläum 1984

«Reine» Baumwolle – vergiftet

Einige Wochen nach der großen Brandkatastrophe im Pestizidlager der Sandoz in Basel, die auf Hunderte von Kilometern alle Lebewesen im Rhein abtötete, bildete sich eine lange Menschenkette am Ufer des Rheins, die symbolisch den Rhein vor der Chemie schützen wollte. «Jeans» waren die vorherrschenden Beinkleider der Demonstranten. Sicherlich war keinem der Jeansträger bewußt, wie viel Pestizide gerade beim Anbau von Baumwolle eingesetzt werden. Das hätte womöglich auch die Stimmung gestört.

Tatsächlich ist der Anbau von Baumwolle – zumindest so, wie er heute betrieben wird – mit erheblichen ökologischen Problemen verknüpft, vor allem mit einem überaus massiven Pestizideinsatz. Um dies zu verstehen, muß man die wesentlichen Bedingungen des Anbaus von Baumwolle kennen.

Baumwolle verlangt feinsandige, lockere und nährstoffreiche Böden und ein besonderes Klima: viel Niederschläge während der Wachstumsperiode (alternativ: künstliche Bewässerung wie etwa in Ägypten oder im Sudan), gleichmäßige Wärme und Trockenheit zur Erntezeit. Deshalb wird Baumwolle nur innerhalb des «Baumwollgürtels» von 35° südlicher Breite bis 38° nördlicher Breite (USA) bzw. 45° (UdSSR) angebaut.

Die Baumwolle wird gerade in den großen Monokulturen von Schädlingen bedroht, von verschiedenen Pilzen (zum Beispiel Rost) und von Insekten wie etwa dem Baumwollkapselkäfer oder dem Baumwollkapselwurm (einer Raupe). Teilweise wird die Baumwolle mehr als zwanzigmal gespritzt, bis sie erntereif ist. Dann wird auch noch die Maschinenernte durch Welkmittel (Defoliantia) vorbereitet, so daß die welken Blätter bei der Ernte leicht abgestreift werden können.

Es wird geschätzt, daß allein in der Dritten Welt jährlich etwa 150000 Tonnen Pestizide im Baumwollanbau eingesetzt werden. Darunter waren und sind Pestizide wie DDT, Methylparathion oder das krebserzeugende Chlordimeform, die für Mensch und Umwelt höchst gefährlich wirken. Die WHO schätzt die weltweite Zahl der Pestizidvergiftungen auf etwa 500000 (!) Fälle pro Jahr, die Baumwollplantagen haben daran einen guten Anteil. In der Bundesrepu-

blik war Chlordimeform unter den Handelsnamen Fundal und Galecron im Einsatz. 1976 zog die bundesdeutsche Herstellerfirma Schering das Mittel vom bundesdeutschen Markt, produzierte es aber für den Export weiter.
Der massive Pestizideinsatz bewirkte neben Vergiftungen von Mensch und Umwelt aber auch die Herausbildung ganz neuer Schädlinge, die vorher bedeutungslos waren. So wurden etwa die natürlichen Feinde der Spinnmilben jahrzehntelang durch Pestizide getötet, dadurch ist die vorher bedeutungslose Spinnmilbe selber zum Schädling geworden. Darüber hinaus sind mehr und mehr Schädlinge gegen die eingesetzten Pestizide resistent geworden, so daß immer neue Insektizide gefunden werden mußten.

Am Beispiel des Sudan kann man den Teufelskreis von Exportlandwirtschaft, Pestizideinsatz und Verschuldung, der so entsteht, deutlich erkennen. Der Sudan ist mit zweieinhalb Millionen Quadratkilometer das größte afrikanische Land. Ein knappes Viertel der Gesamtfläche ist landwirtschaftlich nutzbar, nur etwa 15 Prozent werden derzeit bewirtschaftet. Produziert wird hauptsächlich für den Export: Baumwolle, Erdnüsse, Sesam, Sorghum usw. sorgen für 95 Prozent der Gesamtdevisenerlöse des Landes; Baumwolle allein stellt mit etwa zwei Drittel der Exporterlöse das wichtigste cash crop dar. Grundnahrungsmittel wie Weizen müssen regelmäßig importiert werden. Wichtigstes Anbaugebiet für Baumwolle ist die Gezira-Region, ein riesiges Bewässerungsgebiet, das zwischen dem

Blauen und Weißen Nil und vor dem Sennar-Staudamm liegt. Bis 1945 wurde dort fünfundzwanzig Jahre Baumwolle ohne Pestizid- und Düngereinsatz angebaut, wohl aber mit erprobten Fruchtfolgen und Quarantänemaßnahmen zur Reduzierung von Pflanzenkrankheiten von einer Saison zur nächsten. Der Pestizidgebrauch ab 1945/46 führte nur kurzfristig zu einer Ertragssteigerung, später kam es zu Einbrüchen, weil Schädlinge resistent wurden oder neue Schädlinge durch den Rückgang der Nutzinsekten auftauchten. 1985/86 – vierzig Jahre später – lagen die Erträge nur um vier Prozent über denen von 1945/46. In den Bewässerungskanälen zwischen den Baumwollfeldern gibt es nach den Flugzeugsprühungen immer wieder Wasservergiftungen und Fischsterben.

Während die Hektar-Erträge in den vierzig Jahren nur um vier Prozent stiegen, nahmen die Kosten für die Pestizide pro Hektar um das 200fache zu und liegen mittlerweile bei etwa einem Drittel der Ernteerträge. Die Kosten der Baumwollproduktion (Saatgut, Dünger, Pestizide, Maschinen, Gehälter usw.) mußten immer mehr durch Verschuldung im Ausland finanziert werden. 1984/85 erstmals im vollen Ausmaß. 1985/86 stellte die bundesrepublikanische Kreditanstalt für Wiederaufbau einen Kredit in Höhe von 130 Millionen DM zur Verfügung – davon wurden über 40 Millionen DM für Pestizide ausgegeben. 1986/87 wurden im Sudan 151000 Tonnen Baumwolle produziert, aber nur 19000 Tonnen im eigenen Land verbraucht.

Die Auslandsschuld des Sudan ist durch diese und andere Kredite mittlerweile auf mehr als elf Milliarden Dollar angewachsen, der Verzug bei den Zins- und Tilgungszahlungen beträgt mehr als vier Milliarden Dollar und damit ein Mehrfaches der jährlichen Exporterlöse.

Die relative Verteuerung der Pestizide ist beispielhaft für die Preisschere zwischen Agrarprodukten aus den Dritte-Welt-Ländern und Industrieprodukten aus den Industrieländern.

Der Pestizideinsatz schafft also nicht nur ökologische Gefahren, sondern auch ökonomische Abhängigkeit und Krisen, die von der örtlichen Bevölkerung oft noch härter empfunden werden als der Pestizideinsatz. Ein typisches Baumwollgebiet, Soconusco in Mexiko, kann dies illustrieren. In Soconusco wird seit 1952 Baumwolle angebaut, 1974 betrug die Anbaufläche etwa 34000 Hektar, seitdem fiel sie stetig, 1985 wurden nur noch auf etwa 1000 Hektar

Baumwolle angebaut. Der Rückgang läßt sich leicht erklären. Schon 1981/82 hatten die ständig steigenden Produktionskosten den sinkenden Baumwollpreis übertroffen (bezogen auf einen Hektar Anbaufläche). Seitdem wird Soja angebaut. Als Folge des sprunghaften Wechsels kam es zu hoher Arbeitslosigkeit bzw. Nicht-Beschäftigung von Saisonarbeitern, da Soja komplett mechanisiert angebaut wird.

In den letzten Jahren hatten die Schädlinge überhand genommen, offensichtlich durch Resistenzbildung. Zudem wurden sehr giftige Mittel wie Chlordimeform vom Markt genommen. Einer Umfrage zufolge wurden im Durchschnitt 19mal pro Vegetationszyklus Pestizide ausgebracht, pro Hektar etwa 25 Kilogramm bzw. Liter der hochgiftigen Mittel. Die Kosten für Pestizidkauf und -ausbringung lagen bei 47 Prozent der Gesamtproduktionskosten.

Viele Bauern kannten die Pestizide, die sie ausbrachten, gar nicht oder konnten sie in ihrer Gefährlichkeit nicht einordnen. Die Pestizide wurden meist von der Genossenschaft en gros eingekauft, von «landwirtschaftlichen Beratern» verordnet oder gar vorgeschrieben von der Bank, die Anbaukredite nur inklusiv mit den Geldern für fünfzehn Pestizidanwendungen vergab!

Trotz vielerlei gesundheitlicher und ökologischer Probleme wird der Baumwollanbau in erster Linie aus betriebswirtschaftlichen Gründen aufgegeben: er lohnt sich nicht mehr. So geht der Baumwollanbau beispielsweise in Zentralamerika unaufhaltsam zurück, in Guatemala zwischen 1980 und 1986 um 50 Prozent, in El Salvador um 60 Prozent, in Honduras um 90 Prozent.

Auch in Nicaragua ging der Baumwollanbau drastisch zurück, hier absurderweise noch wegen des amerikanischen Handelsembargos (1985). Nicaragua «durfte» die Gifte nicht mehr kaufen, hinzu kamen Ersatzteilprobleme mit den Sprühflugzeugen und Entkernungsmaschinen, die alle nordamerikanischen Ursprungs sind und nicht mehr geliefert wurden.

Ob Kolonialismus oder Neo-Kolonialismus, die Folgen sind übermächtig: einseitige Wirtschaftsstruktur, Monokulturen, übersteigerter Pestizideinsatz, ökologische Krisen und ökonomische Zusammenbrüche.

Nur die Industrieländer verdienen in jedem Fall.

DAS HUNGERTUCH

In den Jahren 1975 bis 1977 mußte der Sudan durchschnittlich 12,5 kg rohe Baumwolle in die Schweiz exportieren, um hier 1 Kilogramm-Ballen Baumwollstoff standardisierter Qualität zu kaufen. Ein Jahrzehnt später war das hochverschuldete afrikanische Land gezwungen, für den Kauf des gleichen Ballens Baumwollstoff mehr als das Dreifache, nämlich 43 kg Baumwolle abzugeben. (1)

Baumwollhandel Sudan–Schweiz

1975–1977

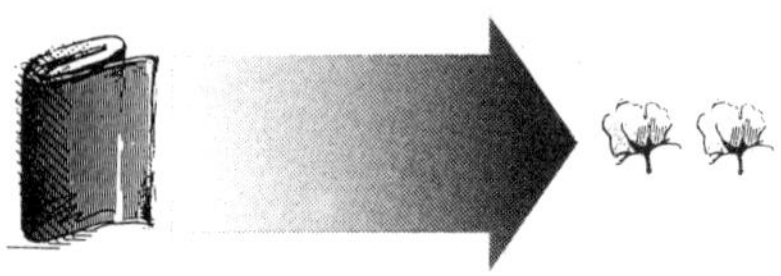

Für 1 Kilo Stoff 12,5 kg Baumwolle

1985–1987

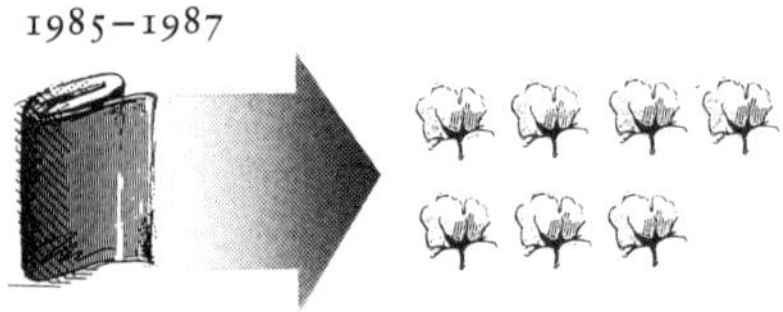

Für 1 Kilo Stoff 43 kg Baumwolle

(nach Schweiz. Außenhandelsstatistik)

Dieses Beispiel von Kaufkraftzerfall für den Sudan (und entsprechender profitabler Kaufkraftsteigerung für die Schweiz) ist zwar besonders drastisch, steht in der Tendenz aber durchaus für die allgemeine Entwicklung. Unter dem Druck der Schulden sind die Entwicklungsländer gezwungen, ihre Exportproduktion zu forcieren und zu buchstäblich jedem Preis auf den Weltmarkt zu werfen. Und durch die Verschlechterung der Rohstoffpreise verschärft sich die Schuldenkrise noch weiter.

In den letzten Jahren haben sich die Austauschverhältnisse für die Dritte Welt fortwährend verschlechtert. Von 1980 bis 1985 ist die Kaufkraft der Exporte für die Entwicklungsländer um ein knappes Zehntel abgesunken, während die Kaufkraft der Industrieländer-Exporte in der gleichen Zeit um ein gutes Sechstel zugenommen hat. (2)

(1) Berechnet nach Jahresstatistik des Außenhandels der Schweiz, Bände 1, div. Jahrgänge (Tarifnummer 5501.10: Baumwolle, weder kardiert noch gekämmt, roh; Tarifnummer 5509.54 f: Baumwollgewebe bedruckt, über 60 bis 120 g je m^2)

(2) UNCTAD, Handbook of International Trade and Development Statistics, Supplement 1986

Aus: mosquito Nr. 3, Mai 1988

LITERATUR

- Beecher-Stowe, Harriet, «Onkel Toms Hütte», Verlag Carl Ueberreuther, Bamberg 1950
- epd-Entwicklungspolitik 3/88, S. 24 ff (zum Flair-Fashion-Konflikt und der Firma ADLER
- Erklärung von Bern: Kleider und Mode/Bei uns und in der «Dritten Welt», Zürich, Oktober 1986
- Friedmann, Daniel, «Das Jeans-Buch», Transit-Buch-Verlag, Berlin 1988
- Levi Strauss-Presseinformation (Levi Strauss Germany GmbH, Postfach 1260, 6056 Heusenstamm)
- PAN-Pestizidbrief Nr. 10/1988, «Umweltzerstörung und Weltbank; Fallbeispiel Sudan»
- VFLU-Umweltzeitung 1/87, S. 19 ff
- Wirtz, Hermann u. a., «Kleider machen Leute – Leute machen Kleider», hg. v. Bund der Katholischen Jugend u. a. (Carl-Mosters-Platz 1, 4000 Düsseldorf 30), 1981
- Heinrich Loth, «Sklaverei», Peter-Hammer-Verlag, Wuppertal 1981

ADRESSEN

- Erklärung von Bern, Quellenstraße 25, CH-8005 Zürich
- Internationales Baumwollinstitut
  Schaummainkai 91
  6000 Frankfurt 70

  PAN-Pestizid-Aktionsnetzwerk
  Nernstweg 32–34
  2000 Hamburg 50
  Tel. 040/393978
- Verein zur Förderung von Landwirtschaft und
  Umweltschutz in der Dritten Welt
  Mainzer Landstraße 14
  6501 Stadecken – Elsheim 2
  Tel. 06130/460
- mosquito, Postfach 1007, CH-3001 Bern

WEN MACHT DIE **BANANE** KRUMM?

„Damit unsere großen Opfer und unsere hohen Investitionen nicht vergebens sind, müssen wir soviel Land vom Staat und von Privateigentümern erwerben und uns soviel Reichtum aneignen, wie es unsere Kapazität und unser Aufnahmevermögen immer erlauben. ... Wir müssen uns befreien von allen öffentlichen Pflichten, Steuerabgaben und Aufgaben, die uns und unseren Partnern schaden. Wir müssen eine Situation von Privilegien schaffen, die es uns erlaubt, die Philosophie und die Strategie unseres Handelns aufrechtzuerhalten. ... Wir stehen jetzt am Ausgangspunkt. Sie kennen die Menschen besser als ich. Bei Ihrer Ankunft werde ich Ihnen eine Liste der Gebiete zeigen, welche wir erlangen müssen, wenn möglich unverzüglich ..."

Aus einem Brief von H.V. Rolston, Vizepräsident der United Fruit Company (1920)

Warum ist die Banane krumm?

Wissen Sie, warum die Banane krumm ist? Und wen sie krumm macht? Hier können Sie's nachlesen.
Die Banane ist eine der ältesten Kulturpflanzen der Welt. Sie stammt aus Südostasien und wurde während der Kolonialzeit von den Spaniern und Portugiesen in die Karibik gebracht. Erst um die Jahrhundertwende wurde die Banane in Mittelamerika kommerziell und in Monokulturen angebaut.
Die Bananenpflanze wächst aus einer Knolle im Boden und wird bis zu 10 Meter hoch. Der Scheinstamm besteht aus lauter ineinandergeschachtelten Blattscheiden.
Nach sieben bis neun Monaten sprießt der Blütenstand aus der Blattkrone hervor, eine dunkelrot-violette Knopse bildet sich und läßt nach und nach ihre Deckblätter fallen. Die Bananenfinger werden sichtbar und krümmen sich mit der Zeit nach oben dem Licht zu. Darum ist die Banane krumm.
Nach drei bis vier Monaten sind die Bananen erntereif. Ein Büschel wiegt ungefähr 40 kg und enthält bis zu 200 Bananen. Nach der Ernte wird die Bananenstaude umgehauen und vermodert, während sich aus der Knolle wieder ein neuer Trieb entwickelt. Da die Bananen keine Saisonfrüchte sind, findet man auf den Plantagen alle Stadien der Pflanzen- und Fruchtentwicklung nebeneinander, so daß das ganze Jahr über Bananen geerntet werden können.
Die Bananenpflanze ist empfindlich gegen Stürme, da dann die großen Blätter verfasern. Aber gerade das Hauptanbaugebiet – die Karibik – ist eine Hurrikangegend.
In Europa kennt man nur die hochgezüchtete süß schmeckende Obstbanane, es gibt aber etwa 100 verschiedene Bananenarten, vor allem die Gemüse- und Mehlbananen (platanos), die nicht roh gegessen werden, sondern (wie unsere Kartoffeln) gekocht, gebacken, gebraten oder getrocknet werden. Da sie in den Ursprungsländern als Grundnahrungsmittel dienen, ist der dortige Verbrauch viel höher als in Europa oder den USA.
Die Weltproduktion liegt bei 62 Millionen Tonnen Bananen und Platanos. Davon werden 19 Millionen Tonnen in Afrika, 16 Millionen Tonnen in Asien und 25 Millionen Tonnen in Süd- und Mittel-

Durchschnittsverbrauch an Bananen/platanos (pro Kopf im Jahr 1983):

Land	
Kolumbien	80 kg
Venezuela	40 kg
USA	9,6 kg
Schweiz	8,7 kg
Bundesrepublik	7,4 kg

Quelle: Nach: Informe mensual, UPEB, 1983

amerika sowie der Karibik geerntet. Aus diesen Ländern stammen auch 70 Prozent der weltweiten (Obst-)Bananenexporte. Insgesamt lag der Export dieser Bananen 1983 knapp über sieben Millionen Tonnen. Eine Banane legt durchschnittlich 6500 Kilometer zurück, bevor wir sie schälen und verspeisen.
Nach der Ernte werden die Bananen sortiert, der Anteil der aussortierten Früchte (krüppelig, angefault oder zu kurz nach den Kriterien der Abnehmer) beträgt bis zu 40 Prozent. Dann werden sie in großen Wasserbassins gewaschen und mit Konservierungsmitteln behandelt (vor allem die Schnittflächen faulen leicht) und in Schachteln zu etwa 18 Kilogramm verpackt. Die Bananen werden unreif und grün geerntet, weil sie sonst den langen Schiffstransport nicht überstehen würden. Die Überfahrt dauert etwa zwölf Tage, im Exporthafen werden sie sofort danach zu den Reifereien transportiert, wo sie in vier bis zehn Tagen künstlich ausreifen und dann in die Läden kommen. Erst etwa einen Monat nach der Ernte werden die Bananen also von uns verspeist. Und ihr leuchtendes Gelb spiegelt nicht die Sonne der Karibik wieder, sondern entsteht in den hiesigen Reifekammern.

Die Bananen-Multis

März 1989 im Supermarkt: das Kilo Bananen kostet 1,99 DM und ist damit billiger als ein Kilo Äpfel, das 2,20 DM kostet. Von dem

Preis für die Bananen erhalten die Herstellerlän-
der etwa 20 Prozent, die Arbeiter zwei bis fünf
Prozent. Können Sie sich vorstellen, mühsam
Äpfel zu pflanzen, zu spritzen und zu düngen, mit
der Hand zu ernten und dafür etwa 20 Pfennig pro
Kilo zu erhalten? Um zu sehen, daß allein das
Lebensmittelge- schäft nebenan durch den Ver-
kauf in zwei Mi- nuten das xfache verdient? Die
Zahlen gelten allerdings nicht für Äpfel, sondern
für Bananen, machen aber deutlich: Wenn
die Plantagenarbeiter so wenig verdienen,
müssen andere sehr viel verdienen. Die Rede
ist also von den Konzernen, genau gesagt von
drei Konzernen, die etwa zwei Drittel der welt-
weiten Bananenproduk- tion und vor allem den
gesamten Bananenhandel beherrschen und daran
bestens verdienen. Bekannt sind sie hier eher unter der zugehörigen Bananenmarke, nämlich Chiquita (United Brands Co., vormals United Fruit Co.), Dole (Standard Fruit Co.) und Del Monte.

1928, SÜDLICH VON SANTA MARTA

BANANISIERUNG

Hier gab es nur ein paar vergessene Dörfer, im Hinterland der kolumbianischen Küste, ein staubiger Sandweg zwischen Fluß und Friedhof, ein Gähnen vor dem Wiedereinschlafen, bis der gelbe Zug der United Fruit Company vom Meer heraufkam. Der Zug durchquerte rauchspeiend die Sümpfe und bahnte sich einen Weg durch den Urwald, und als er wieder in die gleißende Helle heraustrat, kündete er pfeifend vom Anbruch des Bananenzeitalters.
Und so sah sich die gesamte Region im Handumdrehn in eine riesige Plantage verwandelt. Ciénaga, Aracataca und Fundación bekamen Telegrafenanschluß und Postamt und neue Straßen mit Billardhallen und Bordellen; und zu Tausenden kamen die Bauern, vergaßen ihr angepflocktes Muli und wurden Plantagenarbeiter.
Jahrelang sind diese Arbeiter gehorsam und billig gewesen und haben für weniger als einen Dollar am Tag Unkraut und Bananenbüschel geschlagen und haben

es hingenommen, in heruntergekommenen Baracken zu hausen und an Malaria oder Tuberkulose zu sterben. Dann gründeten sie eine Gewerkschaft.
Aus: Eduardo Galeano, «Das Jahrhundert des Sturms»

Seit die Banane um die Jahrhundertwende kommerziell und in Monokulturen angebaut wird, waren die amerikanischen Konzerne im Geschäft. Export und Produktion wurden anfangs von einzelnen amerikanischen Geschäftsleuten beherrscht, später von den drei Bananen-Multis United Brands Company (vormals United Fruit), Standard Fruit Company und Del Monte.
Da die intensive Bebauung des Bodens nach 15 bis 20 Jahren zum weitgehenden Verlust der Bodenfruchtbarkeit führt, besaßen die amerikanischen Konzerne über die eigentlichen Bananenplantagen hinaus ein Mehrfaches an unbebautem Land. Sobald die Erträge stark nachließen, gab man die Plantagen auf und bepflanzte das brachliegende Land, das vorher höchstens – um Landbesetzungen zu verhindern – als dünn besiedelte Viehweide genutzt wurde.
Die drei Bananenmultis hatten auch den weltweiten Handel unter ihrer strategischen Kontrolle, besaßen sie doch alles, was dazu nötig war: riesige Flächen Landes und Plantagen, Bewässerungsanlagen, Straßen, Eisenbahnlinien, Häfen, Kühlschiffe und die Reifereien.
Doch nicht nur den Bananen drückten sie ihr Etikett auf, sondern sie degradierten auch die zentralamerikanischen Anbauländer zu reinen – von den USA abhängigen – Bananenrepubliken. In der mittelamerikanischen Region wurden die Multis zum Staat im Staate. Keine Frage, daß sie diese Abhängigkeit nicht nur nutzten, sondern durch Bestechungen, kriminelle Aktionen bis hin zur aktiven Unterstützung eines Staatsstreichs in Guatemala (1954 durch United Fruit) allerlei Aktivitäten entfalteten, um ihre hohen Profite zu sichern.
Extrem rechte Regierungen oder korrupte Militärdiktaturen sorgten in den sogenannten «Bananenrepubliken» dafür, daß Streiks und andere Arbeitskämpfe auf den Plantagen unterdrückt wurden. Und dabei war und ist die Arbeit auf den Plantagen hart und schwer, das Klima feucht und ungesund. Die Arbeitszeit liegt bei zehn bis zwölf Stunden am Tag, die Ernährung ist mangelhaft, die Bezahlung miserabel. Oft wurde die gesamte Arbeiterschaft nach einem halben Jahr ausgewechselt, um Sozialleistungen zu sparen oder eine sich anbahnende gewerkschaftliche Organisation zu verhindern.

Gestreikt wurde nicht nur für höhere Löhne, sondern auch für bessere Arbeitsbedingungen und (!) gegen den Einsatz hochgiftiger Pestizide. Da die hochgezüchteten Bananenpflanzen in den Monokulturen extrem anfällig für Pflanzenkrankheiten und Schädlinge aller Art sind (begünstigt durch das feuchte tropische Klima) werden oft hochgiftige Pestizide in großem Maßstab eingesetzt. Auf Costa Rica führte der krebserregende Wirkstoff DBPC (Dibromchlorpropan) nachweisbar zur Sterilität vieler Bananenarbeiter. Obwohl die Produktion dieses Stoffs in den USA seit 1977 eingestellt werden mußte, wurden DBPC-haltige Mittel noch bis Ende 1978 eingesetzt – schließlich wollte die Herstellerfirma die Pestizidvorräte nicht auf die Giftmülldeponie bringen. Verkaufen war allemal profitabler.
Erst in den letzten 15 Jahren konnten die Arbeitsbedingungen etwas verbessert werden, ohne daß die Multis an Einfluß verloren hätten. Während die mittelamerikanischen Staaten nach wie vor einseitig vom Bananenexport abhängig sind, haben sich die Multis längst diversifiziert und sind in alle möglichen anderen Produktionsbereiche eingedrungen. Darüber hinaus haben sie sich in riesigen internationalen Investmentgesellschaften zusammengeschlossen, deren Kontrolle noch weit weniger möglich ist. In den Bananenländern selbst ziehen sie sich aus der Bananenproduktion und von den Plantagen zurück. Zum einen ist der riesige Landbesitz immer ein augenfälliger Beleg für ihre Macht gewesen, zum anderen ist die empfindliche Bananenproduktion immer der teuerste und – zum Beispiel wegen vieler Naturkatastrophen – unsicherste Teil des gesamten Bananenhandels. Mittlerweile gibt es viele sogenannte «Partner-Programme», die zusammen mit Vertretern der Oberschicht abgewickelt werden und so eine zusätzlich stabilisierende Funktion haben. Aber nach wie vor beherrschen die Multis die gesamte Vermarktung und kontrollieren so auch die Bananenpreise.

Vom Konzern zum Multi – United Fruit zum Beispiel

Am Beispiel der *United Brands* kann man den gezielten Werdegang eines Multis studieren.

A. W. Preston war ein amerikanischer Kaufmann, der ab 1870 mit Bananen handelte, die ihm L. D. Baker von den Karibischen Inseln heranschiffte. Zur gleichen Zeit ließ M. C. Keith eine Eisenbahnlinie von der Küste Costa Ricas zur Hauptstadt San José bauen. Entlang der Eisenbahnlinie kaufte er zu Billigpreisen Land und ließ Bananenplantagen anlegen.

1899 schlossen sich die drei Amerikaner mit anderen zu einem Bananentrust zusammen: zur *United Fruit Company*, die sogleich neue Bananenplantagen in Mittelamerika und auf den Karibischen Inseln anlegte. Da den mittelamerikanischen Staaten die Mittel fehlten, um die feuchtheißen Küstengebiete zu erschließen, erhielt United Fruit das Land oft umsonst mit der einzigen Auflage, für die Infrastruktur zu sorgen. 1954 besaß die United Fruit Company in Zentralamerika rund 700 000 Hektar Land! Auf diese Weise konnte der US-Konzern zum Staat im Staate werden: ihm gehörten Häfen, Eisenbahnlinien und die Plantagen, aber auch Funk-, Telefon- und Elektrizitätsnetze, so daß er auch das Monopol für den Transport und die modernen Kommunikationsmittel hatte.

Während die Wirtschaftsstruktur der betreffenden Länder dadurch einseitig auf Bananen (ggf. wenige andere Produkte) festgelegt wurde, achtete die United Fruit Company von Anfang an sorgfältig auf eine Diversifizierung: So stieg sie in den kubanischen Zuckerrohranbau ein und baute auf dem Festland Vieh- und Landwirtschaftsbetriebe auf. In den sechziger Jahren kaufte und gründete die United Fruit Margarinefabriken in Costa Rica, Honduras und Nicaragua und wurde auch zum größten Margarine-Produzenten Zentralamerikas. Später kaufte sie Lebensmittelgesellschaften in Mexiko, Panama und Honduras, sowie in Costa Rica eine Plastiksack-Firma und ein Verkehrsunternehmen.

1969 schloß sich die United Fruit Company mit der AMK-Corporation zu *United Brands*, einem gigantischen Lebensmittelimperium, zusammen, dessen Umsatz weit über einer Milliarde Dollar lag. Dazu gehörten Sirup- und Eiscremearomafabriken, über 2000 Autorestaurants, 700 Eiscremeläden, Blumenfarmen, Salatzüchter, Verpackungsfirmen, Immobilien und vieles andere mehr.

«Tatsächlich wurde der Aufstieg der United Fruit Company zum führenden Bananenkonzern erst möglich durch die hemmungslose Ausbeutung und Ausplünderung von Millionen Lateinamerikanern und ihrer Länder. Die Geschichte des Trusts wurde geschrieben mit dem Blut Abertausender Lateinamerikaner, die für Macht und Profit der UFC sterben mußten. Bestechung, Erpressung, Bürgerkrieg, Verletzung der Menschenrechte sowie der UN-Charta sind einige weitere Ingredienzen dieses authentischen Polit-Thrillers, der seine literarischen Artgenossen weit in den Schatten stellt.»

Aus: Manfred Sieg, «Musparadisiaca, die Geschichte der (Süß-)Banane»

Wenn die wirtschaftliche Macht nicht ausreichte, griff United Fruit zu kriminellen Methoden wie Bestechung und war sogar am Staatsstreich in Guatemala (1954) beteiligt, der von den USA geplant und vom CIA ausgeführt wurde. Der United Fruit-Konzern hatte bei der Planung und Vorbereitung des Putsches seine Finger im Spiel. Er finanzierte jahrelang PR-Maßnahmen gegen die Regierung, wobei er in den USA Freunde mit der Behauptung gewann, in Guatemala verbreite sich das Schreckgespenst des Kommunismus.

Tatsächlich mußte die United Fruit die Reformmaßnahmen des demokratisch gewählten Präsidenten Jacobo Arbenz fürchten: Geplant waren die Einführung einer Exportsteuer und eine Lohnpolitik, die die Lebensbedingungen der Landarbeiter verbessern sollte. Der Staat wollte eigene Transportwege (Häfen, Eisenbahnlinien) und ein Kraftwerk bauen lassen, um von der United Fruit unabhängiger zu werden. Auch die Agrarreform traf den Konzern besonders hart: um Steuern zu hinterziehen, hatte er den Wert seines Landbesitzes immer möglichst niedrig angegeben. Im Rahmen der Agrarreform wurden ihm daher ungeheure Ländereien enteignet, um sie an landlose Bauern zu verteilen. United Fruit war jahrzehntelang die größte Wirtschaftsmacht Guatemalas (die Firma beschäftigte allein mehr Menschen als in der ganzen Industrie beschäftigt waren).

Durch die von Präsident Arbenz konsequent durchgeführten Reformen drohten dem Unternehmen erhebliche finanzielle Einbußen und zudem ein Verlust von Macht über die politischen Entwicklungen im Lande.

Zunächst bestand die Taktik des Konzerns in der Werbung in eigener Sache, dann in einer verleumderischen Kampagne gegen die scheinbare kommunistische Unterwanderung des Landes, zu guter Letzt wurde die Bombardierung des Landes strategisch geplant und in Zusammenarbeit mit dem CIA ausgeführt.

Trotzdem war die große Zeit des Konzerns vorüber, da es zu einem Antitrustverfahren kam. Wiederum wurde eifrig die Werbetrommel gerührt, wobei u. a. der Film «Why The Kremlin Hates Bananas» produziert wurde, um das Vorgehen des Justizministeriums zu diskreditieren.

1958 mußte die Gesellschaft einen Teil ihrer Geschäfte an einheimische Gesellschaften und ihren Landbesitz an einheimische Geschäftsleute abtreten, später auch ihre Besitzrechte an der Eisenbahnlinie aufgeben. 1972 wurde der Rest an Del Monte verkauft.

Seit den siebziger Jahren sind United Brands und die anderen Konzerne auf Grund ihres national und international schlechten Images und drohender Verstaatlichungsmaßnahmen gezwungen, ihre Geschäftspraktiken zu verschleiern. Und das tun sie mit Erfolg: Um Produktion und Märkte zu sichern, werden vor allem mit der lateinamerikanischen Oberschicht gemeinsame Projekte durchgeführt, zum Beispiel Unternehmensgründungen mit Einheimischen oder Darlehensvergabe an Einheimische, die die Produkte aber nur an die Konzerne verkaufen dürfen und auf technische Hilfe angewiesen sind. 1972 wurden bereits 52 Prozent der von den United Fruit verkauften Bananen in einem solchen «Partner-Programm» produziert.

Mittlerweile hat United Brands zusammen mit anderen Konzernen riesige Investitionskonsortien gebildet wie etwa die ADELA Investment Company (Atlantic Community Groups for the Development of Latinamerica), bestehend aus über 200 US-Banken und Industriegesellschaften. So kann durch Absprache und Investitionen die wirtschaftliche Struktur eines ganzen Kontinents unauffällig gesteuert werden.

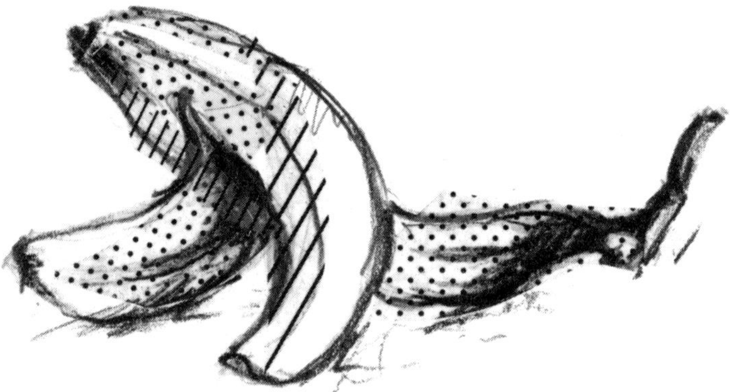

1954, WASHINGTON

DIE ENTSCHEIDUNGSMASCHINE, STÜCK FÜR STÜCK

DWIGHT D. EISENHOWER: Präsident der Vereinigten Staaten. Stürzte die Regierung von Mohammed Mossadegh im Iran, weil sie das Erdöl nationalisierte. Hat Anweisung gegeben, auch die Regierung von Jacobo Arbenz in Guatemala zu stürzen.
SAM ZEMURRAY: Hauptaktionär der United Fruit. Seine Bemerkungen verwandeln sich automatisch in Erklärungen der Regierung der Vereinigten Staaten und in Gewehre, Mörser, Maschinenpistolen und Flugzeuge der CIA.
JOHN FOSTER DULLES: Außenminister der Vereinigten Staaten. Ehemaliger Rechtsanwalt der United Fruit.
ALLEN DULLES: Direktor der CIA. Bruder von John Foster Dulles. Genau wie dieser, hat auch er der United Fruit Anwaltsdienste erwiesen. Gemeinsam organisieren sie die Operation Guatemala.
JOHN MOORS CABOT: Staatssekretär für interamerikanische Angelegenheiten. Bruder von Thomas Cabot, der Präsident der United Fruit war.
BEDELL SMITH: Unterstaatssekretär. Dient als Verbindungsmann bei der Operation Guatemala. Zukünftiges Vorstandsmitglied der United Fruit.
HENRY CABOT LODGE: Senator. Botschafter der Vereinigten Staaten bei den Vereinten Nationen. Aktionär der United Fruit. Hat verschiedentlich für im Senat gehaltene Reden Geld von diesem Unternehmen erhalten.
ANNE WHITMAN: Privatsekretärin von Präsident Eisenhower. Verheiratet mit dem Public-Relations Chef der United Fruit.
SPRUILLE BRADEN: War Botschafter der Vereinigten Staaten in verschiedenen lateinamerikanischen Ländern. Steht seit 1948 auf der Gehaltsliste der United Fruit. Fordert Eisenhower mit großem Presseecho dazu auf, den Kommunismus in Guatemala mit Gewalt zu unterdrücken.
ROBERT HILL: Botschafter der Vereinigten Staaten in Costa Rica. Beteiligt sich an der Operation Guatemala. Zukünftiges Vorstandsmitglied der United Fruit.
JOHN PEURIFOY: Botschafter der Vereinigten Staaten in Guatemala. Wird der Schlächter von Griechenland genannt, wegen seiner vorherigen diplomatischen Arbeit in Athen. Spricht kein Wort Spanisch. Politisch hat er sich im Senat in Washington gebildet, wo er als Fahrstuhlwärter arbeitete.
Aus: Eduardo Galeano, «Das Jahrhundert des Sturms»

Der Schwindel mit Virginia-Schinken

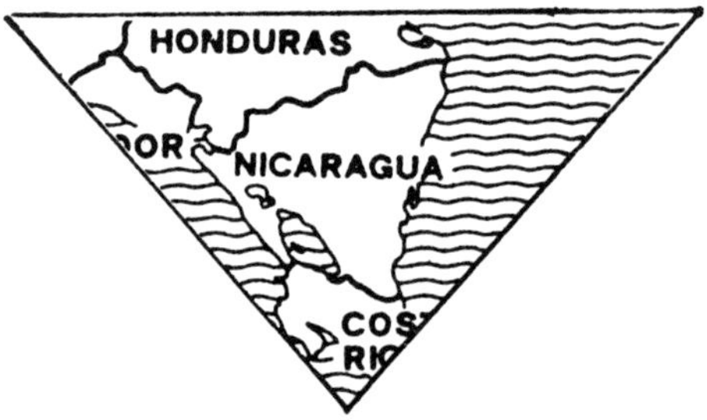

José Arcadio Segundo und andere Gewerkschaftsführer, die bis dahin im Untergrund verharrt hatten, tauchten mit einemmal an einem Wochenende auf und leiteten Kundgebungen in den Dörfern der Bananengebiete ein. Die Polizei beschränkte sich darauf, die Ordnung aufrechtzuerhalten. Doch in der Nacht zum Montag wurden Rädelsführer aus ihren Häusern gezerrt und mit fünf Kilo schweren Eisen an den Füßen in den Kerker der Provinzhauptstadt geschleppt. Unter ihnen befanden sich José Arcadio Segundo und Lorenzo Gavilán, ein nach Macondo verbannter Oberst der mexikanischen Revolution, der angeblich Zeuge des Heldentums seines Helfershelfers Artemio Cruz gewesen war. Immerhin waren sie vor Ablauf dreier Monate wieder auf freiem Fuß, weil die Regierung und die Bananengesellschaft sich nicht darüber einigen konnten, wer für die Ernährung der Inhaftierten aufzukommen habe. Diesmal fußte der Protest der Arbeiter auf der ungesunden Unterkunft, den Gaunereien bei der ärztlichen Betreuung und den niederträchtigen Arbeitsbedingungen. Überdies behaupteten sie, sie würden nicht mit Geld bezahlt, sondern mit Gutscheinen, die nur zum Einkauf von Virginia-Schinken in den Faktoreien der Gesellschaft berechtigten. José Arcadio Segundo wurde eingesperrt, weil er preisgegeben hatte, das System der Gutscheine diene der Gesellschaft nur als Hilfsmittel, ihre Fruchtschiffe zu finanzieren, die

ohne Ladung für die Faktoreien von New Orleans hätten leer zu den Bananenverschiffungshäfen zurückfahren müssen. (...)
Als die Arbeiter einstimmig eine Beschwerdeschrift abgefaßt hatten, verging viel Zeit, bis sie die Bananengesellschaft davon offiziell in Kenntnis setzen konnten. Sobald er von der Entscheidung erfuhr, ließ Señor Brown seinen prunkvollen Glaswagen an den Zug hängen und verschwand mit den bekanntesten Vertretern seiner Firma aus Macondo. Immerhin stöberten am darauffolgenden Tag mehrere Arbeiter einen von ihnen in einem Bordell auf und zwangen ihn, eine Durchschrift des Antrags zu unterschreiben, als er mit einer Frau, die sich bereit gefunden hatte, ihn in die Falle zu locken, nackt im Bett lag. Die Anwälte mit ihren Leichenbittermienen bewiesen vor dem Gericht, jener Mann habe nichts mit der Gesellschaft zu tun, und damit niemand ihre Beweisgründe anzweifle, ließen sie ihn als Betrüger einsperren. Später, als die Arbeiter Señor Brown dabei ertappten, wie er inkognito in einem Dritterklasseabteil reiste, zwangen sie ihn zur Unterschrift einer weiteren Durchschrift der Beschwerdeschrift. Am nächsten Tag erschien er vor den Richtern mit schwarzgefärbtem Haar und sprach makelloses Spanisch. Die Anwälte bewiesen, daß er nicht Señor Jack Brown sei, Generalbevollmächtigter der Bananengesellschaft, geboren in Prattville, Alabama, sondern ein harmloser Verkäufer von Heilpflanzen, geboren in Macondo und daselbst auf den Namen Dagoberto Fonseca getauft. Kurz darauf ließen die Anwälte in Anbetracht eines neuen Versuchs der Arbeiter an mehreren öffentlichen Stellen die von Konsuln und Kanzlern beglaubigte Todesanzeige von Señor Brown aushängen, die bestätigte, daß er am vergangenen neunten Juni in Chicago von einem Feuerwehrwagen überfahren worden sei. Erschöpft von dem hermeneutischen Taumel, lehnten die Arbeiter jede weitere Verhandlung mit Macondos Behörden ab und traten mit ihren Klagen vor den Obersten Gerichtshof. Dort bewiesen die Taschenspieler des Rechts, die Forderungen entbehrten jeder Gültigkeit, einfach weil die Bananengesellschaft keine Arbeiter in ihrem Dienst habe, nie welche eingestellt habe und nie welche einstellen werde, sondern sie gelegentlich und nur vorübergehend rekrutiere. Damit war der Schwindel des Virginia-Schinkens, der Wunderpillen und des Weihnachtsklosetts widerlegt, so daß das Nichtvorhandensein der Arbeiter durch einen anschließend feierlich bekanntgegebenen Richterspruch festgestellt wurde. ...

Aus: Gabriel García Márquez, «Hundert Jahre Einsamkeit»

Der Bananenkrieg

Um sich gegen den Einfluß der multinationalen Konzerne besser wehren zu können, gründeten 1974 mehrere mittelamerikanische Länder (Guatemala, Honduras, Costa Rica, Panama, Kolumbien, Dominikanische Republik, später auch Nicaragua und Venezuela) die *Union der Bananenexportierenden Länder* (UPEB). Ziele der UPEB waren die Erzielung und Verteidigung gerechter Bananenpreise und Löhne für die Bananenarbeiter, aber auch die Ausweitung der Märkte, Erhöhung der Produktivität und Herstellung eines Gleichgewichts zwischen Angebot und Nachfrage auf Weltebene.
Die erste gemeinsame Aktion der UPEB war die Erhebung einer Exportsteuer: ein Dollar pro Kiste Bananen. Die Einnahmen sollten zur Anschaffung eigener Bananenkühlschiffe dienen, zur Verbesserung der Infrastruktur sowie zur Lohnanhebung.
Der intern abgesprochene Widerstand der drei multinationalen Konzerne United Brands, Del Monte und Standard Fruit gegen die Exportsteuer war hartnäckig und durchaus erfolgreich. Sie argumentierten, daß die Konsumenten in Europa und den USA keine höheren Preise zahlen würden, sie verlangten Steuerbefreiung bei neuen Anpflanzungen, bei neuen Sorten und bei Naturkatastrophen. Zur Durchsetzung ihrer Position waren ihnen alle Mittel recht: In Honduras wurden hohe Regierungsbeamte mit insgesamt 2,5 Millionen Dollar bestochen, in Panama wurde die Bananenernte eingestellt, in Honduras die geernteten Bananen nicht mehr exportiert, so daß sie verfaulten. Es kam zu einem richtigen «Bananenkrieg», bei dem die Bananenländer nur eine Steuer von etwa 25 bis 35 Cents durchsetzen konnten, die zudem von Land zu Land verschieden war und auch von Jahr zu Jahr schwankte. Nur Costa Rica, das stabilste Land, konnte zwischen 70 und 95 Cents verlangen, während die Exportsteuer in Guatemala auf 12,5 Cents sank (1984).

> **«Die bananenproduzierenden Länder haben ein viel geringeres Einkommen und subventionieren praktisch den Obstverbrauch der industrialisierten Länder.»**
> *Untersuchungskommission der UNO, 1975*

Die extremen Schwankungen sind ein Beleg für die Instabilität der internationalen Bananenmärkte und für die wechselvolle Einkommens- und Devisensituation, denen sich die verarmten Bananenländer ausgesetzt sahen.
Die drei multinationalen Konzerne erreichten ihr Ziel des Wegfalls

Bananensteuer

Land	Bananensteuer pro Kiste (18,14 kg) in US-cents	Jahr
Guatemala	35	1975
	30	1978
	12,5	1984
Honduras	25	1974
	50	1979
	40	1984
Costa Rica	45	1975
	95	1981
	70	1984
Panama	35	1974
	60	1980
	44	1984
Nicaragua	50 (danach keine Steuer, da Selbstvermarktung)	1979–82

Quelle: Nach: Informe mensual, UPEB

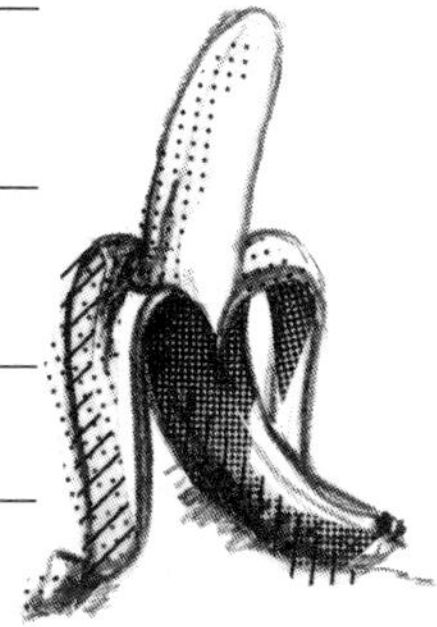

der Exportsteuer nur teilweise. Erfolgreich waren sie dagegen bei der Verhinderung einer eigenen Vermarktungsgesellschaft der Bananenländer. Dennoch hat die UPEB auch nicht verhindern können, daß der Bananenpreis in den letzten zwanzig Jahren um etwa 30 Prozent fiel und sich die terms of trade drastisch verschlechterten. Während 1960 ein Traktor noch mit dem Gegenwert von drei Tonnen Bananen bezahlt werden konnte, mußten zehn Jahre später schon elf Tonnen Bananen dafür geliefert werden.
Nach 1976 gehörte den drei amerikanischen Gesellschaften United Brands, Standard Fruit und Del Monte etwa zwei Drittel der Plantagen, das restliche Drittel entfiel auf private, genossenschaftliche oder staatliche Plantagen. Noch wichtiger als die weitgehende Beherrschung der Produktion war die nahezu vollständige Kontrolle des Transports und der Vermarktung auf den ausländischen Märkten, so daß sie beliebig die Preise diktieren konnten.
Nach Gründung der Union bananenexportierender Länder versuchte diese, dem Preisdiktat der Multis durch eine eigene Handelsgesellschaft auszuweichen. 1977 wurde die COMUNBANA S. A. (Comercializadora Multinacional de Banano S. A.) mit dem Ziel ge-

gründet, Bananen, aber auch andere Produkte, direkt in die Abnehmerländer zu transportieren und dort günstiger zu vermarkten. Im Gegenzug sollten notwendige Industrieprodukte gekauft und zurücktransportiert werden. Die Aktien der COMUNBANA gehörten den Mitgliedsstaaten der UPEB und privaten Bananenproduzenten oder Genossenschaften. Da der westeuropäische und nordamerikanische Bananenmarkt übersättigt und von den drei Multis beherrscht war, suchte die COMUNBANA ihren Absatzmarkt in Süd- und Osteuropa, in Nordafrika und im Orient.

Das erste Schiff war ein Charterschiff einer dänischen Gesellschaft, das Bananen nach Panama und Jugoslawien brachte, das zweite Schiff fuhr nach Ungarn und weiter nach Griechenland. Die Multis versuchten, die Vermarktung durch die COMUNBANA zu verhindern, sowohl in Jugoslawien wie auch in Panama, wo sie so gut wie alle Transport- und Hafenanlagen kontrollierten. Von 1978 bis 1982 konnte sich die COMUNBANA trotz dieser offenen und versteckten Gegenmaßnahmen der drei Multis halten und ihre Bananen «Dona Sonia» selbst vermarkten, dann scheiterte sie an den Zahlungsschwierigkeiten des einzigen Absatzmarktes in Jugoslawien. Auch der Versuch, Bananen aus der Dominikanischen Republik in Florida zu vermarkten, schlug wegen der wirtschaftlichen Gegenmaßnahmen der Multis fehl.

Wer bekommt wieviel von einer Banane:

Zahlen nach: Richard North, Wer bezahlt die Rechnung, 1988

Reifen auf der Plantage und Verschiffung ins Verbraucherland 37 %

Groß- und Einzelhandel 32 %

Reifen im Verbraucherland, Werbung und Verdienst des Importeurs 19 %

Die saure Geschichte der süssen Banane

Die meisten Menschen bei uns essen gerne Bananen. Kein Wunder, denn Bananen sind bekömmlich, süß und gesund. Außerdem sind sie preiswert. Für die Arbeiter auf den Bananenplantagen hat allerdings die Banane meist einen sehr sauren Beigeschmack: Sie müssen für einen sehr geringen Lohn arbeiten, und das bei einer äußerst anstrengenden Arbeit. Woran liegt das?
Die bei uns gegessene Süßbanane wird weltweit nur von wenigen Ländern erzeugt, allein drei davon (Ecuador, Costa Rica und die Philippinen) stellen die Hälfte der Welterzeugung. Die übrigen bananenproduzierenden Länder liegen in Mittelamerika (Guatemala, Honduras, Panama, Kolumbien, Nicaragua). Diese Länder sind in großem Maße von der Ausfuhr von Bananen abhängig (teilweise bekommen sie über 50% ihrer Deviseneinnahmen daher). Sie wären also darauf angewiesen, einen guten Preis dafür zu bekommen. Daß dies nicht der Fall ist, liegt an den drei großen Bananen-Multis: United Brands («Chiquita»), Standard Fruit («Dole») und Del Monte haben den Weltmarkt an Bananen in der Hand, weil sie zusammen über 60% der Welternte verkaufen. Sie nutzen diese Macht, um den Bananenpreis zu drücken.
Ergebnis:
Bei uns sind Bananen billiger als einheimische Früchte, das Entwicklungsland bekommt gerade 10% des Verkaufspreises bei uns für seine Bananen.
Dies bedeutet aber auch, daß die Bananen bei uns nur um 10% teurer würden, wenn das Entwicklungsland den doppelten Anteil bekäme.

Quelle: Informationsbüro Nicaragua

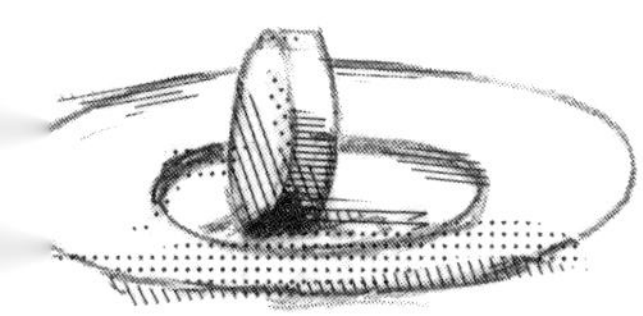

Düngemittel und Transport
von der Pflanzung
zum Ort des Reifens
5%

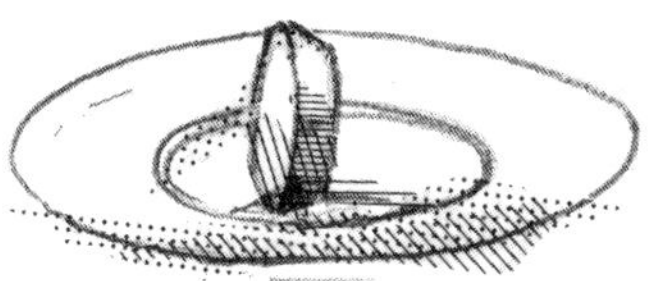

weitere Kosten
und Verdienst des Pflanzers
5%

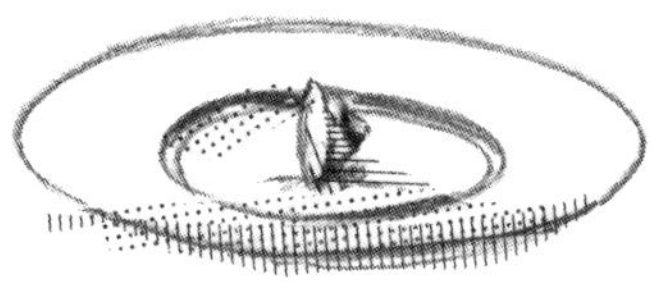

Lohne
der Plantagenarbeiter
1,5%

«Wir haben es satt, arm zu sein» – Nicaragua zum Beispiel

In Nicaragua gibt es seit der Revolution nur noch volkseigene Bananengesellschaften und eine von Multis unabhängige Vermarktungsgesellschaft: Aber um welchen Preis?

«Es war ein gutes Geschäft und wir hätten gerne daran festgehalten. Uns schien es immer – und wir sind auch heute noch der Meinung –, daß das Volk von Nicaragua eines der kooperativsten Völker ist, mit dem wir gerne zusammengearbeitet haben. Es ist sehr bedauernswert, daß die Politik dazwischentreten mußte und einer sehr guten Zusammenarbeit ein Ende gesetzt hat.»
Aus einem Interview mit dem Chef von Pandol Brothers

Bananen werden in Nicaragua erst seit 1925 kommerziell angebaut, aber es bedurfte dreier Versuche, um dies zu bewerkstelligen. Schon 1939 gab eine Standard Fruit-Filiale die Bananenproduktion auf, da sie mit Pflanzenkrankheiten nicht zurechtkam und zudem der amerikanische Markt von einer Wirtschaftskrise geschüttelt wurde. 25 Jahre später wagte United Fruit einen zweiten Versuch, der aber auch nach einigen Jahren aufgegeben wurde. Eine schlechte Bananensorte und die unzureichende Bewässerung wurden als Begründung genannt.

1970/71 wurde der dritte bislang erfolgreiche Versuch gestartet. In Zusammenarbeit mit der Standard Fruit Company wurden zuerst zwölf Plantagen, später 15, aufgezogen, jeweils versorgt mit einem transportierbaren Bewässerungssystem, mit Verpackungsstationen und Transportmöglichkeiten für die Bananenstauden. Durch eine neue Kartonfabrik, gute Straßen und ein automatisches Verladesystem für die Kühlschiffe wurde der Transport gesichert. An der Plantage war die Standard Fruit zu 15 Prozent direkt beteiligt.

1982 verließ die Standard Fruit Company von einem Tag auf den anderen Nicaragua und stellte die Vermarktung ein – offensichtlich aus politischen Gründen. Die Nicaraguaner waren vorgewarnt, da Standard Fruit zwei Jahre zuvor schon einmal laut mit dem Gedanken gespielt hatte, sich zurückzuziehen. So übernahmen die staatliche Produktionsgenossenschaft EMBANOC und das staatliche Vermarktungsdepartment BANANIC die Produktion und die Vermarktung (seit 1988 zusammengeschlossen als Corporación Bananera de Nicaragua). Geschäftspartner und Verkäufer in Kalifornien war die amerikanische Firma Pandol Brothers Co.

Das Geschäft verlief zur Zufriedenheit beider Partner und wurde erst durch den Wirtschaftsboykott beendet, den die USA im Mai 1985 gegen Nicaragua verhängten. Allein zwischen Mai und Dezember 1985 wurden dadurch Bananen und andere Exportartikel im Wert von rund 400 Millionen Dollar blockiert.

WIRTSCHAFTSBLOCKADE GEGEN NICARAGUA

Produkt	**Exportwert**
Zucker 6 000 Tonnen	2,8 Mio $
Bananen 3,5 Mio Schachteln	12,3 Mio $
Rindfleisch 18,4 Mio Pfund	18,4 Mio $
Langusten und Crevetten 2,7 Mio Pfund	15,0 Mio $
Tabak 18,4 Mio Pfund	1,5 Mio $
Total	50,0 Mio $
Gesamtexporterlös	400,0 Mio $

Aus: Bananen-Zeitung

Für die Bananenproduktion bedeutete dies praktisch den Neuanfang, denn es war nicht nur der Zugang zum amerikanischen Markt blockiert, sondern es fehlten auch technische Ersatzteile, Pestizide und Düngemittel, Plastiksäcke, Bananenkisten u. a. m.
Weit schwieriger als die Aufrechterhaltung der Produktion war aber die Vermarktung, denn plötzlich fehlte auch der Markt!
In dieser Situation entschloß sich Nicaragua, die Bananen auf den westeuropäischen Markt zu liefern, was von vornherein ungünstig war. Zum einen ist der Transport viel weiter als in die naheliegenden USA, zum anderen war der europäische Markt schon gesättigt, so daß die NICA-Bananen nur zu Dumpingpreisen verkauft werden konnten. Im Oktober 1985 fiel der Preis pro 18 kg-Kiste auf 7 DM

BANANENAKTION + 15 Rp.

Seit Jahren werden in verschiedenen Quartierläden in der Schweiz Bananen mit einem Aufpreis von 15 Rp. pro Kilo verkauft und mit einem entsprechenden Kleber versehen. Der Aufpreis wird unter Abzug der Kosten für Projekte von Schweizer Hilfswerken in den Bananenländern verwendet. Die Wunschziele von Bananen aus genossenschaftlicher Produktion oder biologischem Anbau werden dadurch nicht erreicht. Wohl aber wird der / die Konsument(in) nachdenklich über die Preisgestaltung von Importen aus der Dritten Welt und leistet erst noch einen symbolischen Solidaritätsbeitrag.
Schlagen Sie in Ihrem Quartierladen eine derartige Aktion vor. Sie läßt sich auch mit dem Appell «Für gerechten Handel mit der Dritten Welt» verbinden. Lassen Sie sich zuvor von der Bananen-Aktion, Postfach Talbach, 8500 Frauenfeld, Tel. 054/215061, beraten.
Seit Ende 1988 gibt es einen gemeinsamen Fond von schweizerischen, belgischen und deutschen Initiativen, aus dem nicaraguanische Projekte zur Verbesserung der Lebens- und Arbeitsbedingungen auf den Plantagen finanziert werden.

und lag damit noch unter den reinen Transportkosten, später erholte sich der Preis auf DM 28 pro Kiste. Bis heute kann der Bananenexport nur unter nach wie vor großen Schwierigkeiten aufrechterhalten werden, aber Nicaragua ist auf den Bananenexport angewiesen. Die Bananen gibt es – je nach Größe und Qualität in drei Marken: Unica, Carizo und Tipito.
In verschiedenen westeuropäischen Ländern gibt es Unterstützungsaktionen für den Kauf von NICA-Bananen mit einem Solidaritätsaufschlag (erkennbar an dem Kleber «Solidaridad»). Verkauft Ihr Lebensmittelgeschäft auch NICA-Bananen? Oder etwa Südfrüchte aus Südafrika?
Vorläufer für die verschiedenen Initiativen war die Schweizer Bananenaktion: Im Winter 1972/73 taten sich nach einem Orientierungsabend über Bananenproduktion und -wirtschaft einige Frauen aus dem schweizerischen Frauenfeld zusammen, um die Bedingungen von Anbau und Handel, Preisen und Verkauf von Bananen zu diskutieren. Betroffen von der Ungerechtigkeit des Bananenhandels stellten sie umfangreiches Material zum Thema zusammen und traten damit an die Öffentlichkeit. Sie hatten erkannt, daß Bananen nur *ein* Beispiel für Produkte sind, an denen Zusammenhänge zwischen den Strukturen der «Ersten» und der «Dritten» Welt aufgezeigt werden können. Sie knüpften Kontakte zu den «Bananen»-Ländern Zentralamerikas (besonders Nicaragua), verhandelten mit Lebensmittelkon-

zernen (Migros), druckten eine Bananen-Zeitung, schrieben ein Buch, das Informationen über die Aktion und ihre Hintergründe enthält und trugen in einer Sammelmappe Informationen zusammen und verbreiteten sie. Straßenaktionen, bei denen Bananen verschenkt und Informationen verteilt wurden, eine großangelegte Aktion («15 Rappen mehr»), die auf die Unterbezahlung von Dritte-Welt-Produkten und ihre Hintergründe verweisen sollte und auch in Zusammenarbeit mit Händlern durchgeführt wurde, verärgerte die schweizerische Migros-Handelskette.
Während der letzten Jahre engagierten sich die Frauen schwerpunktmäßig für den Verkauf von Nicaragua-Bananen durch Informationsaustausch, Verbreitung von Infos über Nicaragua und finanzielle Unterstützung von Nicaragua durch die Bananenaktion. Es überrascht, wie die Aktion so unbürokratisch und außerhalb von großen Organisationen in Gang gebracht wurde und allseits großes Interesse wecken konnte.

Die Schweizer Bananenfrauen

«Zum Beispiel Bananen…

◆

Eine Frau macht sich Gedanken darüber, warum die Bananen so billig sind.
Es gefällt uns, Bananen billig zu kaufen. Das war nicht immer so, einmal waren sie teuer, jetzt sind sie billig. Wir freuen uns, denn es ist gut für unser Portemonnaie, es ist gut für unsere Kinder. Wir kaufen gerne die billigen Bananen.
Eine Frau aber macht sich Gedanken darüber. Sie behält diesen Gedanken nicht für sich. Sie steckt andere damit an.
Woher kommen diese Bananen?
Wie leben die Menschen, die sie anbauen und pflücken?
Wieviel verdienen sie dabei?
Wie leben die Menschen, nicht nur die Bananenarbeiter, in diesen Ländern?
Es sind Menschen wie wir – mit Kindern, mit Hunger und Durst – mit Freude an schönen Dingen,
mit dem Wunsch, etwas zu lernen,
Menschen wie wir…
Die Gedanken gehen weiter:
Warum nehmen wir es hin, daß die Bananen so billig sind?
Warum kaufen die Reichen billige Bananen von den Armen?
Die Gedanken gehen immer weiter. Sie werden ein Teil des Lebens der Menschen, die sich damit beschäftigen. Sie können sie nicht mehr abschütteln.
Dabei sind die Bananen wirklich nur ein Beispiel. Man könnte ebensogut sagen: Zucker, Kautschuk, Kupfer, Kakao, Baumwolle, Reis, Kaffee – lauter Produkte, mit denen wir leben, ohne die wir unser tägliches Leben nicht mehr denken können.»

Ursula Brunner, Zum Beispiel Bananen, polis 4, Basel 1979

Angefangen hat die Schweizer Bananenaktion mit solchen Gedanken und einer Abstimmungskarte bei der Migros-Genossenschaft, die die Hausfrau Berty Amman in den Händen hielt. Nach langem Zögern schrieb sie auf die Abstimmungskarte, daß sie der gute Abschluß der Jahresrechnung noch mehr freuen würde, wenn die Migros den Bananenpflanzern in Lateinamerika bessere Löhne zahlen würde, so daß die Menschen dort auch zu leben hätten und nicht Hungers sterben müßten. Lange kam keine Reaktion auf diesen Satz. Dann meldete sich die Geschäftsleitung der Migros Winterthur. Mann klärte Frau auf, daß der Migros-Genossenschaftsbund nicht verantwortlich sei für die Entlöhnung der Bananenpflanzer, da Migros selbst keine Pflanzungen unterhalte, sondern seine Bananen bei der United Fruit Company einkaufe. Allerdings – räumte die Geschäftsleitung ein – sei Migros der schweizerische Hauptabnehmer für Bananen von United Fruit Company.
Berty Amman und einige andere Frauen aus dem kleinen Städtchen Frauenfeld gaben sich mit der Antwort nicht zufrieden. Sie fragten nach und handelten. Das war 1973 durchaus ungewöhnlich – das Frauenwahlrecht war in der Schweiz erst einige Jahre davor eingeführt worden. Berty Amman, Ursula Brunner und viele andere Frauen ihrer Generation *«hatten viel eher gelernt, zu dienen, sich zu sorgen, sich um den Haushalt zu kümmern, Kinder zu erziehen – aber nicht zu fordern und zu kämpfen»* (dieses und nachfolgende Zitate aus einem Interview mit Ursula Brunner).

Ein «Chiquita»-Film, vorgeführt *«von einigen Herren»* des Migros-Genossenschaftsbundes und der United Fruit Company konnte die Frauen schon gar nicht überzeugen – sie beschlossen, eine *«Aktion zu machen»*.
Eher zufällig war zur gleichen Zeit in der Tagespresse zu lesen, daß die Migros-Genossenschaft wegen der Dollarabwertung den Bananenpreis senkte (*«Das ist ein Geschenk an die Kunden»*). Ein Kilogramm Bananen kostete statt 1,50 SF nur noch 1,35 SF. Die Frauen rechneten nach, daß dies, bezogen auf den Jahres-Bananen-Verbrauch der Schweiz, eine Mindereinnahme von etwa zehn Millionen Schweizer Franken für die verarmten Länder Zentralamerikas bedeuten würde. Das Angebot an die Migros-Genossenschaft, auf den Preisvorteil von etwa 15 Rappen zu verzichten, wenn diese von der Migros für Entwicklungsprojekte eingesetzt werden, wurde

lakonisch abgelehnt: Man müsse *«Geschäft und Wohltätigkeit streng trennen»*.
Die Frauenfelderinnen antworteten auf ihre Weise. Für jedes Kilo Bananen, das sie kauften, überwiesen sie der Migros 15 Rappen auf deren Konto. Das brachte die peniblen Migros-Buchhalter zur Verzweiflung und zwang Migros zum erneuten Kontakt.
Im Oktober fand dann die erste öffentliche Aktion statt: 600 Kilogramm Bananen wurden an einem Aktionsstand verschenkt und 1500 Unterschriften wurden gesammelt für die Migros-Initiative der «Bananenfrauen» – wie sie von da an genannt wurden. Die Frauenfelder Hausfrauen hatten *«keine Organisation, keine Macht, keine Titel und keine akademischen Grade»*, aber sie waren *«praktischer und emotionaler»*.
In den nächsten Jahren fanden zahlreiche Aktionen und Vorträge im In- und Ausland statt, im Frühjahr 1974 hatten sich bereits 114 Geschäfte an der Fünfzehn-Rappen-Aktion beteiligt. Später bekam das Bananengeschäft einen derartigen Umfang, daß es *«organisiert und finanziell abgesichert werden mußte»*. Es wurde zwangsläufig *«bürokratischer und Männer stießen hinzu»*.
Ursula Brunner – eine der «Alten» und auch heute noch im Vorstand, war bald auch ohne Anstellung vollbeschäftigt und reiste mehrmals nach Zentralamerika, besuchte Plantagen, diskutierte und verhandelte mit Bananenproduzenten und Ministerien: *«Nach dem US-Bananen-Embargo (1985) gegen Nicaragua mußten wir sofort handeln. Es ist eigentlich erst drei Jahre her. Mir kommt es auch immer viel länger vor. Wir haben sofort gesagt: Jetzt muß der Markt ran. Jetzt! Das war immer der Satz, den wir sagten! Jetzt nur nicht wieder symbolisch. Jetzt muß wirklich der Markt die Bananen aufnehmen und die Konsumenten müssen über den Markt die Bananen kaufen.»*
Seither werden die Nica-Bananen verkauft.
Aber selbst die Bananenfrauen werden angesichts der übermächtigen Konzerne und der zähen Arbeit immer wieder von Zweifeln gepackt: *«Manchmal sehe ich all diese Fragwürdigkeiten und sage mir: Mensch. Bananen. Was das wird? Welchen Sinn gibt das überhaupt noch? Und komme doch immer wieder darauf zurück: Ja, es ist ein Beispiel und man kann an diesem Beispiel so wahnsinnig viel zeigen, weil es noch relativ einfach ist. Also ich meine, wenn man viel weiß, ist es auch kompliziert, aber immer noch einfacher als*

Kaffee oder Zucker und all die Produkte, die über die Weltbörsen gehen und deren Preisstruktur wir gar nicht mehr verfolgen können. Aber dennoch ist es eine Non-Stop-Arbeit, und ich kann sie jetzt tun, weil die Kinder erwachsen sind und ich relativ frei bin. Die Bananen sind mir auf irgendeine Weise zum Schicksal geworden. Manchmal kommt schon der Punkt, wo ich denke, ich müßte auch noch mal was Gescheites machen, aber dann bin ich doch wieder von den ganzen Zusammenhängen fasziniert und habe so viel verstanden und gelernt. Und immer wieder habe ich mit Erstaunen und manchmal mit Erschrecken zur Kenntnis genommen, wie wenig auch die gebildeten Leute in der Wirtschaft, wie wenig die eigentlich vom Markt wissen.»

Augen auf beim Früchtekauf

Glücklicherweise gibt es seit mehr als zehn Jahren eine ganze Reihe von Verbraucherinitiativen und kirchlichen Gruppen, die gerechtere Preise für die Herstellerländer und Verbesserungen der Arbeitsbedingungen der (Plantagen-)Arbeiter fordern.

Furore machte 1983 eine von Verbraucherinstitutionen und kirchlichen Gruppen erzwungene Garantieerklärung des amerikanischen Multis Del Monte und der großen schweizerischen Einzelhandelsgesellschaft Migros. Die Initiativgruppen hatten der Migros vorgeworfen, daß in ihren Regalen exklusiv Ananas-Konserven der Marke «Del Monte» stünden, die unter «menschenunwürdigen» Bedingungen produziert würden. Konkret wurde der Migros bzw. letztlich Del Monte «schlechte Arbeitsbedingungen, ungenügende Löhne, die Behinderung gewerkschaftlicher Aktivitäten und rücksichtsloses Vorgehen gegen Landbewohner beim Landerwerb» vorgeworfen.

Nach einem von der Migros organisierten Gespräch der Initiativen mit Vertretern des Del Monte-Konzerns gab dieser 1983 eine Garantieerklärung ab, daß er «in allen Betrieben in den Entwicklungsländern für sozial und wirtschaftlich überdurchschnittliche Produktionsbedingungen sorgen» werde. Das «überdurchschnittlich» bezog sich natürlich nur auf die eben durchschnittlich miserablen Arbeitsbedingungen, aber es war doch ein kleiner Fortschritt, der Jahre später auch von Schweizer Entwicklungsorganisationen überprüft wurde. Offensichtlich beteiligten sich die Unternehmen an den Sozialklauseln, um ihr Image bei den europäischen Konsumenten zu erhöhen – Grund genug, hier immer wieder nachzuhaken.
Oft genug wird bei Südfrüchten das wahre Herkunftsland verschwiegen: das Geschäft geht eben vor. Das betrifft vor allem Südfrüchte (wenn auch keine Bananen) aus dem rassistischen Südafrika, zu denen es eine Reihe von Boykottaufrufen gibt: «Kauft keine Früchte aus Südafrika». Da steht «Foreign Produce» auf der Marmelade, wo früher deutlich «Herkunftsland Republik Südafrika» zu lesen war. Bei Horten in Hamburg fand sich Spargel mit der Großaufschrift «Bethlehem-Export». Winzige Buchstaben (R.S.A.) verrieten die Herkunft: nicht Israel, wie jeder vermutete, sondern Südafrika.
Bei den meisten Produkten ist eine klare Kennzeichnung des Herkunftslandes vorgeschrieben. Preisschild oder Packungsaufdrucke müssen Klarheit schaffen. Wenn nicht: fragen Sie nach. Und fordern sie NICA-Bananen statt Südafrika-Ananas!

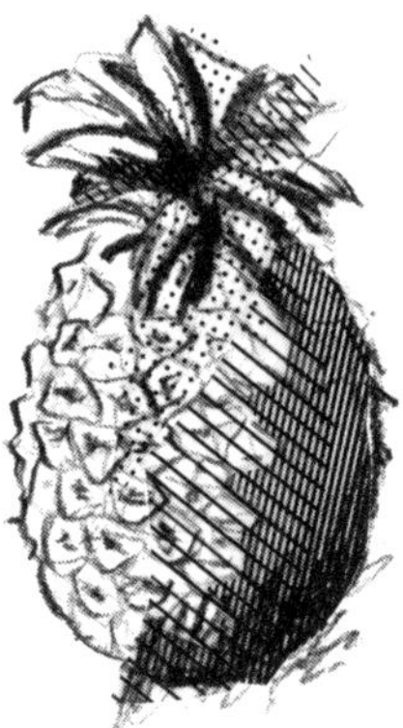

WARENBOYKOTTLISTE

Südfrüchte

Apfelsinen
Grapefruit
Zitronen
Ananas
Avocadofrüchte

Frischobst

Äpfel
Trauben (blaue und gelbe)
Pflaumen
Birnen
Pfirsiche

Gemüse

Spargel
Gemüsepaprika
Zwiebeln
gefrorenes Gemüse

Weine

Weißwein
Rotwein
Portwein
Sherry
Sekt
(Sparkling Wine)

Blumen

z. B. Protea

Sonstiges

Fruchtsäfte
Erdnüsse
Rosinen

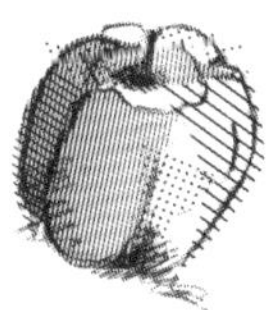

Konserven

Aprikosen
Ananas
Pfirsiche

Orangen-Konfitüre
Zitronen-Konfitüre

oder mit folgenden Aufschriften:
Product of South Africa
«Republic of South Africa»
RSA

Diese Liste ist nicht vollständig, darum: Augen auf beim Früchtekauf!

Frischfrüchte müssen für den Kunden sichtbar und eindeutig mit dem Herkunftsland ausgezeichnet sein. Nur «AFRIKA» genügt nicht. (Verordnung der Bundesregierung vom 9. 10. 1971) Für Konserven gilt diese Auszeichnungspflicht seit dem 26. Dezember 1983 nicht mehr.

LITERATUR

- Bananen-Zeitung (Hg.: OS3, rue de la gare 17, CH-2605 Sonceboz)
- Brunner, Ursula, Zum Beispiel Bananen, polis 4, Friedrich Reinhardt Verlag, Basel 1979
- Galeano, Eduardo, Das Jahrhundert des Sturms, Erinnerung an das Feuer, Band 3, Peter Hammer Verlag, Wuppertal 1988
- epd-Entwicklungspolitik 4/87, S. 17f (zu Del Monte/Migros)
- Márquez, Gabriel García, Hundert Jahre Einsamkeit, Kiepenheuer & Witsch, Köln 1971
- North, Richard, «Wer bezahlt die Rechnung?», Peter Hammer Verlag, Wuppertal 1988
- Sammelmappe: Informationen der Schweizer Bananenaktion (Adresse s. u.)
- Schlesinger, Stephan, Kinzer, Stephan, Bananen-Krieg – das Exempel Guatemala, dtv, München 1986
- Skrodzki, Johanna und Brunner, Ursula, «Bananen – Konsequenzen des Geschmacks», Edition día, St. Gallen/Köln/São Paulo 1988
- VFLU-Umweltzeitung, 1986, S. 24ff (zu Nicaragua), Mainzer Landstraße 14, 6501 Stadecken-Elsheim 2
- VFLU-Umweltzeitung, 1986, S. 22ff (zu DBPC)

AUSSTELLUNGEN

- Ausstellung «Wenn schon Bananen, dann aus Nicaragua», Verleih über die beiden Regionalbüros (s. u.)

ADRESSEN

- Arbeitsgemeinschaft Nicaragua-Bananen. Regionalbüro Süd, Petersiliengasse 1, 6460 Gelnhausen (Tel. 06051/15177) und Regionalbüro Nord, Sedanplatz 6a, 3160 Lehrte (Tel. 05132/52980)
- GEBANA-Arbeitsgemeinschaft gerechter Bananenhandel, Postfach Talbach, CH-8500 Frauenfeld, Tel. Schweiz 054/219448
- Informationsbüro Nicaragua, Hofaue 51, 5600 Wuppertal, Tel. 0202/4936305
- zu Südafrika/Südfrüchte-Boykott: Evangelische Frauenarbeit in Deutschland e. V., Klingerstr. 24, 6000 Frankfurt 1, Tel. 069/292756

BAUM UM BAUM
– RAUBMORD AM REGENWALD

Der Urwald
„In einem Traum erschien dem Vater der
Uitoto-Indianer ein schimmernder
Nebelschleier. Moose und Flechten atmeten
im Dunst, Winde, Vögel und Schlangen
pfiffen.
Der Vater vermochte den Nebel einzufangen
und hielt ihn an der Schnur seines Atems
fest. Er riß ihn aus dem Traum und
vermengte ihn mit Erde.
Dann spuckte er mehrmals auf die
Nebelerde. Aus der sprudelnden Gischt erhob
sich der Urwald, breiteten die Bäume ihre
mächtigen Kronen aus und wuchsen Früchte
und Blüten. So gewannen Grille, Affe,
Tapir, Wildschwein, Gürteltier, Hirsch,
Jaguar und Ameisenbär auf der nassen Erde
Gestalt und Stimme. In der Luft
entstanden Steinadler, Ara, Geier, Kolibri,
weißer Reiher, Ente und Fledermaus. ...
Die Wespe kam mit viel Schwung
angeflogen. Sie biß den Kröten und den
Menschen den Schwanz ab, und danach war
sie müde."

Aus: Eduardo Galeano, „Geburten. Erinnerung an das Feuer"

Der Wald stirbt

Jürgen Stüber, Verkaufsleiter der Hamburger Baumarkt-Kette ‹Max Bahr› war überfordert. Ob denn er nicht wisse, daß seine Edelholztüren und -fenster nur wegen des Raubbaus in den tropischen Wäldern Malaysias so billig seien, hielten ihm Aktivisten der Umweltorganisation ‹Robin Wood› vor. Stüber, den die Waldschützer Mitte Juni 1987 mit einer Besetzungsaktion in den Verkaufsräumen einer Bahr-Filiale überraschten, mußte passen. Von der Herkunft des zu Sonderpreisen verscherbelten ‹Limba›- und ‹Meranti›-Holzes in den Bahr-Heimwerkermärkten, so einer der Besetzer, ‹hatte der keine Ahnung›.»

Spiegel 46/1987, S. 270

Tatsächlich werden in der Bundesrepublik derzeit ein Drittel aller Neubauten mit Fenstern aus asiatischem Meranti-Holz ausgestattet – allein für den bundesdeutschen Bedarf an Hart- und Edelholz werden jährlich 1,5 Millionen Kubikmeter Rundholz in Afrika und Asien gefällt –, der Regenwald verschwindet rapide. Markantestes

Beispiel ist die Elfenbeinküste, in der der tropische Regenwald in den letzten drei Jahren um drei Viertel dezimiert wurde – von 0,12 Millionen Quadratkilometer auf 0,03 Millionen Quadratkilometer.

Die Ursachen der Waldzerstörung sind vielfältig und oft miteinander verknüpft, so etwa der Holzeinschlag für den Tropenholzexport mit nachfolgender Brandrodung durch landlose Siedler, die die «Infrastruktur» der Holzabfuhrwege und Schneisen benutzen. Der

Satellitenaufnahme im infraroten Spektralbereich über Brasilien.
Die Brandherde sind deutlich als Lichtpunkte zu erkennen.

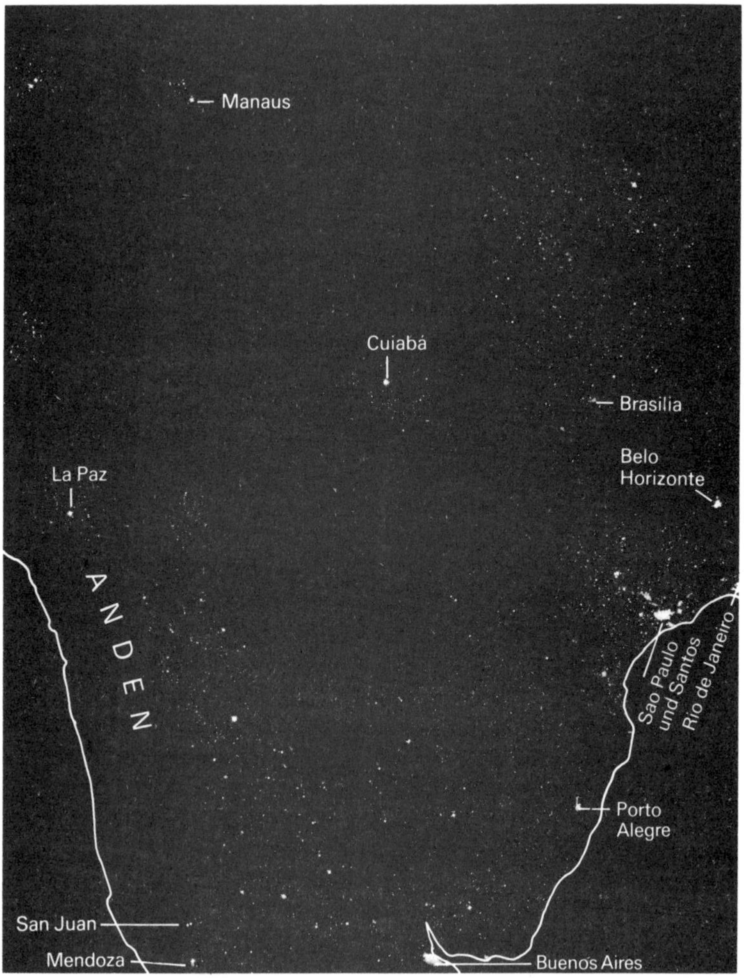

Tropenholzeinschlag für industrielle Nutzung dominiert vor allem in Asien, aus dem 83 Prozent aller Holzexporte stammen. Von den südostasiatischen Inseln werden die Tropenhölzer vorwiegend nach Japan, Taiwan und Südkorea exportiert. Durch die brutale Abholzung und Bestandsverminderung ist der Export aus diesen Ländern schon drastisch zurückgegangen, auf den Philippinen von 7,8 Millionen Kubikmeter (1973) auf 1,0 Millionen Kubikmeter im Jahr 1983, so daß dort bereits Holzmangel besteht. In Indonesien ging der Export von 18,5 Millionen Kubikmeter (1973) auf 3,4 Millionen Kubikmeter im Jahr 1983 zurück. Die Bundesrepublik importiert «ihre» 1,5 Millionen Kubikmeter tropischen Holzes hauptsächlich aus Afrika und Asien.
Weitere Ursachen der Regenwaldzerstörung sind Weidewirtschaft und Fleischexport in die Industrieländer (vor allem Costa Rica, Brasilien), Brandrodungsfeldbau (Afrika, Brasilien), Rohstoffabbau (vor allem Brasilien), Brennholznutzung (Afrika), Staudämme, Plantagenwirtschaft (Kaffee, Kakao usw.) und Futtermittelanbau (zum Beispiel Soja in Brasilien).
Jährlich jedenfalls verschwinden weltweit mehrere hunderttausend Quadratkilometer tropischer Regenwald durch Holzschlag für Tropenholzexport und Brennholz, durch Brandrodung für Rinderweiden und Siedlungszwecke und für Großprojekte wie Erzabbau, Staudämme etc. Satellitenbilder, aufgenommen bei Nacht, lassen Brasilien wie ein dichtbevölkertes Land mit vielen Städten aussehen. In Wahrheit aber sind die Lichtpunkte Waldbrände bzw. Brandrodungen, wobei Waldbrände unter einem Quadratkilometer vom Satelliten gar nicht erfaßt werden. Seit Anfang dieses Jahrhunderts ist etwa die Hälfte des tropischen Regenwaldes abgeholzt worden, seit Beginn der siebziger Jahre mit steigendem Tempo. Der Gesamtbestand der tropischen Regenwälder wird heute auf 17,5 Millionen Quadratkilometer geschätzt. Etwa 57 Prozent davon liegen in Lateinamerika, 18 Prozent in Afrika und 25 Prozent in Asien.
Allein von 1975 bis 1980 – so die Schätzungen – sind zwischen 205 000 und 789 000 Quadratkilometer Waldfläche jährlich gerodet worden – das entspricht der drei- bis elffachen Waldfläche der Bundesrepublik.
Die Industrieländer sind wie immer fleißig dabei – bei den Holzexporten, Fleisch- und Futtermittelexporten (zum Beispiel Soja), bei den Großprojekten (zum Beispiel Erzabbau in Brasilien). Sie sind

indirekt sogar für die vielen landlosen und deshalb brandrodenden Kleinbauern verantwortlich. Diese wurden oft durch Großplantagen (Bananen, Kaffee etc.) verdrängt oder sind letztlich Opfer der wirtschaftlichen Unterentwicklung, die aus der Kolonialzeit herrührt und auch heute noch wesentlich durch die Industrieländer bedingt wird.
Gegen die Abholzung der tropischen Regenwälder nimmt sich das Waldsterben in der Bundesrepublik wie ein Klacks aus. Der Schutz der Regenwälder ist lebensnotwendig: für die dort lebenden Ureinwohner, für Millionen von Pflanzen- und Tierarten und für das Weltklima. Letztlich entscheiden die Industrieländer, ob die Regenwälder die Grüne Lunge der Erde bleiben oder zur Nimmer-Grünen Hölle werden.

Regen-Wald

Die unberührten Regenwälder der inneren Tropen stellen ein perfektes «Recyclingsystem» dar, das schon seit Jahrhunderttausenden ohne Einwirkung des Menschen besteht (oder besser: nur deswegen bestehen konnte).
Dschungel, Urwald, Regenwald – Träume von unberührter Natur, Exotik, Orchideen, Lianen, Tarzan, Riesenfarnen, wilden Früchten, von fruchtbarem Boden, Kolibris, Papageien, Hängematten, Amazonas. Und angstbesetzt: von Schlangen, wilden Tieren, schweißnasser Luft, Blasrohren und grüner Hölle. Wer jemals im tropischen Regenwald war, wird feststellen, daß alles stimmt, nur eines nicht: die Böden des Tropenwaldes sind keineswegs fruchtbar, sondern karg und dünn, extrem arm an Humus und Mineralien. Ist der Regenwald einmal abgeholzt oder durch Brände gerodet, sind die Böden den Regengüssen schutzlos ausgesetzt und verlieren ihre Fruchtbarkeit in wenigen Jahren, manchmal schon nach einem Jahr.
Die tropischen Regenwälder liegen zwischen dem Wendekreis des Krebses und dem des Steinbocks, also etwa zwischen 23° nördlicher bzw. südlicher Breite um den Äquator: in Süd- und Mittelamerika, Afrika, Asien und Ozeanien – allesamt Dritte-Welt-Länder. Darüber hinaus gibt es im Norden Australiens und entlang des Koral-

lenriffs tropischen Regenwald. Etwa 58 Prozent liegen in Lateinamerika (allein in Brasilien 33 Prozent), es folgen Indonesien und Zaire mit jeweils zehn Prozent. Entscheidend sind die klimatischen Bedingungen: die Durchschnittstemperaturen liegen ziemlich gleichbleibend bei 24 bis 28 °C, die Niederschlagsmengen in den immerfeuchten Tropen bei etwa 2500 Millimeter (zum Vergleich: in der Bundesrepublik bei etwa 800 Millimeter), die Luftfeuchtigkeit kann bis zu 95 Prozent betragen. Die Tages- und Nachtzeiten schwanken im Jahresverlauf nur wenig. Außer in den ganzjährig feuchten Tropen direkt am Äquator gibt es Trocken- und Regenzeiten, die die Jahreszeit widerspiegeln. Regionale Faktoren wie Meeresnähe oder Gebirge können Abweichungen von diesem Schema bewirken. In den immerfeuchten inneren Tropen gibt es elf bis zwölf Monate Regenzeit, in den wechselfeuchten äußeren Tropen drei bis vier Monate Regenzeit mit 300 bis 400 Millimeter Regen, dazwischen ganz trockene Zeiten.
Die Regengüsse können sehr heftig sein: Auf den Philippinen (Baguio) wurden 1130 Millimeter Regen in 24 Stunden gemessen. Der Starkregen wird aber durch die mehrstufige Vegetation sehr abgemildert, so daß er nur als Sprühregen auf dem Boden auftrifft.

Die Regenwälder bergen eine unglaubliche Vielfalt an Tier- und Pflanzenarten, von denen die meisten noch gar nicht beschrieben sind. Die Schätzungen liegen bei zwei bis fünf Millionen Arten! Das bedeutet umgekehrt, daß die Artendichte sehr gering ist. Oft stehen auf einem Hektar nur wenige der begehrten Edelholzbäume, in Südostasien zehn bis fünfzehn Bäume pro Hektar, im westafrikanischen Regenwald manchmal nur ein bis zwei Bäume: Um sie zu fällen und abzutransportieren, wird aber ein Großteil der Umgebung zerstört. In den asiatischen Ländern waren etwa 25 Prozent des Holzes vermarktbar, in Afrika nicht einmal zehn Prozent, in Lateinamerika sind es noch weniger.
Die Produktion von organischem Material liegt mit zehn bis 20 Tonnen pro Hektar und Jahr unwahrscheinlich hoch. Genauso schnell vollzieht sich der Abbau von totem Material. Laubstreu wird in etwa neun Monaten mineralisiert, in unseren Breiten dauert dies mehrere Jahre. Die Nährstoffe befinden sich zu etwa 90 Prozent in der Biosphäre, in unseren Breiten nur zu drei Prozent.

Die geologischen und klimatischen Bedingungen erklären den schlechten Zustand der Böden: Die Gesteine stammen in der Regel aus dem Tertiär und unterliegen schon seit mehreren Millionen Jahren der Verwitterung und Auswaschung, während die Böden in unseren Breiten durch die Eiszeit vor etwa 100 000 Jahren «runderneuert» wurden. Auf Grund der extremen klimatischen Bedingungen ist die Auswaschung in den Tropen zudem 100- bis 200mal effektiver als in den Außertropen.
Die Böden bestehen hauptsächlich aus den Tonmineralien Kaolinite, die Mineralien nur schlecht binden können, und sie enthalten kaum Huminsäuren, die Mineralien gut binden könnten. Nach Brandrodung und agrarischer Produktion trocknen sie aus und werden durch den heftigen Regen schnell weggespült. In den bewaldeten Gebirgsregionen der Elfenbeinküste beträgt die Bodenabtragung pro Jahr und Hektar nur 0,03 Tonnen, nach einer Rodung aber etwa 90 Tonnen. Überlebenswichtig für die Regenwälder ist das dichte Feinwurzelnetz der Pflanzen und die sogenannte Mykorrhiza, Pilz-Verbindungen, die die bei Regen abfließenden Nährstoffe ausfiltern, der Biosphäre wieder zuführen und so den Nährstoffkreislauf schließen.

«Die Feststellung, daß in den feuchten Tropen der Wald den Boden erhält und nicht der Boden den Wald, ist daher kaum übertrieben.»
Hans Lamprecht, «Waldbau in den Tropen», 1986

Wenn die Bäume verschwinden, stirbt die Mykorrhiza ab, so daß praktisch keine Speicherkapazität für Nährstoffe (oder synthetische Dünger) mehr vorhanden ist. Natürlich gibt es regionale Abweichungen mit guten Böden, die aber leicht zu erklären sind: so etwa die Schwemmlandböden des Amazonas oder die vulkanischen Böden Javas. In den äußeren wechselfeuchten Tropen ist eine Düngung eher möglich, hier erschweren aber die langen Trockenzeiten eine regelmäßige agrarische Produktion. Viel häufiger kommt es vor, daß die großflächige Zerstörung sich lokal massiv auswirkt: Landwirtschaft und Weidenwirtschaft sind nur wenige Jahre, oft nur ein Jahr lang möglich. Dann ist die dünne Humusauflage durch den heftigen Regen weggeschwemmt, und die Böden vertrocknen. Da mit den Wäldern auch die Möglichkeit der Regenrückhaltung verschwindet, kommt es zu Überschwemmungen und Dürren. Verschwunden ist auch die «Windbremse» der dichten Wälder, es kommt zu Stürmen und zu Kälteeinbrüchen durch kalte Luftmassen. In Thailand kam es 1988 zu schweren Flutkatastrophen und

Überschwemmungen, nachdem der Waldteil von etwa 66 Prozent (1950) auf heute etwa 20 Prozent geschrumpft war. Mittlerweile hat die thailändische Regierung ein Abholzungsverbot erlassen.
Weltweit haben die tropischen Regenwälder Schlüsselfunktionen für den Wasserhaushalt der Erde und das Klima. Da beide bedroht sind, sehen sich die westlichen Industrieländer mittlerweile genötigt, sich für die Probleme zu interessieren, die hauptsächlich sie produziert haben.
Allein das Amazonasbecken faßt zwei Drittel des Süßwassers der Erde. Etwa ein Fünftel des Süßwassers, das den Weltmeeren durch Flüsse zugeführt wird, kommt aus dem Amazonas. Die Wasserverdunstung der immergrünen Tiefland-Feuchtwälder liegt bei etwa 1300 bis 1400 Millimeter und entspricht damit der Verdunstung einer freien Wasserfläche (!). Der Wegfall der Regenwälder wird den Wasserhaushalt der Erde empfindlich stören.
Wesentlich klarer sieht man schon die negativen Folgen der Brandrodung und Abholzung der Regenwälder für das Klima und den sogenannten Treibhauseffekt. Da in der Biomasse der Regenwälder ungeheure Mengen von Kohlenstoff eingebunden sind, kommt es durch die Waldvernichtung zur Freisetzung von entsprechend viel Kohlendioxid: stoßweise durch Verbrennung oder zeitlich gestreckt bei Abholzung und Verwitterung.

Auf einer 1989 stattgefundenen Konferenz verwahrten sich die Amazonasstaaten gegen die «Einmischung» der westlichen Industriestaaten beim Regenwaldproblem. Vor allem Brasiliens Präsident José Sarney bestand auf der «nationalen Souveränität» seines Landes. Vorschläge der letzten Zeit wie zum Beispiel das «Leasing» von Regenwäldern durch die Industriestaaten und der starke internationale Druck vor dem Hintergrund von Treibhauseffekt und Klimakatastrophe drohen durchaus, die nationale Souveränität der einzelnen Länder einzuschränken. Andererseits war gerade die brasilianische Opposition dankbar für das gestiegene internationale Interesse am Schutz des Amazonasbeckens. Und sie verwies nicht ohne Ironie darauf, daß gerade José Sarney die transnationalen Konzerne ins Amazonasgebiet geholt hatte und daß er die Souveränität der indianischen Urwaldbewohner mißachtet hatte.

Treibhausfieberträume

Am Anfang war es sehr schön: Der Winter 1988/89 war angenehm warm. Die Kirschbäume blühten schon Anfang März, die Spargel- und Erdbeersaison begann vier Wochen früher. Die Skiliftbesitzer im Schwarzwald waren verunsichert. Zehn Jahre später wurden keine Skilifte mehr betrieben, auch sonst hatte sich viel geändert. Es wurde zwar immer wärmer, aber es hatte schon viermal einen Kälteeinbruch Ende März gegeben, der zu katastrophalen Ernterückgängen bei Obst und Gemüse geführt hatte. Im Sommer gab es immer längere Trockenperioden, die von «Jahrhundertregengüssen» abgelöst wurden. Die amerikanische Getreideernte war zum drittenmal durch eine monatelange Trockenheit dezimiert worden – wie 1988. Der größte Kornspeicher der Welt war leer. Im Jahr 2005 riß eine riesige Sturmflut (die «Jahrtausend»sturmflut) Teile der Nordseeküste und -inseln weg, Hamburg stand unter Wasser. Aus dem vertrockneten Griechenland und Sizilien und dem ständig überfluteten Bangladesh kamen wenige Jahre später Millionen von «Asylanten». Sie nannten sich Ökoflüchtlinge.

Zugegeben: nur eine Vision. Es könnte auch ganz anders aussehen. Aber die Richtung stimmt. Und die Umweltschäden könnten auch noch katastrophaler kommen.

Die Erdatmosphäre besteht aus einer Reihe von Gasen, deren Zusammensetzung entscheidend für das Leben von Menschen, Tieren und Pflanzen ist: Stickstoff (78,08 Prozent), Sauerstoff (20,95 Prozent), das Edelgas Argon (0,94 Prozent), Kohlendioxid (derzeit etwa 0,035 Prozent, Tendenz steigend), Wasserdampf und andere Spurengase.

Obwohl die Konzentration des Kohlendioxids vergleichsweise gering ist, hat dieses doch erstaunliche Auswirkungen auf den Temperaturhaushalt der Erde. Ohne die 0,035 Prozent Kohlendioxid in der Atmosphäre wäre die Welt nämlich im Jahresmittel 30 °C (!) kälter. Zum Vergleich: in der letzten Eiszeit war es durchschnittlich 5 °C kälter. Erklärbar ist die Wirkung des Kohlendioxids (und anderer Spurengase) durch den sogenannten (natürlichen) Treibhauseffekt: Das

Sonnenlicht trifft auf der Erde auf und wird absorbiert oder zum größten Teil als (infrarote) Wärmestrahlung wieder abgegeben. Kohlendioxid kann die Wärmestrahlung erneut reflektieren und wirkt deshalb wie eine Isolierung. Einen vergleichbaren Effekt kennen wir von einem bewölkten Himmel bei Nacht. Hier bleibt es durch die Rückstrahlung wärmer als bei einem klaren wolkenlosen Himmel. Steigende Kohlendioxidkonzentrationen – wie sie seit Jahrzehnten gemessen werden – bewirken steigende Erdtemperaturen. Befürchtet werden Erwärmungen bis zu 6 °C, im schlimmsten Fall noch mehr. Dies kann katastrophale Auswirkungen haben – vielleicht vergleichbar einer Temperaturerhöhung beim Menschen, der Fieber hat. 6 °C Erhöhung sind bei ihm tödlich. Für die Erde wäre schon eine Erwärmung um 2 °C katastrophal.

Seit 1850 hat die Konzentration von Kohlendioxid um etwa 25 Prozent zugenommen: von 0,028 Prozent auf 0,035 Prozent. Derzeit steigt sie um jährlich 0,4 Prozent, die Temperatur der Erde hat entsprechend um etwa 0,5 bis 0,9 °C zugenommen, besonders deutlich im letzten Jahrzehnt. Bis in 30 Jahren (2020) wird ein Temperaturanstieg von $3 \pm 1{,}5$ °C, nach neueren Modellrechnungen sogar von mehr als 5 °C befürchtet, wenn die Kohlendioxidkonzentration wie bisher weiter steigt. Kohlendioxid selbst ist zu etwa 50 Prozent für den zusätzlichen Treibhauseffekt verantwortlich, andere wirksame Stoffe sind Methan (19 Prozent), Fluorchlorkohlenwasserstoffe (17 Prozent), Ozon in der Troposphäre (acht Prozent), Distickstoffoxid (vier Prozent) und Wasserdampf in der Stratosphäre (zwei Prozent).

Befürchtet wird, daß im Verlauf des nächsten Jahrhunderts durch Abschmelzen der Gletscher und Wassererwärmung der Meeresspiegel um bis zu fünf Meter ansteigen wird, so daß viele Küstenregionen dem Meer zum Opfer fallen würden. Die subtropischen Wüsten würden sich ausdehnen, während die subarktischen Breiten schnee- und eisfrei werden würden, ohne daß sie landwirtschaftlich nutzbar wären (Sümpfe!). Viele Wälder würden absterben, da sie sich nicht so schnell anpassen können, wie dies bei einjährigen Pflanzen möglich ist.

Die Zunahme des Kohlendioxids wird hauptsächlich durch die Verbrennung von Kohle, Erdöl und Gas bewirkt, aber auch die durch Brandrodungen der Regenwälder freigesetzten Kohlendioxidmengen spielen eine wichtige Rolle. Ihr jährlicher Beitrag wird sehr unterschiedlich geschätzt: auf 1,5 bis sechs Milliarden Tonnen Kohlendioxid pro Jahr – das entspricht sieben bis 28 Prozent des Kohlendioxids, das weltweit durch die Verbrennung fossiler Brennstoffe freigesetzt wird (20,5 Milliarden Tonnen).

Dennoch blenden diese Zahlen. Der Beitrag der Dritte-Welt-Länder zum Kohlendioxid-Problem ist im Vergleich zu den Industrieländern eben doch klein. Beispielsweise emittiert allein die Bundesrepublik jährlich 740 Millionen Tonnen durch die Verbrennung fossiler Energieträger (Kohle, Öl, Gas), ganz Afrika dagegen nur 585 Millionen Tonnen, ganz Mittel- und Südamerika nur 940 Millionen Tonnen.

Tropenholz – für die Reichen

Die Bildung und Existenz der tropischen Regenwälder dauerte Millionen von Jahren, in den letzten 40 Jahren wurden sie fast um die Hälfte dezimiert. Der Tropenholzkonsum in den industrialisierten Ländern ist einer der wichtigsten Faktoren für die Zerstörung der Regenwälder und die Einstiegsschneise für weitere Schädigungen. Jährlich werden rund 66 Millionen Kubikmeter Tropenholz geschlagen und 55 000, vielleicht 90 000 Quadratkilometer zerstört oder unwiderruflich geschädigt. Der Tropenholzhandel hatte 1984 ein Gesamtvolumen von 7,6 Milliarden US-Dollar; 77 Prozent aller Weltexporte stammen aus dem asiatischen Raum, 18 Prozent aus Afrika und 5 Prozent aus Südamerika. Hauptimporteure sind Japan, die USA und die EG. Die Holzwirtschaft ist zu einem bedeutenden Umweltzerstörer in den Tropen geworden, nicht nur durch rücksichtsloses Abholzen und flächendeckende Kahlschläge wie in Südostasien, sondern auch durch den – so vornehm – benannten «selektiven Holzimport», bei dem nur wenige, manchmal nur ein bis zwei Bäume pro Hektar entnommen werden. Auch hier bleiben bis zu 65 Prozent der Waldfläche geschädigt zurück: durch gerodete Transportwege, Einschlagschneisen, Holzlagerplätze, Camps für die Holzfäller, schwere bodenzerstörende Transportmaschinen und nicht zuletzt durch das Fällen der Urwaldriesen, die viele kleinere Bäume mit umreißen oder verletzen. Kommentar der Holzfirmen: «Keine ökologische Schädigung.» Kaum ist der Wald ausgebeutet, wenden sich die Holzfäller neuen Gebieten zu – hinter ihnen kommen aber oft Siedler, die ihre Transportwege benutzen und zur Brandrodung in den Wald eindringen. Nach Meinung vieler Vertreter der Holzfirmen beginnt die Zerstörung der Wälder mit dem Eindringen der Siedler und der Brandrodung. Merkwürdig nur, daß die Holzindustrie nie erst dann in den Wald kommt, wenn die Siedler ihn niedergebrannt haben...

So ausgestattet mit einem Tropenholz-Brett vor dem Kopf macht man gut und gerne Gewinne. Ein ganzer Tropenholzstamm kann in Europa bis zu 200 000 DM bringen. In Indonesien brachte die Branche Anfang der achtziger Jahre jährlich Gewinne von durchschnittlich 700 Millionen US-Dollar ein. Bis zu 50 Prozent Rendite wurden erzielt. Klar, daß die Unternehmen hauptsächlich ausländischem Kapital gehören. In der VR Kongo kontrollieren zwölf europäische Gruppen über 80 Prozent des Holzhandels, in Zaire ist der größte Teil des Holzgeschäfts in der Hand der Firma Danzer und der Firma Holimex (Feldmeyer). Wichtige deutsche Firmen mit großen Konzessionen in West- und Zentralafrika sind Karl Danzer (Reutlingen), Hinrich Feldmeyer, Introp Tropenholz, Hans O. Lütkens (Hamburg). Kleinere Branchenvertreter sind die Firmen Johannes Oesterle (Reutlingen), Kraas (Aumühle) und Wonnemann (Rheda-Wiedenbrück).
In den siebziger Jahren gab es im Tropenholzhandel wahre «runs» auf die Konzessionen, wobei oft Schmiergelder und Korruption im Spiel waren.
Die deutschen Holzeinfuhrhäuser importierten Tropenholz hauptsächlich aus Afrika und Südostasien.
Aus Südostasien wurde 1987 vor allem Schnittholz importiert, allein aus Malaysia 347 000 Kubikmeter im Wert von 240 Millionen DM. Rundholz wurde nur noch in geringen Mengen (aus Burma) importiert: 16 400 Kubikmeter Teak im Wert von 6,66 Millionen DM. Aus Afrika wurde vor allem unverarbeitetes Stammholz importiert (370 000 Kubikmeter im Wert von 160 Millionen DM). Die wichtigsten Exportländer waren Ghana (das seinen Exportanteil seit 1984 fast verdreifachte), Kamerun, Liberia und Kongo, aus der mittlerweile fast leergeschlagenen Elfenbeinküste liegen die Exporte inzwischen unter drei Prozent.

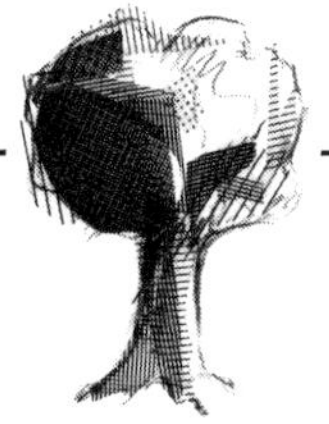

VON MAHAGONI BIS MERANTI

Seit der Kolonialzeit wird Mahagoni in die europäischen Länder gebracht. Das schön gemaserte, gelblichbraune bis dunkelrotbraune Holz hat einen natürlichen Glanz und gilt als eines der besten und wertvollsten Hölzer der Welt. Es wird heute in erster Linie in der Kunst- und Möbeltischlerei verwendet, für Intarsien, Schnitzereien usw. Der echte Mahagoni-Baum wächst meist als «Einsiedler», selten findet man mehr als vier bis acht Bäume pro Hektar. Das ursprüngliche Verbreitungsgebiet liegt zwischen Mexiko und dem westamazonischen Tiefland in Ecuador, Peru, Brasilien und Bolivien, jedoch wird der Baum heute im ganzen Tropengebiet angebaut.
Die Verwendung der Tropenhölzer hat seit langem eine von der Öffentlichkeit kaum wahrgenommene Wandlung erfahren. Neben bekannten Hölzern wie Mahagoni oder Teak werden heute Dutzende verschiedener Tropenhölzer in riesigen Mengen importiert, wobei das meiste Holz beim Innenausbau, zum Beispiel als Konstruktionsholz, oder gar als Sperrholz für Schalungsplatten «unbesehen» verschwindet.

Zum Beispiel: Die Elfenbeinküste

Vor der Zerstörung durch die Exportwirtschaft erstreckte sich der tropische Regenwald in einem etwa 300 Kilometer breiten Gürtel von Ghana bis nach Liberia. Von ursprünglich zwölf Millionen Hektar wurde die Fläche auf nunmehr drei Millionen Hektar reduziert. Ab 1982 betrug die jährliche Abnahme 7,3 Prozent (!). Der etwa 3500 Quadratkilometer große Tai-Nationalpark ist mittlerweile das größte zusammenhängende Waldgebiet! An der Ausbeutung der Wälder war der deutsche Holzkonzern Danzer (Stammhaus Reutlingen) maßgeblich beteiligt. Heute ist er vor allem in Zaire tätig, in der Elfenbeinküste gibt es nichts mehr zu holen.
Die Schneisen und Wege der Holzunternehmen waren Schrittmacher für einen zunehmenden Brandrodungsfeldbau von verarmten Kleinbauern. Die gerodeten Waldflächen werden vor allem zum Anbau von Exportkulturen wie Kaffee, Kakao, Bananen oder Ölpalmen benutzt – umgekehrt ging auch von dem Plantagenbau ein Druck auf die Vernichtung der Wälder aus. Neben den lokal und regional offensichtlichen ökologischen Schäden gibt es auch schon großräumige Veränderungen in Form einer vollkommen außergewöhnlichen Trockenheit (von 1982 auf 1983), die die Waldzone austrocknete und zu verheerenden Bränden in den Wäldern und Plantagen führte.
Auch in der Elfenbeinküste wurde das ursprüngliche Gemeinschaftsbodenrecht von den Kolonialherren abgeschafft. Die Kolonialherren gingen, die Konzerne blieben – und die mit ihnen verbündete einheimische Elite. Das Land wurde ausgebeutet und verschleuderte seine Forst-Agrarprodukte wie Holz, Kakao, Kaffee etc. an die Industrieländer. Durch die viel zu niedrigen Preise war es laufend gezwungen, die Exportmengen zu steigern, der Raubbau am Tropenholz ist der offensichtlichste Teil des Ausverkaufs. Trotzdem schnellten die Schulden von 0,5 Milliarden US-Dollar auf 8,4 Milliarden US-Dollar im Jahr 1988 hoch. Im Land blieben Schulden, das Tropenholz kleidet die Banken- und Konzern-Schreibtische der Industrieländer.

Der Vater aller Bäume

Alle Bäume der Welt wissen um die Geschichte ihres großen Vaters, der versteinerte Wurzeln hatte, weil er Schatten geben wollte; dort auf der Insel La Mocha soll es gewesen sein, auf der Insel, wo die Seelen hingehen, um sich vom Fährmann übersetzen zu lassen nach der unteren Welt, der Welt der Heimgegangenen.
Ein Baum erzählt es dem andern, besonders dann, wenn drei beisammen stehen, was aber auch bei den Haselnußsträuchern zutrifft. Stehen diese zu dritt beisammen, so weiß man, daß die Ahnen sie gepflanzt haben als Wächter oder Verkünder eines nur den Araukanern bekannten Geheimnisses. So zeigen sie meistens große Schätze der Vorzeit an, über die der Eingeborene zu wachen hat.

Aus einem Indianermärchen aus den Kordilleren

Auch in Asien, beispielsweise in Malaysia, läßt sich die unheilvolle Zusammenarbeit der ausländischen Firmen mit der kleinen Schicht einer einheimischen Geld-Elite beobachten. Nachdem die Naturwälder auf dem Festland schon weitgehend gerodet sind, wanderten die Holzeinschlagfirmen auf die Insel Borneo in die ostmalaiischen Provinzen Sabah und Sarawak. In Sarawak sind schon 30 Prozent der Wälder zerstört worden, in zehn Jahren wird es wahrscheinlich ganz entwaldet sein. Am wenigsten gegen den Holzeinschlag hat sicherlich der Umwelt- und Tourismus-Minister von Sarawak: Mit 100000 Hektar Waldbesitz ist er einer der größten Holzkonzessionäre des Landes.

«Ihr habt die Welt, lasst uns den Wald»

Schon lange leben im Regenwald Naturvölker, die nur zu oft als «Primitive Völker» bezeichnet werden: die Papua auf Neu-Guinea, die Punan in Indonesien, die Pygmäen in Zentral- und Westafrika oder die Indianer im Amazonasbecken und den mittelamerikanischen Regenwäldern. Sie leben von der Jagd und vom Sammeln und betreiben zum Teil kleinere Brandrodungen und Wanderfeldbau. Interessanterweise waren diese «Primitiven» so intelligent, im Urwald leben zu können, ohne ihn zu zerstören, während die «Zivili-

sierten» nur durch fortwährende Zerstörung der Regenwälder «wirtschaften» können.
Die Zerstörung der Regenwälder bedeutet deshalb auch die Zerstörung der Lebensgrundlage der Naturvölker, oft ihrer Existenz selbst – die Zerstörung des Regenwaldes ist auch Völkermord. Häufig sterben die Einheimischen auch an eingeschleppten, für sie neuen Krankheiten wie Grippe oder Masern. Oft aber gibt es von ihrer Seite auch heftigen Widerstand gegen den Mord am Wald.
In Indonesien waren es die Punan, eines der ältesten Stammesvölker der Erde, die den Mächtigen einen Strich durch die Rechnung machten, als sie – bewaffnet mit Blasrohren und Giftpfeilen – Blockaden aufbauten. «Ihr habt die Welt, laßt uns den Wald», forderte ihr Häuptling.
1987 blockierten sie neun Monate lang den Holzeinschlag. Erst mit massivem Polizei- und Militäreinsatz konnten Barrikaden beseitigt werden. 93 Personen wurden festgenommen – alle in wichtigen Positionen bei Bürgerinitiativen und Umweltverbänden (wie zum Beispiel Sahabat Alam Malaysia, das ist Friends of the Earth Malaysia), der Opposition (selbst innerhalb der Regierungspartei) und der kritischen Presse.

Zur gleichen Zeit wurde ein Gesetz verabschiedet, das das Errichten von Barrikaden und die Behinderung der Arbeit von Holzfirmen mit bis zu zwei Jahren Gefängnis bestraft. Die Holzfällercamps wurden mit einem immer größer werdenden Aufgebot an Polizei und Militär bewacht. Menschen aus den umliegenden Dörfern wurden nicht mehr als Holzarbeiter beschäftigt, Arbeiter, die ständig im Camp leben, ließen sich viel «effektiver» einsetzen. Der Aufenthalt in den Camps und den umliegenden Konzessionsgebieten bedurfte von da ab einer besonderen Genehmigung.

Die Aguaruna leben ganz im Norden Perus, im Departement Amazonas an der Grenze zu Ekuador. Bekannt wurden sie hierzulande, als sie den Filmemacher Werner Herzog und dessen Team verjagten, nachdem es viele Auseinandersetzungen um das Filmcamp für den Film Fitzcarraldo gegeben hatte, weil Herzog die Rechte der Aguaruna-Dorfgemeinschaft nicht achtete. Obwohl die verärgerten Aguaruna mit Kriegsbemalung angetreten waren, schonten sie Leben und Habe der Filmleute – sie wollten nur ihre Rechte. Einer ihrer Anführer war Evaristo Nugkuag Ikanam. 1986 wurde ihm der Alternative Friedensnobelpreis der «Right Livelihood Foundation» verliehen, allerdings nicht für die Aktion gegen die «überdrehten» Filmleute, sondern für seine Leistungen im Organisationsprozeß der Amazonas-Tiefland-Indianer.
Die Amazonas-Indianer sind seit Jahrzehnten durch die Abholzung ihrer Wälder, durch Staudämme, Mineralabbau und Siedlungsprojekte bedrängt. Beispielsweise wurde Peru vom Internationalen Währungsfond verpflichtet, den Export von Agrarprodukten, Mineralien und Öl zu steigern, um die Devisenverluste für die sinkenden Rohstoffpreise auszugleichen und weiter die Schulden zahlen zu können. Peru war deshalb gezwungen, das Indianerland durch Plantagenwirtschaft und forstwirtschaftlichen Raubbau nutzbar zu machen. Durch eine Gesetzesänderung 1978 wurden den Indianern nur noch Restgebiete zur landwirtschaftlichen Nutzung zuerkannt, von den anderen Gebieten wurden sie zum Teil vertrieben. Innerhalb weniger Jahre wurde der Nationalforst «Alexander Humboldt» mit über 500000 Hektar und der staatliche Forst von Apurimac mit über zwei Millionen Hektar völlig zerstört – hauptsächlich zum Nutzen der amerikanischen Möbelindustrie. Der gleichzeitige Anbau von Soja und Getreide (für die europäische

Futtermittelindustrie) stößt jetzt schon wegen der Erosion der Böden auf Grenzen. Die einzelnen Programme wurden ohne Rücksicht auf die Indianer durchgeführt, Landverletzungen der Indianer und Ermordungen von Indianerführern sind wie weiland bei der Eroberung des Wilden Westens die heute noch gängige Praxis.
Mitte der siebziger Jahre begannen sich die Indianer zu organisieren – ein schwieriger und ungewohnter Prozeß. Die Aguaruna und die Huambisa leben in etwa 90 Dörfern auf einem Gebiet von der Größe Belgiens, zerteilt durch fünf große Flüsse, die gleichzeitig das einzige Kommunikationssystem darstellen. 1977 wurde der Rat der Aguaruna und Huambisa gegründet. Mittlerweile haben sich die Indianer meist erfolgreich gegen Landverletzungen gewehrt, ein großes Gesundheitsprojekt und an den fünf großen Flüssen je ein Zentrum und eigene Warenlager aufgebaut, wo auch die Produktion von Kakao oder Reis eingetauscht werden kann.
In den achtziger Jahren wurde die AIDESEP gegründet, eine Vereinigung von dreizehn Organisationen des peruanischen Regenwaldes, danach eine internationale Koordination der indianischen Organisationen des gesamten Amazonasbeckens.
Bei seiner Rede anläßlich der Preisverleihung schilderte Evaristo Nugkuag die Menschenrechtsverletzungen, die allein in den letzten Monaten des Jahres 1986 in Peru stattfanden:

- Mord an mehreren Ashaninka-Indianerführern in der Region des Gran Pajonal und Landvertreibung der Indianer durch Invasion von Kolonisten;
- Mord an dem Führer der Aguaruna-Dorfgemeinschaft, Tsuntsuntsa, auf Veranlassung von Kolonisten, weil diese nach einem langen und kostenaufwendigen Prozeß dazu verurteilt worden waren, diese Dorfgemeinschaft zu verlassen;
- brutale Landbesetzungen einschließlich der indianischen Häuser durch Kolonisten in Atalaya;
- Folgen staatlicher Kolonisationsprogramme ohne Rücksichtnahme auf die indianische Bevölkerung mit Hilfe der Weltbank, der Interamerikanischen Entwicklungsbank und dem US-AID, von denen folgende Völker betroffen sind: Aguaruna, Amuesha, Ashaninka, Amarakaere, Cocamilla u. a.; Franziskaner lassen Landtitel der Dorfgemeinschaft der Amuesha, Tschachopen an-

nullieren, damit die Franziskaner-Mission weiterhin als Landbesitzer auftreten kann;

- Ethnozid durch von Holzfirmen eingeschleppte Epidemien, die das Volk der Nahua dezimieren;
- massive Invasionen von Goldsuchern im Land der Amarakaere am Madre de Dios;
- Vergabe staatlicher Konzessionen für die Erdöl-Exploration u. a. an die Shell im Departement Madre de Dios;
- Vergabe staatlicher Lizenzen an große Holzfirmen, die den Wald in vielen Teilen des tropischen Regenwaldes zerstören;
- touristische Ausbeutung von Yagua, Shipibo und anderer Indianer;
- viele weitere Landkonflikte mit Neusiedlern.

Rettung durch Wiederaufforstung?

Seit geraumer Zeit gibt es Wiederaufforstungsprojekte, wobei diese in der Regel gegenüber der Abholzung bzw. Rodung nicht ins Gewicht fallen. Das Verhältnis Waldverlust zu Wiederaufforstung wird in Afrika auf 1 : 29, in Südostasien auf 1 : 4,5 geschätzt. Etwa zwei Drittel der wiederaufgeforsteten Wälder werden industriell genutzt, etwa ein Drittel für Brennholz. Meist sind es schnellwachsende Monokulturen, die in kurzer Zeit große Mengen möglichst einheitlichen Holzes liefern sollen: zum Beispiel Pinien in Chile oder Eukalyptus-Plantagen in Ost-Thailand. Dort hat die Royal Dutch Shell ein etwa 20 000 Hektar großes Projekt begonnen – zukünftiger Abnehmer ist die japanische Papierindustrie. Die Monokulturen sind oft ökologisch nicht angepaßt und können keinesfalls als «Ersatz» des Regenwaldökosystems dienen. Für thailändische Umweltorganisationen gelten die Eukalyptus-Plantagen mittlerweile als «ökologische Terroristen» – sie entziehen dem Boden zuviel Nährstoffe und überdurchschnittlich viel Wasser und sind erosionsgefährdet. Von einer Rettung durch Wiederaufforstung nach diesem Stil kann keine Rede sein.

«Stil» beweist dagegen der schwäbische Motorsägenhersteller Andreas Stihl KG, der in Südbrasilien die größte Motorsägenfabrik Lateinamerikas hinstellte, die jährlich über 100000 Motorsägen absetzt. Da die Gewinne nach brasilianischem Recht nur zum Teil ins Ausland transferiert werden dürfen, investiert Stihl Moto-Serras praktischerweise in Aufforstungsprojekte ihres guten Kunden Mannesmann Agroflorestal, der aus Eukalyptusmonokulturen Holzkohle für die Stahlproduktion gewinnt. So schließt sich der Kreis wieder.

Brennholz – für die Armen

Von einer Milliarde Holz, die jährlich in tropischen Wäldern geschlagen wird, dienen nach einer Schätzung der FAO über 80 Prozent als Brennholz oder zur Herstellung von Holzkohle. Holz ist das «Erdöl» der armen Länder; in Asien deckt es 73 Prozent des Energieverbrauchs, in Afrika 88 Prozent, in Lateinamerika 74 Prozent, weltweit sind es etwa 54 Prozent.

Gegenwärtig decken etwa zwei Milliarden Menschen ihren Energiebedarf durch Brennholz und Holzkohle. Bereits 1982 befanden sich 100 Millionen Menschen in akuter Brennstoffnot, über eine Milliarde hatten zwar noch ausreichend Holz zum Verbrauch, aber dies bereits auf Kosten der Nachhaltigkeit der Wälder. Es wird befürchtet, daß in zehn Jahren (im Jahr 2000) etwa drei Milliarden Menschen unzureichend mit Holz versorgt sein werden.

Besonders hart betroffen sind die Afrikaner. In den ariden und subariden Gebieten der Sahelzone und der Gebirge in Äthiopien und Zentralafrika haben etwa 50 Millionen Menschen akute Versorgungsschwierigkeiten, weitere 150 Millionen decken ihren Bedarf durch Übernutzung der Ressourcen. Für das gesamte tropische Afrika geht man davon aus, daß der Verbrauch von Feuerholz 15mal mehr Holz «frißt» als der kommerzielle Holzeinschlag. Allerdings findet dieser in den Wäldern statt, die Mehrheit der Afrikaner schlägt das Feuerholz aber überwiegend außerhalb der Wälder. In den ärmeren Gegenden müssen Frauen die Holzgebinde mit 20 bis 30 Kilogramm oft zehn Kilometer und mehr weit tragen, in Tansania benötigt eine Familie pro Jahr etwa 200 bis 300 Arbeitstage zum Brennholzsammeln. Aus Holzmangel wird weniger gekocht oder auf proteinreiche Speisen verzichtet, die länger zum Kochen brauchen.

Nur zu oft wird der hohe Brennholzverbrauch in den «Dritte-Welt»-Ländern in den Industrieländern überheblich kommentiert. Dabei wird unterschlagen, daß der Pro-Kopf-Verbrauch an Energie in den Industriestaaten wesentlich höher liegt: in den USA etwa 22mal so hoch, in der Bundesrepublik etwa zwölfmal so hoch wie in der «Dritten Welt». Außerdem werden von den «cleveren» Industriestaaten die nicht regenerierbaren Energieträger Kohle, Öl und Gasvorräte verbraucht. Allein der Energieverbrauch des bundesdeutschen Pkw-Verkehrs ist so hoch wie der gesamte Energieverbrauch der mehr als 300 Millionen Bewohner Schwarzafrikas.

Aber sogar die Holznutzung ist in den Industrieländern immer noch hoch, zwar wird nur wenig Holz als Brennstoff eingesetzt, aber viel als Industrieholz. In Europa beträgt die gesamte Holznutzung etwa 340 Millionen Kubikmeter, in Afrika etwa 470 und in Lateinamerika ebenfalls 340 Millionen Kubikmeter. Pro Kopf verbraucht ein Bundesbürger jährlich etwa 0,3 Kubikmeter Holzerzeugnisse (Schnittholz, Sperrholz, Spanplatten) und 174 Kilogramm Papier und Pappe: ein Nigerianer 0,03 Kubikmeter Holz und zwei Kilogramm Papier und Pappe.

In Lateinamerika gibt es vor allem auf Haiti, San Salvador und den Hochlagen von Peru und Bolivien Mangelsituationen. Im asiatisch-pazifischen Raum haben etwa 30 Millionen Menschen akuten Brennstoffmangel, etwa 800 Millionen Menschen decken ihren Bedarf durch Übernutzung der Ressourcen, so etwa auf dem indischen Subkontinent.

Die Chipko-Bewegung in Indien

Schon die britischen Kolonialisatoren hatten nach der Eroberung Indiens eine sehr einseitige Forstpolitik betrieben und in dem Wald hauptsächlich einen Lieferanten von Rohstoffen gesehen. Die Nutzungsrechte der traditionellen Dorfgemeinschaften waren mehrmals eingeschränkt worden, schließlich wurde die Form des Gemeindeeigentums völlig abgeschafft. Betroffen von dieser Politik waren vor allem die Bergvölker im Himalaya, für die der Wald die wichtigste Lebensbasis darstellt. Auch nach der Unabhängigkeit Indiens wurde die koloniale Forstpolitik vom neugegründeten Staat in gleicher Weise fortgesetzt und weiterhin riesige Waldflächen der holzverarbeitenden Industrie geopfert. Jährlich werden etwa 1,5 Millionen Hektar Wald zerstört. Erosionen, Erdrutsche, Überschwemmungen, Dürren und Wüstenbildung sind die Folge, die Bevölkerung leidet unter Brennholz- und Wasserknappheit.

Bei verschiedenen Aufforstungsaktionen – der Weltbank, verschiedener Entwicklungshilfeorganisationen und der indischen Forstbehörden – wurden hauptsächlich Eukalyptus-Bäume gepflanzt. Schnellwachsend und einträglich für die Industrie, aber abträglich für die Landbevölkerung und deren Lebensbedingungen: Wegen des hohen Ölgehalts der Eukalyptusbäume können diese nicht als Brennholz und die Blätter nicht als Viehfutter dienen. Zudem entziehen die Eukalyptus-Plantagen dem Boden sehr viel Wasser und sind stark erosionsgefährdet.

Doch es fehlen nicht nur ernsthafte Aufforstungsprogramme – die verärgerten Bergvölker mußten auch noch die Zunahme von Bergwerken und Steinbrüchen für auswärtige Firmen und den Bau von Staudämmen registrieren, von denen nur die Tieflandbewohner den Nutzen hatten. Die Bauern verloren Anbauland, die Waldnutzung wurde für sie immer schwieriger, das Fällen von Bäumen verboten, während gleichzeitig auswärtige Firmen die Genehmigung zum Holzeinschlag bekamen.

BAUM UM BAUM, FRAU GEGEN MANN

Die Chipko-Bewegung ist in ihrer Seele sehr feministisch. In einigen Fällen kämpften die Frauen gegen ihre eigenen Männer (...). In Dungari-Paitoli zum Beispiel, wo ein erbitterter Kampf Frau gegen Mann, Mutter gegen Sohn stattfand. Die Männer hatten den Wald ausverkauft, seine Zerstörung hätte bedeutet, daß die Frauen mindestens noch einmal fünf Kilometer täglich hätten gehen müssen, um Brennholz und Futter zu holen. Die Frauen siegten, retteten den Wald, aber erst nach einem langen gewaltlosen Kampf.

Aus: Nina Sibal. Yatra – The Journey, 1987

1970 kam es im Distrikt Chamoli (und in anderen Himalaya-Tälern) zu riesigen Überschwemmungen infolge der Waldabholzung. Als dann 1973 eine auswärtige Tennisschlägerfirma auch noch Eschen fällen lassen wollte, deren Nutzung den Dorfbewohnern untersagt worden war, war die Wut der Einheimischen nicht mehr zu bremsen.
Die Frauen der Gegend klammerten sich an die Bäume, so daß die Holzfäller unverrichteter Dinge wieder abziehen mußten. Nicht von ungefähr waren es die Frauen, die Widerstand leisteten: sie sind traditionell für das Brennholzsammeln zuständig, und das Abholzen der Wälder zwang sie dazu, immer weitere Wege zurückzulegen. Aus dem Erfolg dieser Aktion erwuchs eine organisierte Umweltschutzbewegung, die weitere Rodungen verhindern konnte und selbst Tausende von Bäumen anpflanzte. 1987 wurde die Chipko-Bewegung mit dem «Alternativen Nobelpreis» (dem «Livelihood Award») ausgezeichnet.

Wir fressen den Wald

Besonders im Amazonasbecken Lateinamerikas sind es hauptsächlich Großprojekte zur Ausbeutung von Bodenschätzen, Siedlungsprogramme und Monokulturen, wie beispielsweise Soja, die den Wald zerstören. In Südostbrasilien beispielsweise ist der Regenwald von ursprünglich 30 Prozent der Fläche auf 1,8 Prozent geschrumpft – auf Kosten von in Monokulturen angebautem Soja, das in den Export kommt und an europäische Rinder, Schweine oder Hühner verfüttert wird. Auch so – nicht nur durch Rinderfarmen – fressen wir den Urwald.
Durch die großen maschinell bewirtschaftbaren Soja-Monokulturen wurden viele Kleinbauern vertrieben. Landspekulationen von Großgrundbesitzern taten ein übriges: In Lateinamerika gehören 93 Prozent der Anbaufläche nur sieben Prozent der Landbevölkerung. Wer sich hier gegen Umweltzerstörung und Waldabholzung wehrt, lebt gefährlich.
Die «Überbevölkerung», die hierzulande so gerne als Ursache für die Regenwaldzerstörung in der Dritten Welt genannt wird, muß

Chico Mendes

*1942 †1988

«Ich will leben»

Zwei Tage vor Heiligabend des Jahres 1988 in Xapuri im Amazonasgebiet. Der brasilianische Kautschukpflanzer Chico Mendes wird von bezahlten Killern erschossen – es war der siebte Anschlag auf ihn. Mendes war der Präsident der örtlichen Landarbeitergewerkschaft und Mitglied der linken «Partei der Arbeiter». Er hatte die Bewohner der Gegend erfolgreich gegen eine weitere Kolonialisierung und Zerstörung des Regenwaldes und ein gigantisches Straßenprojekt mobilisiert. Später wurden in der Nähe von Xapuri 1000 Hektar zum Sammelreservat erklärt, in dem Aktivitäten wie Viehzucht, Abholzen, Erzschürfen usw. verboten waren. Den Großgrundbesitzern war Chico Mendes ein Dorn im Auge. Noch am 9. Dezember gab Mendes auf einer Pressekonferenz die Namen zweier örtlicher Großgrundbesitzer bekannt, die ihm nach dem Leben trachten: die Brüder Darly und Alvarinho Alves. Beide tauchten nach dem Mord unter. Auf eine Journalistenfrage bei der Pressekonferenez hatte Chico Mendes geantwortet: «Wenn vom Himmel ein Gesandter auf die Erde herunterkäme und mir garantieren würde, daß mein Tod zur Verstärkung unseres Kampfes beitragen könnte, würde es sich ja vielleicht lohnen zu sterben. Aber die Erfahrung lehrt uns das Gegenteil. Leichenzüge werden den Amazonas-Urwald nicht retten. Ich will leben.» Zwei Wochen später war er tot.

also wesentlich differenzierter gesehen werden. Erstens wurden ganze Landstriche in Südostasien (für Export) und Lateinamerika (für Rinderweiden) ohne jeglichen «Siedlungsdruck» abgeholzt, andererseits lassen sich Überbevölkerung und die vielen landlosen Siedler auch aus der wirtschaftlichen Lage und Unterentwicklung erklären, zu der die ehemaligen Kolonialherren und heutigen Industrieländer entscheidend beigetragen haben.
Die Ansiedlungen wurden zum Teil durch staatliche Programme initiiert, erfolgten aber auch spontan durch landlose Kleinbauern. So hat etwa der Bau der Transamazonica allein bis 1978 etwa zweieinhalb Millionen Menschen angezogen. Nach Fertigstellung der Cucaba-Porto-Velko-Straße erlebte der brasilianische Bundesstaat Rondonia über mehrere Jahre einen jährlichen Bevölkerungszuwachs um 21,3 Prozent. Seit der zweiten Hälfte der sechziger Jahre führt Brasilien eine Reihe von Siedlungsprogrammen für das Amazonasgebiet durch: «Ein Land ohne Menschen für Menschen ohne Land.» Man wollte möglichst schnell die Ressourcen ausbeuten und Güter produzieren, nach denen in den Industrienationen Bedarf bestand: Mineralien, Holz, Soja, Rindfleisch. Gleichzeitig sollten unzufriedene Kleinbauern aus dem Nordosten angesiedelt werden. Da man die Fruchtbarkeit des Amazonasgebiets aber völlig überschätzt hatte, scheiterte die staatlich gelenkte Kleinbauernansiedlung auch bald wieder. Mit den Worten des brasilianischen Landwirtschaftsministers, «daß es sinnlos wäre, die Ländereien Amazoniens denen zu überlassen, die weder technisch noch finanziell in der Lage sind, sie zu nutzen», wandte sich die Regierung von den Kleinbauern ab und förderte nur noch Privatunternehmen. Nach einer Erkundung des Amazonas durch Radarflugzeuge und Prospektionen zusammen mit amerikanischen Organisationen (1970 bis 1973) wurde der Staatliche Entwicklungsplan für Amazonien (1975 bis 1979) beschlossen, der den Abbau von Mineralien, die Energiegewinnung, die Rinderzucht und die jeweils dafür notwendige Infrastruktur als Schwerpunkte sah. Im Mittelpunkt stand das Großprojekt Carajas, das zu riesigen Regenwaldverlusten führen wird und schon geführt hat.
Das Carajas-Projekt wird von der Regierung als das zur Zeit größte Entwicklungsprojekt bezeichnet. Die Weltbank hat dafür bereits 500 Millionen US-Dollar bewilligt, die Europäische Gemeinschaft 400 Millionen US-Dollar, die deutsche Kreditanstalt für Wiederauf-

bau 130 Millionen US-Dollar. Schließlich ist Brasilien hochverschuldet und soll wenigstens durch Raubbau seine Schulden zurückzahlen können...
Das «Grande-Carajas»-Projekt umfaßt eine Fläche von 900 000 Quadratkilometer (fast viermal die Fläche der Bundesrepublik). Die Hochflächen dieses Gebirgszugs sind mit Busch- und Grassavanne bedeckt, die Hänge und Täler mit dichtem Regenwald. Hier wurde die größte Eisenerzlagerstätte der Welt entdeckt: 18 Millionen Tonnen Eisenerz, außerdem Kupfer, Mangan, Nickel und Bauxit. Die Investitionen für den Abbau werden auf 4,5 Milliarden US-Dollar veranschlagt. Wer – wie die Bundesrepublik – Geld leiht, bekommt das Eisenerz zum Vorzugspreis: die Bundesrepublik zum Beispiel 5,9 Millionen Tonnen.
Für den Erzabbau ist eine erhebliche Infrastruktur notwendig. Gebaut bzw. geplant wurden eine Erzbahn, Binnenhäfen in Tucurui und Maraba, Seehäfen bei São Luis und bei Belem, die Schiffbarmachung zweier Flüsse (Rio Tocantin und Rio Araguaia). Weiter geplant sind Aluminiumhäfen bei Belem und São Luis (zur Bauxitverarbeitung), eine Verhüttungsindustrie für Erze und Stahlwerke in Tucurui und Maraba. Dieses Stahlwerk soll mit Hochöfen auf der Basis von Holzkohle (!) arbeiten, da Maraba ja praktischerweise inmitten des Regenwaldgebiets liegt.
Für die Industriezentren und die Aluhütten wird viel Strom gebraucht, deshalb wurde der Tucurui-Staudamm nebst Wasserkraftwerk (Endstufe 7960 Megawatt!!) geplant und der 216 000 Hektar große Stausee im September 1984 geflutet. Der Wald konnte aus Zeitmangel (!) nicht mehr gerodet werden, so daß er jetzt verfault und das Wasser vergiften wird!

Schulden gegen Regenwälder?

Amerikanische Umweltorganisationen haben Modelle des Schuldentausches entwickelt (und durchgeführt), nach denen die betroffenen Dritte-Welt-Länder Schulden erlassen bekommen, wenn sie sich verpflichten, bestimmte Naturschutzgebiete einzurichten

(«Debt for Nature Swap»). Zweifelsohne ist ein Schuldentausch zum Schutz der Ressourcen des Landes besser als der nationale Ausverkauf der Industrie zu Schleuderpreisen. Dennoch gibt es auch hieran berechtigte Kritik.

Was großflächige Naturschutzreservate den betroffenen Ländern ökonomisch oder politisch nützen sollen, bleibt fraglich. Vollends absurd aber wird ein solches Programm, wenn die betroffenen Staaten gleichzeitig durch die ungerechte Weltwirtschaftsordnung und ihre hohe Verschuldung weiter gezwungen sind, andere Teile ihres Landes abholzen zu lassen. Zudem wird die ansässige Bevölkerung bei der Planung und Durchführung solcher Projekte meist nicht mit eingebunden. Im BENI-Biosphärenreservat im bolivianischen Amazonasgebiet kaufte die Umweltstiftung Conservation International für 100000 US-Dollar Schuldentitel Boliviens in Höhe von 650000 US-Dollar. Das Reservat liegt aber ziemlich abgelegen, ist Zentrum der illegalen Kokainproduktion und konnte schon bisher nicht von der bolivianischen Regierung kontrolliert werden.

«In der Dritten Welt wird sich aber nichts ändern, wenn sich in den Industrieländern nichts ändert.»
José Lutzenberger

Mittlerweile gibt es auch Vorschläge für ein Leasing-Modell, nach dem die Industrieländer riesige Reservate gegen Geld leihen und schützen, aber auch kontrollieren könnten – also eine Art Neo-Kolonialismus, der sich freilich viel weniger von der Wirklichkeit unterscheidet, als man spontan denkt.

Ein Schuldenerlaß für die Erhaltung des Regenwaldes ist sicherlich sinnvoll, sollte aber nicht in bilateralen Abmachungen erfolgen, sondern allenfalls international und ggf. von einem «Trustfond» der Dritte-Welt-Länder geregelt, wie es etwa der UNEP-Direktor Tolba vorgeschlagen hat.

Unabhängig von diesen Plänen ist es hilfreich, den Export durch nationale Begrenzungen oder Importverbote zu beschränken, wie es mehrere deutsche Umweltorganisationen vorgeschlagen haben (s. o.). Dazu Klaus Günther Dahms, Chef der Hamburger Firma Hans Otto Lütkens und Honorarkonsul des Kongo: «Bizarre halbpolitische Organisationen... mit ‹absurden Forderungen›.» Gegen eine solche Mentalität helfen nur Boykottaktionen. Falls Sie also ein bizarrer, halbpolitischer Leser sind und gerne absurde Forderungen stellen, sollten Sie schleunigst an Ihren Gemeinderat, an den Oberbürgermeister oder an Ihren Baumarkt schreiben.

Sehr geehrte Damen und Herren,

uns ist bekannt geworden, daß Sie in Ihrem Sortiment tropische Hölzer anbieten. Bei der überwiegenden Mehrheit der zur Zeit in Europa verkauften Tropenhölzer muß befürchtet werden, daß sie auf ökologisch nicht vertretbare Weise gewonnen werden.
Auch die von der deutschen Holzwirtschaft so gerne angeführte «selektive Nutzung» führt zu Zerstörung. Im Dokumentationsteil der Frankfurter Rundschau vom 15. Mai 1987 wird ein Bericht der «US Interagency Task Force on Tropical Forests» zitiert, in dem festgestellt wird, daß selbst bei der holzwirtschaftlichen Nutzung von nur zwei Bäumen pro Hektar bis zu 60 % der Bäume letal geschädigt werden.
In Afrika und Südostasien sind es häufig die Holzfirmen, die in bis dahin unberührte Wälder vordringen. Durch das Anlegen von Straßen und Schneisen schaffen sie die Bedingungen für den darauf leider oft folgenden Kahlschlag. In der «Hardwood Story», einer vom «World Wildlife Fund» und «Friends of the Earth» durchgeführten Studie wird der Tropenholzhandel als zweitwichtigste Ursache für die Vernichtung der Regenwälder genannt.
Nach Angaben der Welternährungsorganisation FAO werden derzeit für zehn gefällte Bäume in den Tropen nur ein Setzling angepflanzt. Jährlich werden weltweit 20 Millionen Hektar Regenwald unwiederbringlich zerstört, davon allein fünf Millionen Hektar durch kommerziellen Holzeinschlag. Wenn der Raubbau an diesem Ökosystem im gleichen Tempo weitergeführt wird, werden die Regenwälder in 50 Jahren verschwunden sein.
Die Regenwälder sind die kompliziertesten, ältesten, aber auch empfindlichsten Landökosysteme unserer Erde. Sie beherbergen über die Hälfte aller Tier- und Pflanzenarten und versorgen Millionen von Menschen in den Tropen mit Wasser, Brennstoff und Nahrung. Als Wasser- und Kohlendioxidspeicher spielen sie auch für das Weltklima eine wichtige Rolle.
Wir sind nicht grundsätzlich gegen den Handel mit Tropenhölzern, er muß jedoch mit dem Erhalt der Regenwälder vereinbar sein. Mit wenigen Ausnahmen endet die Holzgewinnung heute fast immer mit der völligen Zerstörung der betroffenen Waldgebiete. Die Beispiele für eine ökologisch vertretbare Bewirtschaftung sind rar.
Leider ist die deutsche Holzwirtschaft bislang nicht zu einer freiwilligen Selbstkontrolle bereit. So lange keine Kennzeichnung der Herkunftskonzessionen stattfindet, muß der Verbraucher davon ausgehen, daß ein Großteil der von Ihnen geführten tropischen Hölzer auf unverantwortliche Weise und auf Kosten des Überlebens der Wälder gewonnen werden.
Wir möchten Sie bitten, Ihre Position zu überdenken und dem Aufruf vom Bund für Umwelt- und Naturschutz Deutschland (BUND), Robin Wood, dem Deutschen Bund für Vogelschutz, der Arbeitsgruppe Regenwald und Artenschutz (ARA), der Gesellschaft für bedrohte Völker, «Friends of the Earth» und anderen zu folgen und auf tropische Hölzer vorläufig zu verzichten. Wir bitten Sie außerdem, sich innerhalb der Deutschen Holzwirtschaft für neue Lösungen einzusetzen.

Mit freundlichen Grüßen

WO BEGEGN

Tropenholzprodukte von A–Z

A

Ablaufhölzer
Aschenbecher
Außenwand-
verkleidungen
Autoarmaturen
(Luxusausführungen)

B

Balken
Balkon-
verkleidungen
Bänke
Bankeinrichtungen
Barometer
Besenstiele
Besteckgriffe
Besteckkästen
Betonverschalungen
Bilderrahmen
Billardtische
Bleistifte
Böden
Böschungs-
bewehrungen
Boote
Bottiche
Buchstützen
Bücherregale
Bücherschränke
Büromöbel
Bürstengriffe

C

Chemikalienbehälter
Containerböden

D

Dachholzschindeln
Dachrinnen
Dachstühle
Dachunterschläge
Deckenverkleidungen
Deichbaumaterial
Dekorationsflächen
Drechslerwaren

E

Einbaumöbel
Eisenbahnschwellen
Eßstäbchen

F

Fachwerkbau
Fässer
Fahrzeugbau
Fensterbänke
Fensterläden
Fensterrahmen
Fernsehergehäuse
Flechtmatten
Flugzeugbau
Frühstücksbrettchen
Furniere
Fußbodenparkett
Fußbodenholz
Fußgängerbrücken

G

Garagentüren
Gardinenleisten
Garderobenständer
Gartenbedarf
Gartenmöbel
Gatter
Geländer
Gerätestiele
Geschäftsraum-
ausstattungen
Geschenkwaren
Gestelle
Gewächshäuser
Gewehrschäfte
Grubenholz

H

Handläufe
Heizkörper-
verkleidungen
Hifi-Anlagengehäuse
Holzhäuser
Holzkohle
Holzpflaster
Holzspielzeug

I

Innendecken-
verkleidungen
Innenwand-
verkleidungen

K

Kästen
Kaianlagen
Karosseriebau
Kindermöbel
Kirchenbänke
Kirchenkreuze
Klaviere
Kleiderschränke
Knöpfe
Küchenmöbel
Kunstgewerbe-
produkte

L

Lampenständer
Lastwagenböden
Lautsprecherboxen

EN SIE UNS?

Leisten
Leitern
Luxusverpackungen

M

Modellbau
Möbel
Möbelfurniere
Molen
Musikinstrumente

N

Nachbauantiquitäten

P

Paneele
Papier
Pappe
Parkbänke
Pergolen
Pfählungen
Pfeifen
Pfosten
Platten
Pontonbeläge
Profilbretter

R

Rahmen
Rammpfähle
Rampenbeläge
Reibehölzer
Rolläden

S

Särge
Saunen
Schalen
Schallschutzwände
Schalungsplatten
Schaufenster
Schiffbau
Schlafzimmermöbel
Schleusenbau
Schneeblenden
Schnitzereien
Schreibtische
Schulmöbel
Schwimmhallenausbau
Sessel/Sofas
(Rahmen/Gestelle)
Sichtblenden
Silobau
Sitzmöbel
Skilatten
Sockel
Spanplatten
Sperrholz
Spielplatz-
ausstattungen
Spielzeug
Sportanlagenbau
Sportartikel
(z.B. Hockeyschläger)
Spundwände
Stühle

T

Tabletts
Tische
Tischlerplatten
Toilettenbrillen
Tore
Trennwände
Treppen
Treppengeländer
Truhen
Türblätter
Türen
(außen und innen)
Türschilder
Turnhallenausstattungen

U

Uhrengehäuse

V

Verkleidungen
Verpackungen
Verschalungen
Vertäfelungen
Viehboxen
Viehställe
Vitrinen

W

Waggonbau
Wandverkleidungen
Wasserbau
Wasserwaagen
Werkzeuggriffe
Windschutzblenden
Wohnzimmermöbel

Y

Yachtausstattungen

Z

Zäune
Zellulose
Zigarrenhülsen
(Mikrofurnier)
Zigarrenkästen

zus.gest. von G. Harms, Fa. Edelhölzer, ökologisch orientierter Holzhandel

LITERATUR

- Aktionsgemeinschaft Solidarische Welt e. V. (Hg.): «Regenwald-Dokumentation», Berlin
- Arbeitsgemeinschaft Regenwald und Artenschutz (Hg.): «Nicht den Ast absägen», Bielefeld 1988 (Adresse siehe unten)
- BUKO-Materialien: «Ökologie und Dritte Welt», 2. Auflage, April 1988
- epd-Entwicklungspolitik: «Wie ist der Tropenwald zu retten?», 4/88
- Galeano, Eduardo: «Geburten – Erinnerung an das Feuer», Peter Hammer Verlag, Wuppertal 1983
- Informationsstelle Lateinamerika: ila-info Nr. 113, S. 4ff
- Informationszentrum Dritte Welt (iz3w): «Ökologie in der Dritten Welt», Blätter des iz3w, Nr. 124, Freiburg 1985
- Kohl, Eva, «Laßt die Bäume leben, nicht die Devisen – die Chipko-Bewegung in Indien», Frauensolidarität 1988, S. 6ff
- Lamprecht, Hans: «Waldbau in den Tropen», Paul Parey-Verlag, Hamburg-Berlin 1986
- Regenwälder Zeitung: Nr. 3, 1/87 (Adresse siehe unten)
- Steinlin, Professor H.: Vorlesung «Weltforstwirtschaft», Universität Freiburg 1986
- Verein Deutscher Holzeinfuhrhäuser: «Jahresbericht 1987», Bremen
- VFLU-Umweltzeitung: «Zur Situation der tropischen Wälder Zentralamerikas», 1/1989, S. 15ff

DIAS & AUSSTELLUNGEN

- Diaserie Regenwälder. Arbeitsgemeinschaft Regenwald und Artenschutz e. V., Postfach 531, 4800 Bielefeld.
- Diaserie der peruanischen Indianerorganisation AIDESEP über den indianischen Überlebenskampf, Materialiensammlung; ASW, Hedemannstraße 14, 1000 Berlin 61.

- Ausstellung Amazonien – eine indianische Kulturlandschaft (3 Teile); 1988; Ausstellung der Projektgruppe «Ökologie und Entwicklung» der Gesamthochschule Kassel, Nora-Patiel-Straße 5, 3500 Kassel.
- Ausstellung Indianergebiete und Großprojekte; 1987; Ausstellung der Projektgruppe «Ökologie und Entwicklung» der Gesamthochschule Kassel, Nora-Patiel-Straße 5, 3500 Kassel.
- Fotoausstellung: «Yanomami». Über das Leben von Regenwaldindianern im brasilianisch-venezolanischen Grenzraum (bei Robin Wood Hamburg, c/o Johanna Gerdts, Völckerstraße 11, 2000 Hamburg 50).

ADRESSEN

- Arbeitsgemeinschaft Regenwald und Artenschutz (ARA) e. V., Postfach 531, 4800 Bielefeld 1, Tel. 0521/103670
- Aktion Dritte Welt (ADW), Kronenstraße 16, 7800 Freiburg, Tel. 0761/74003
- Harms, Gerriet, Firma Edelhölzer, ökologisch orientierter Holzhandel, Sandfurter Weg 61, 2900 Oldenburg
- Informationsstelle Lateinamerika (ILA), Heerstraße 205, 5300 Bonn, Tel. 0228/658613
- Regenwälder Zeitung, Pöseldorfer Weg 17, 2000 Hamburg 13, Tel. 040/4103804
- Robin Wood, Lahnstraße 65, 2800 Bremen, Tel. 0421/500405
- Tischlereiverbund gegen Tropenholz c/o Ahorn Möbelhaus, Dobbenweg 9–10, 2800 Bremen 1
- Verein Deutscher Holzeinfuhrhäuser, Heimhuderstraße 22, 2000 Hamburg 13, Tel. 040/455554

HAMBURGER
– ES GEHT UM DIE WURST

„Das Schönste an Tokio ist
McDonald's.
Das Schönste an Stockholm ist
McDonald's.
Das Schönste an Florenz ist
McDonald's.
Moskau und Peking haben noch nichts*
Schönes."
Andy Warhol

* *Ende 1989 will McDonald's zwei Filialen in Moskau aufmachen.*

Bürger gegen Burger

Es ging rund am Welternährungstag 1988. In über 100 Städten der Bundesrepublik gab es Aktionen unter dem Motto «Bürger gegen Burger – das Hackfleischimperium stoppen». In München wurde sogar vorübergehend eine McDonald's-Filiale besetzt. Umwelt- und Verbraucherverbände, entwicklungspolitische Initiativen und die Arbeitsgemeinschaft Bäuerliche Landwirtschaft, Pfadfinder und christliche Gruppen hatten den Welternährungstag ernstgenommen. Koordiniert wurde die Aktion von der VOLKSMUND-Initiative in Frankfurt, die früher von der Evangelischen Kirche mitfinanziert wurde.

McDonald's beschwerte sich bei der Kirche über die VOLKSMUND-Unterstützung, drohte mit Klagen und dem Kirchenaustritt seiner MitarbeiterInnen (ob die gefragt wurden?) und verwies auf die 1,4 Millionen DM Kirchensteueraufkommen von McDonald's-MitarbeiterInnen. Obwohl ein von der Kirche eingesetzter unabhängiger Gutachter die Aussagen des VOLKSMUND-Büros im wesentlichen bestätigte, zog die Kirche ihre Unterstützung zurück.

Wir erinnern uns an die biblische Szene, als Jesus im Tempel die Tische der Wucherer und Händler umstößt. Gut, daß es damals noch keine Kirchensteuer gegeben hat.

Dennoch drängt sich die Frage auf: Hat VOLKSMUND den Mund zu voll genommen mit seinen Behauptungen über die Verknüpfung von Hamburgern mit Armut, Hunger und Umweltzerstörung in der «Dritten Welt», oder hat McDonald's den Mund zu voll genommen mit seinem jährlichen weltweiten Verkauf von Milliarden von Hamburgern?

Die Vorwürfe an die Hamburger-Produzenten sind tatsächlich happig, der Big-Mäc könnte einem glatt im Halse stecken bleiben:

- regelmäßiger Hamburger-Konsum sei ungesund;
- die Hamburger-Produktion sei mitverantwortlich für Futtermittelexporte aus Brasilien – bei gleichzeitiger Zerstörung von Grundnahrungsmitteln und Verelendung der dortigen Bevölkerung;
- das Fleisch für amerikanische Hamburger-Ketten stamme u. a. aus Rinderfarmen Mittel- und Südamerikas und trage zur Regenwaldzerstörung bei;

- der Verpackungs- bzw. Müllaufwand sei enorm und belaste unnötig die Umwelt;
- die Hamburger-Ketten zahlten untertariflich und unterliefen die Sozialversicherung.

Also ehrlich: Wenn nur eines dieser Argumente stimmen würde – würden Sie dann noch Hamburger essen?

Das Vieh der Reichen frisst das Brot der Armen

Hoher Fleischkonsum wird untragbar, wenn dadurch der Anbau und die Versorgung mit Grundnahrungsmitteln verdrängt wird. Genauso ist es aber:

Die EG importiert jährlich etwa 28 Millionen Tonnen Futtermittel aus Ländern der Dritten Welt, zum Beispiel Soja aus Brasilien und Indien, Tapioka aus Thailand, Erdnußschrot aus der Sahelzone (!) u. a. m. Über 40 Prozent der EG-Futtermittelimporte kommen aus der Dritten Welt. Unsere berühmt-berüchtigten EG-Butterberge, Milchseen und Rindfleischberge (1988: 600000 Tonnen) sind ohne diese überseeischen Agrar-KOLONIEN gar nicht denkbar. Futtermittel ist eine verräterische, ja irreführende Bezeichnung für Importe, die eindeutig Nahrungsmittel darstellen, wie zum Beispiel Soja. Der Nahrungsmitteleinsatz zum Füttern unseres Viehs ist mehrfach fatal: zum einen wird der Anbau von Grundnahrungsmitteln direkt verdrängt, zum anderen können Nahrungsmittel wie Soja die Ernährung von wesentlich mehr Menschen sichern als Rindfleisch, das auf einer vergleichbar großen Fläche gewonnen wird. So kann beim Sojaanbau 29mal mehr Protein gewonnen werden als bei der Rinderhaltung auf einer vergleichbaren Fläche. Die Umwandlung von pflanzlichen Nahrungsmitteln in tierische über die Verfütterung wird irreführend als Veredelung bezeichnet.

McDonald's in Bayern

«‹Ich habe 200 bis 300 Bullen zur Mast. Ich verfüttere pro Tier und Tag ein Kilogramm Sojaschrot›, sagt Bauer Georg Andre von Gut Sulz. ‹Es gibt eigentlich gar keine Alternative für die Bullenmast, denn ich muß pro Tag und Tier mindestens 1100 Gramm Fleischzuwachs haben – sonst mache ich Verlust.›

So ist das Fleisch in den Hamburgern von McDonald's zwar in Bayern, jedoch mit Soja aus der «Dritten Welt» und den USA produziert worden. Denn über 300000 Tonnen Ölkuchen werden alleine in Bayern ans Vieh verfüttert, ungefähr die Hälfte aus den Sojaernten Brasiliens...

Quelle: Christiane Grefe u. a., Das Brot des Siegers, 1985

In Wahrheit gibt es hierbei beträchtliche Energie- und Nährstoffverluste für den tiereigenen Stoffwechsel. Bezogen auf Kalorien beträgt das Umwandlungsverhältnis bei Rindfleisch 10:1, bei Milch 5:1, bei Schweinefleisch 3:1 und bei Hühnerfleisch gar 12:1, das heißt zum Beispiel, daß bei der Verfütterung von Getreide an Rinder neun von zehn Kalorien verlorengehen.
Natürlich bedeutet das nicht, daß auf Tierhaltung und Fleischverzehr verzichtet werden soll. Zu fordern ist aber die Rückkehr zur traditionellen Form der Tierhaltung, bei der die Tiere nicht für den Menschen geeignete Nahrungsmittel fraßen, sondern Resteverwerter waren bzw. auf Dauergrünland weideten, das sich nicht für langfristigen Ackerbau eignete.

28,1 MILLIONEN TONNEN FUTTERMITTEL AUS DER DRITTEN WELT

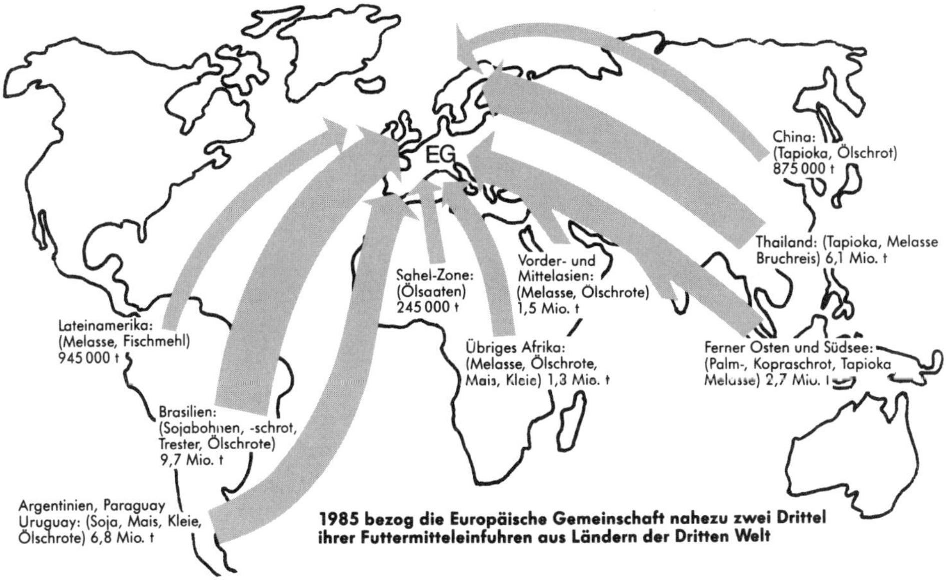

Quelle: Schuldenstreichung, Hg. Die Grünen im Bundestag, Bonn 1988

In der Bundesrepublik bekommen die Tiere etwa 50 Prozent wirtschaftseigene Futtermittel (Gras, Klee, Raps etc.), die anderen 50 Prozent sind zugekauftes Mischfutter (meist aus Importen) und Getreide o. ä. vom eigenen Betrieb.

In der EG wurden 1983/84 rund 67 Millionen Tonnen Getreide verfüttert, in der Bundesrepublik sind es jährlich mehr als 15 Millionen Tonnen. Weltweit wird etwa die Hälfte der Getreideernte verfüttert.
Der Mischfuttermarkt in der EG hat mittlerweile einen Markt von 45 Milliarden Dollar, vom Weizen, Tapioka bis zum Sojaschrot ist darin nahezu alles enthalten.

Soja hier, Soja dort

Wetten, daß Sie jede Woche Soja essen?
Soja *hier* wird verfüttert an Milchkühe, Rinder usw. und endet entsprechend als Hamburger oder Sonntagsbraten.
Soja *dort* in Brasilien hat einen überraschenden Siegeszug angetreten: Von 1965–1980 verdreißigfachten sich die Erträge auf über 15 Millionen Tonnen Sojabohnen und verzwanzigfachte sich die Anbaufläche auf neun Millionen Hektar – das entspricht 18 Prozent der landwirtschaftlich genutzten Fläche. Aber der «Siegeszug» des Exportprodukts forderte seine Opfer: etwa 90 Prozent des Anbaus erfolgte anfangs auf Flächen, die vorher arbeitsintensiven Nahrungsmittelkulturen vorbehalten waren, wie Reis, Bohnen, Maniok, Kartoffeln usw. Mit dem Wachstum der Sojaproduktion wuchs auch der Hunger im Land. Wo früher sieben oder acht Landarbeiter Anstellung fanden, ist es jetzt in der Soja-Monokultur gerade einer (die Sojapflanze wird wegen ihres gleichmäßigen Wuchses bevorzugt in Monokulturen angebaut). Während des Sojabooms mußten allein im brasilianischen Bundesstaat Rio Grande do Sul in den letzten zwanzig Jahren zwei Millionen Menschen ihr Land verlassen. Seit einigen Jahren wird darüber hinaus weitflächig gerodet, um neues Ackerland zu gewinnen. Waren bis vor 30 Jahren noch 37 Prozent der Landfläche von Rio Grande do Sul bewaldet, so sind es heute nur noch 1,8 Prozent.
In den ursprünglichen Hauptanbaugebieten Asiens war Soja wegen

«Das von McDonald's gekaufte Rindfleisch wird als tiefgefrorenes, zur Scheibe (Patty) geformtes Rindergehacktes erworben. Damit ist McDonald's das letzte Glied einer Produktions- und Handelskette, die von McDonald's größtenteils nicht steuerbar oder auch nur beeinflußbar ist. Auf die Art der Fütterung von Rindern durch selbständige landwirtschaftliche Betriebe hat auch ein Großabnehmer wie McDonald's keinen Einfluß.»
Aus: McDonald's informiert

seines hohen Fett- und Eiweißreichtums eines der wichtigsten Volksnahrungsmittel. In Brasilien wird aus dem Soja 15 bis 20 Prozent Sojaöl für den menschlichen Konsum gewonnen, 70 bis 80 Prozent geht als Sojakuchen und Futtermittel in den Export. Dabei enthält die Sojabohne 30 bis 40 Prozent Eiweiß, 15 bis 23 Prozent Kohlenhydrate und bis zu 24 Prozent hochwertiges Öl (pflanzliche Fette) sowie wichtige Vitamine und Mineralien. Soja ist Brasiliens wichtigster Devisenbringer und, in gleicher Höhe, Devisenfresser: die eine Hälfte geht drauf für Import oder Herstellung von Pestiziden, Maschinen und Treibstoff usw., die andere Hälfte für den Import (!) von Grundnahrungsmitteln.
Auf der Sojaanbaufläche Brasiliens könnte mit (traditionell angebauten) Schwarzbohnen der Eiweißbedarf von 35 Millionen Brasilianern gedeckt werden, durch Maisanbau der Kalorienbedarf für 59 Millionen Brasilianer!

DANIEL MEURER
«KAUFT KEINE SOJA MEHR»

Was bedeutet nun der Soja-Anbau für uns Kleinbauern? Für uns heißt Soja, daß der Landarbeiter vom Land in die Stadt vertrieben wird. Soja bedeutet, daß die Kleinen ihr Land verlieren, sie bedeutet auch, daß ausländische Technologie ins Land kommt. Und mit ihr kommt das Geld, kommen die Düngemittel, Pestizide, Maschinen und die Landkonzentration. Vergiftungen von Personen sind an der Tagesordnung. Vergiftungen der Tiere, der Flüsse und der Fische; Vergiftungen des Trinkwassers. 1984 wurden im Bundesstaat Paraná 22 000 Tonnen Ackergifte angewandt. 1975 war Brasilien der fünftgrößte Verbraucher von chemischen Düngemitteln und der drittgrößte Verbraucher von Agrargiften und schon der zweitgrößte Exporteur von Soja.
Seit 1970 ist in den südlichen Bundesstaaten die Politik der Regierung, den Soja-Anbau zu fördern, mit ganzer Kraft angelaufen. Angefangen in Rio Grande do Sul, dann im Westen von Santa Catarina, wo flaches Land ist. Durch den Soja-Anbau ging der Bohnen-Anbau zurück, und auch die Anbaufläche für Mais ging zurück. Auch die Fläche für die Viehzucht und für den Kaffee-Anbau reduzierte sich durch die Einführung des Soja-Anbaus.

Die großen Genossenschaften, die es in Brasilien gibt, waren die Instrumente für die Soja-Produktion und für die Landkonzentration. Die Regierung hat die Bildung der Genossenschaften gefördert und hat gleichzeitig das innere Funktionieren dieser Genossenschaften von oben eingeführt. Es sind gelenkte Genossenschaften.
Sollen die Deutschen Soja importieren? Wenn sie den Reichen in Brasilien helfen wollen, noch reicher zu werden, dann ja! Falls sie jedoch den armen Landarbeitern und Bauern helfen wollen, ihr Leben zu verbessern, dann nein.
Aus: «Zum Beispiel Soja», 1987

Der Autor ist Mitarbeiter der brasilianischen Kleinbauernvereinigung ASSEOIR.

Soja-Anbau für das Vieh der Reichen

Anbau in Brasilien 1982

Soja-Anbau für den Export
8,2 Mio ha

= Zusatz-Kraftfutter
für 40 Mio Schweine

Gleiche Anbaufläche ergäbe mit:

Schwarzbohnen

= Eiweiß
für 35 Mio Brasilianer

oder

Mais

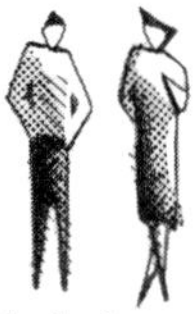

= Kalorienbedarf
für 59 Mio Brasilianer

Quelle: FAO; Zahlenangabe nach © Strahm; Peter Hammer Verlag

Die Erzeugung von Fleisch bzw. Protein auf der Grundlage von Sojabohnen oder anderen pflanzlichen bzw. tierischen Produkten (zum Beispiel Fischmehl) wird in den nächsten Jahrzehnten wahrscheinlich von der sogenannten Einzellerproteinproduktion bedroht. Geht es nach den Plänen von Chemiefirmen wie Hoechst oder ICI, so werden Proteine als Viehfutter bald biotechnologisch hergestellt: in riesigen Fermentationsbehältern und durch manipulierte Mikroorganismen.

VW do Brasil

Aber man soll die Hoffnung nicht aufgeben – es gibt offensichtlich doch noch Möglichkeiten, auf die Konzerne einzuwirken. McDonald's zum Beispiel schwört, kein Fleisch aus Costa Rica mehr zu verwenden, nachdem öffentlich wurde, wie die Urwälder des mittelamerikanischen Landes durch Brandrodung für Viehweiden zerstört werden. Auch Burger King hat 1987 den Kauf lateinamerikanischen Rindfleisches eingestellt, nachdem ein Boykottaufruf zu einem zwölfprozentigen Umsatzrückgang geführt hatte. VW gab seine riesige Rinderfarm in Brasilien auf. Coca-Cola hat zwar 280000 Hektar Urwald im mittelamerikanischen Belize gekauft, will aber die geplante Zitrusplantage und eventuell Rinderzucht zuerst auf die Umweltfolgen untersuchen lassen – auch dies erst nach Druck von entwicklungspolitischen Umweltschutz-Gruppen.
Eines wissen die Konzerne genau: Wenn die Stimmung in der Öffentlichkeit umschlägt, könnten die Verkaufszahlen zurückgehen. Das härteste Argument.
Bekannt wurde: Die tropischen Wälder zwischen Mexiko und Panama sind heute bereits zu 60 Prozent zerstört, wobei die Brandrodung für Rinderweiden die wichtigste Rolle spielte.
In Costa Rica sank der Waldanteil von 70 Prozent der Landesfläche (1950) auf 24 Prozent im Jahr 1983. Der jährliche Waldverlust beträgt 50 bis 70000 Hektar, 90000 Tonnen Rindfleisch werden jährlich exportiert, hauptsächlich in die USA. Nach Kaffee und Bananen ist Rindfleisch das drittwichtigste Exportprodukt.
Zwischen 1971 und 1977 haben die Weltbank und die Interamerikanische Entwicklungsbank technische Hilfe und Kredite in Höhe von vier Milliarden Dollar für die Ausdehnung der Rinderzucht und die Fleischverarbeitung in Lateinamerika gegeben. Costa Rica wurde auch vom Internationalen Währungsfond (IWF) aufgefordert, den Rindfleischexport zu forcieren.
Die Zerstörung des Urwalds bei der Brandrodung und nachfolgender Viehhaltung ist aber unwiderruflich und erschöpft den Boden nach sechs bis zehn Jahren. Die Erosion ist sehr hoch, vor allem in den Hanglagen. Auf mittlere Sicht drohen Verkarstung und Versteppung. Ein Rind braucht mindestens ein 1 Hektar Rodungsfläche bzw. Weide. Ein Hamburger kostet derart etwa 5 qm Urwald.

Sklavenhaltung für VW-Werk?

«Rund 600 Arbeiter auf einer dem brasilianischen Volkswagen-Werk gehörenden Plantage in Ost-Amazonien sollen «wie Sklaven» gehalten werden. Diesen Vorwurf erhob der Priester Ricardo Rezende, Mitglied einer der brasilianischen Bischofskonferenz nahestehender Kommission, am Wochenende. Die Hilfsarbeiter, die auf der Plantage rund 56000 Hektar urbar machen, werden nach Zeugenberichten «mit Gewalt auf der Plantage festgehalten und von Vorarbeitern geschlagen». Außerdem seien laut einem Untersuchungsbericht Menschen umgebracht und in den Fluß geworfen worden, dieser Bericht soll an die brasilianischen Behörden und an die bundesdeutsche Direktion des VW-Werks gerichtet werden. Die VW-Direktion in Sao Paulo meinte zu diesen Vorwürfen, daß – sollten sie sich als richtig herausstellen – die Firma dafür nicht verantwortlich gemacht werden könne. Auswahl und Unterhalt der Arbeiter habe man Unterfirmen überlassen. Man habe aber eine Untersuchung eingeleitet.»

Aus: Frankfurter Rundschau vom 11.5.1983

Auch im brasilianischen Amazonasgebiet sind Viehweiden zu einem beträchtlichen Teil für die Urwaldverluste verantwortlich. Die Regional-Entwicklungsbehörde SUDAM und die Militärregierung setzten ab 1973 vor allem auf die Tatkraft großer Unternehmen bei der Erschließung des Amazonasgebiets. VW do Brasil war von der ersten Stunde an dabei und kaufte etwa 140000 Hektar Urwald am Rio Cristalino in Ost-Amazonien und auch Anteile am benachbarten Großschlachthof. VW do Brasil erhielt dafür auch noch öffentliche Gelder. Bis 1981 wurden bereits 33 000 Hektar Wald brandgerodet, parallel wurde ein Viehzuchtbetrieb mit etwa 35 000 Tieren aufgebaut.

Abgesehen von den gut bezahlten Spezialisten wurde die mühsame Arbeit der Rodung vor allem durch Scharen von Leiharbeitern vorgenommen, die VW do Brasil von Zwischenunternehmern anheuern ließ. Der Ruf dieser «gatos» (Katzen) genannten Zwischenunternehmer ist denkbar schlecht – sie werden eher als Sklavenhalter eingestuft.

VW do Brasil kam auch mit der Regionalbehörde SUDAM ins Gehege, weil Satellitenaufnahmen bewiesen, daß mehr gerodet wurde als zugelassen und ein riesiger Waldbrand auf dem Gelände gelegt worden war. Nach der heftigen Kritik in der deutschen Öffentlichkeit verkaufte VW 1986 die Farm und den Resturwald. Dem Ansehen mag das noch geholfen haben, dem zerstörten Regenwald nicht mehr.

Im mittelamerikanischen Staat Belize erwarb ein Firmenkonsortium, angeführt von einer Coca-Cola-Tochtergesellschaft, der Orangensaftfirma «Minute Maid», ein noch weitgehend unberührtes Waldgebiet von 278 000 Hektar – etwa einem Achtel (!) der Landesfläche. Coca-Cola will hier Zitrusplantagen anlegen und eventuell Rinderzucht betreiben.

Auf Druck von Umweltschutzgruppen (Friends of the Earth) und letztlich auch des IWF erklärte sich Coca-Cola bereit, eine Studie über mögliche Umweltfolgen zu vergeben und hat das Projekt vorerst zurückgestellt.

Fleischeslust

Der Mythos Fleisch ist bei uns unbesiegbar: Wem es gut geht, der ißt Fleisch.

Am Fleisch scheiden sich die Geister, auf der einen Seite sitzen die *«griesgrämigen Müsli- und Körnerfresser»*, auf der anderen Seite die *«kranken fetten Fleischfresser»*. Das war nicht immer so.

Im deutschsprachigen Raum war der Fleischkonsum im Mittelalter bis etwa 1550 sehr hoch, wahrscheinlich um die 100 kg pro Jahr, bedingt durch die geringere Bevölkerungsdichte und die wildreichen Wälder. Vor allem durch die anwachsende Bevölkerung und das Abholzen von Wäldern kam es zu einer Verknappung des Angebots: Um 1800 lag der durchschnittliche Verbrauch bei etwa 20 kg pro Jahr. Durch Verbesserung der Agrartechnik und neue Transport- und Kühltechniken für Fleischimporte aus Übersee kam es bis zur Jahrhundertwende zu einem Anstieg auf über 40 kg pro Jahr. Unterbrochen durch drastische Rückgänge im Ersten und Zweiten Weltkrieg stieg der Fleischkonsum auf den heutigen Stand: etwa 100 Kilogramm pro Bundesbürger und Jahr. 60 bis 65 Prozent werden als Frischfleisch gegessen, 35 bis 40 Prozent als Fleischwaren (Wurst etc.); ca. 55 Prozent als Schweinefleisch, ca. 22 Prozent als Rindfleisch und ca. 11 Prozent als Geflügel.

«Fleisch gibt Kraft. Fleisch ist gesund.»
Werbung

Veränderung des Fleischkonsums im deutschen Raum

kg/Kopf/Jahr

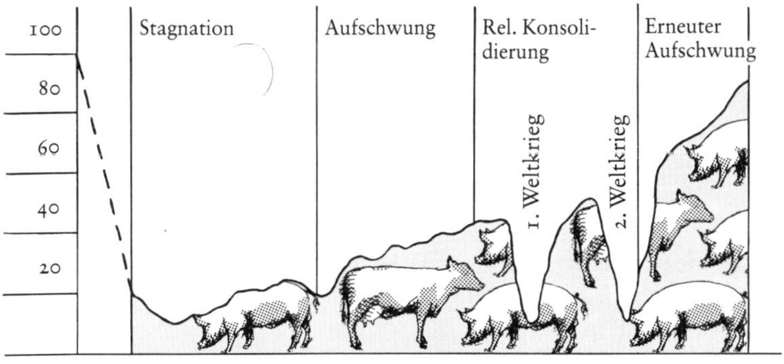

Bevölkerungswachstum und Produktionsengpässe | Einsetzende Industrialisierung, Verbesserung der Agrartechnik | Ausbau der Transportsysteme (Importe) | 2. Stufe der Industrialisierung

Zahlenangaben nach: Erklärung von Bern, Fleisch bei uns und in der Dritten Welt.

Den normalen Fleischkonsum gibt es also nicht, zumal er in anderen Ländern und Erdteilen trotz entsprechenden Angebots (Kühe in Indien!) erheblich niedriger liegt.
Auch die Tierhaltung ist sehr unterschiedlich und läßt zuerst einmal keinen Rückschluß auf eine «normale» Tierhaltung zu. Vom gesamten Agrarraum der Erde (etwa 45,7 Millionen qkm) sind etwa zwei Drittel Dauergrünland, das auf Dauer nur viehwirtschaftlich bzw. extensiv zu nutzen ist (etwa ein Zehntel davon wird gedüngt bzw. melioriert). Zählt man das Ackerland hinzu, auf dem Futtermittel angebaut werden (etwa 4 Millionen qkm) und den Anteil, der sich aus der Nebennutzung pflanzlicher Produkte ergibt (Ölkuchen etc.), werden etwa drei Viertel des Agrarraums zur Tierhaltung genutzt.
Je nach Land, Tier und Zeit diente und dient die Tierhaltung verschiedenen Ansprüchen, oft mehreren gleichzeitig:

- als Ernährung durch Fleisch, Eier, Milch und Blut (Afrika)
- als Rohstoff (Felle, Wolle, Daunenfedern etc.)
- als Arbeitskraft (Zugtiere, Wachhunde etc.)
- als Lieferant von Dünger oder Brennmaterial (Kot).

Auf dem indischen Subkontinent werden die Kühe aus religiösen Gründen höchstens als Zugtiere eingesetzt (mehr als 20 Prozent des Weltbestands!), die Regenwald- und Feuchtsavannengebiete Afrikas fallen wegen der Tsetsefliege für die Rinderzucht weitgehend aus, in den Trockengebieten der Alten Welt wird Tierhaltung von Nomaden praktiziert. In den Pampas Argentiniens und vergleichbarer Gebiete Amerikas setzte sich das «Ranching», die extensive, aber schon marktorientierte Nutzung riesiger Gebiete durch. In Argentinien gilt eine Ranch mit 5000 bis 25 000 Hektar noch als mittelgroßer Betrieb.
Die neuzeitliche flächenunabhängige Form der Massentierhaltung ist dagegen ausgesprochen unökologisch. Sie fußt auf dem Anbau von Acker-Futtermitteln (= Nahrungsmittelverdrängung), ist energieverschwendend und führt zu Schwierigkeiten mit der Gülleentsorgung. Die Tiere werden nicht artgemäß gehalten, so daß verstärkt Tierkrankheiten auftreten und – oft auch vorbeugend – Tierarzneimittel (Antibiotika, Beruhigungsmittel) eingesetzt werden müssen. Ein Teil der eingesetzten Tierarzneimittel ist im Tierversuch krebserzeugend, andere hemmen nachweisbar die Immunabwehr oder rufen Allergien hervor. Schätzungsweise 50 bis 70 Prozent der Prä-

parate werden illegal über den sogenannten «grauen Arzneimittelmarkt» umgeschlagen, wobei «viele Leute sehr viel Geld verdienen» (so der nordrhein-westfälische Landwirtschaftsminister Matthiesen). Darüber hinaus werden auch nicht zugelassene Präparate verwendet – der letzte Kalbfleischhormonskandal ist noch in schlechter Erinnerung. *Hormone werden dabei als Masthilfsmittel benutzt. Die Bewegungsarmut führt zu minderwertiger Fleischqualität, die Massenschlachtung bei Geflügeln zur Salmonellenbelastung.*
Die Massentierhaltung und die hohe Tierhaltung in der Bundesrepublik sind also weder ökologisch vertretbar noch sozial und moralisch akzeptabel, da sie in der derzeitigen Höhe nur durch Futtermittelimporte aus Dritte-Welt-Ländern aufrechterhalten werden.
In der Bundesrepublik nimmt die Massentierhaltung ständig zu. 1986 wurden 73 Prozent der Mastschweine von nur zehn Prozent der Betriebe gehalten, 83 Prozent der Legehennen von nur ein Prozent der Betriebe.

Dabei ist der entsprechend hohe Fleischkonsum auch gesundheitlich nicht akzeptabel und schon gar nicht notwendig. Fleisch enthält zwar viel Eiweiß (darunter alle acht essentiellen Aminosäuren), Eisen und wichtige B-Vitamine. Aber es enthält auch viel Fett (selbst mageres Fleisch), wenig Kohlenhydrate und kaum Ballaststoffe sowie Cholesterin und Purine. Wurst enthält noch mehr Fett (35 bis 65 Prozent) und meist zuviel Salz und andere Zusatzstoffe.

In der Bundesrepublik wird von der «Gesellschaft für Ernährung» und dem Gesundheitsministerium eine tägliche Eiweißaufnahme für Erwachsene von 45 bis 55 Gramm empfohlen – die tatsächliche Aufnahme liegt mit 80 Gramm weit darüber und ist vor allem auf den zu hohen Fleischkonsum zurückzuführen. (Die empfohlene Eiweißaufnahme kann übrigens bei sorgfältiger Zusammenstellung der Lebensmittel auch ohne Fleisch und problemlos mit wenig Fleisch gedeckt werden.)
Der hohe Fleischkonsum begünstigt alle möglichen Krankheiten: Herz- und Kreislaufkrankheiten, Gicht, Rheuma, Harnsteine, Verstopfung und und und. Fleisch ist Kraft? Fleisch ist gesund? Zuviel Fleisch ist ungesund! Vor 300 Jahren waren sich die Menschen dessen noch sehr bewußt.

«Unter den Medizinern entbrennt sogar ein Streit, ob Fleisch bekömmlich oder schädlich sei. ‹Ich meinerseits›, schreibt Louis Lemery 1702 vorsichtig, ‹glaube, ohne auf diese ganze Auseinandersetzung einzugehen, die mir recht müßig erscheinen will, daß man den Genuß von Fleisch als verträglich bezeichnen kann, sofern er sich in Grenzen hält...›»

Aus: Fernand Braudel, Der Alltag, 1985

In den Fast-Food-Ketten wird nicht nur viel Fleisch (Hamburger, Curry-Wurst etc.) gegessen. Die Mahlzeiten sind auch insgesamt zu energie- und fettreich, vitamin- und ballaststoffarm und enthalten zuviel Salz, die Getränke meist zuviel Zucker.

Ein von McDonald's als «ernährungsphysiologisch besonders günstig» bezeichneter Menü-Vorschlag (Hamburger Royal, Mexicana-Salat mit French-Dressing und Mineralwasser) hat es in sich: Das Gericht enthält allein 60 Prozent des täglichen Fettbedarfs eines Erwachsenen und fünf Gramm Salz – also genau die Menge, die die Deutsche Gesellschaft für Ernährung als ausreichend für den ganzen Tag ansieht.

Ein Blick in die Hamburger-Treffs zeigt, daß sogar im Schnitt noch wesentlich ungesünder gegessen wird – da kommen noch fette Pommes frites, «Mayo»(naise) und süße Cola (statt Mineralwasser) dazu.

Wetten, daß selbst Thomas Gottschalk das nicht regelmäßig ißt? Das hinderte ihn freilich nicht, einen Werbevertrag über 1,2 Millionen DM von McDonald's anzunehmen.

Werden Hamburger, Würstchen und Cola-Getränke zu den Hauptnahrungsmitteln, ist mit schweren Gesundheitsstörungen zu rechnen. In den USA hat man dafür auch schon einen Namen: junk food disease – Müllmahlzeiten-Krankheit.

Fast-Food – die Stulle der Postmoderne

Früher packte man Stullen ein, oder das Essen wurde im Henkelmann und Thermoskanne zur Firma mitgenommen. Heute kennt

man Schnellimbisse und Restaurants, Würstchenbuden u.a. mehr.
Seit für den größten Teil der Bevölkerung der Arbeitsplatz nicht mehr in unmittelbarer Nähe des Wohnortes liegt, hat die Außer-Haus-Verpflegung die häusliche Tischgemeinschaft abgelöst.
Die Wege zwischen Wohnung und Arbeitsstätte wurden länger, die Mittagspausen kürzer. Viele Frauen sind ganztags berufstätig, und die Männer haben immer noch nicht kochen gelernt. Dem Zerfall der Großfamilie folgt der Zerfall der Kleinfamilie. Die vielzitierte und von Sonntagsstatistikern so gern hochgehaltene vierköpfige Durchschnittsfamilie (Ehepaar mit zwei Kindern) ist bei näherer Betrachtung ein Mythos: Nur 3,6 Millionen Haushalte, das sind ganze 14,4 Prozent der bundesdeutschen Gesellschaft, bestehen noch aus vier Personen. Überraschenderweise findet man viel mehr Haushalte, die nur aus einer Person (31,3 Prozent), zwei Personen (28,7 Prozent) oder drei Personen (17,7 Prozent) bestehen. Gleich, wie man zu diesen Verhältnissen steht und ob man andere Arbeits- oder Wohnformen anstrebt, das traditionelle Bild von der täglichen gemeinsamen Mahlzeit der vierköpfigen Familie ist schlichtweg falsch.

«Der Imbiß hat seinen Ort im Unterwegs.»
Claus-Dieter Rath

Eine Umfrage ergab, daß nur noch in einem Viertel der Haushalte gemeinsam zu Mittag gegessen wird und nur noch in einem Fünftel der Haushalte gemeinsam gefrühstückt wird. Gemeinsame Mahlzeiten gibt es vor allem am Wochenende (ca. drei Viertel der Haushalte) und abends (ca. zwei Drittel der Haushalte). Zu diesen Entwicklungen paßt Fast-Food wie Ketchup auf Pommes frites.
Tagsüber ißt man in der Kantine, süße Zwischenmahlzeiten oder Fast-Food. Natürlich gibt es weit mehr Spielarten des «Fast-Food» als nur Hamburger-Abfüllstationen: Pizzabuden, Grillhähnchen, Fischhäppchen («Nordsee»), Gyros, regionale Schnellkost wie etwa Reibekuchen im Rheinland oder «Schäufele» im Badischen, neuerdings auch «Salatbars» und Ökoburger. Ernährungsphysiologisch sind die meisten der genannten Beispiele (außer den letzten beiden) nicht viel besser als Hamburger.
Es wäre zudem ein gefährlicher Irrtum, nur Hamburger als essentiellen Bestandteil von Fast-Food einstufen zu wollen. Schlechtes Essen ist auch anders denkbar.

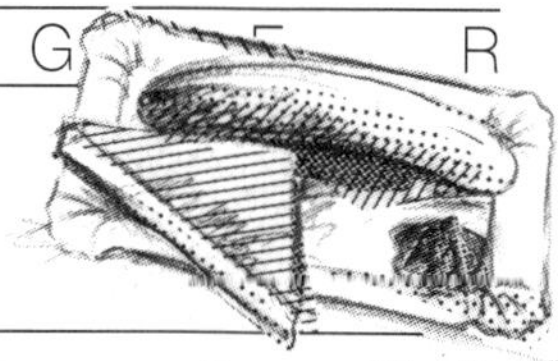

Fast-Food-Gerichte im Vergleich

Gericht	Energie (kcal)	Kohlenhydrate (g)	Fette (g)	Eiweiß (g)
Pizza mit Salami, Schinken, Tomaten, Käse, Sardellen, Oliven	1 150	50	78	46
gefülltes Käse-Schinken-Hörnchen	984	38	70	40
Currywurst mit Pommes frites	847	48	62	17
Big Mäc mit Pommes frites	769	79	35	27
Gyros-Sandwich mit Rohkostsalat	700	63	32	31
2 Scheiben Roggenbrot, gek. Schinken, Apfel, 3 Radieschen	603	68	25	19
1 Brötchen mit Salami	474	23	34	13
1 Brötchen mit Hartkäse	467	23	30	22
Pommes frites mit Mayonnaise	452	43	27	5
Kasseler mit Brötchen	413	20	21	30
Pommes frites mit Ketchup	353	46	15	5
Hamburger, einfach	262	36	7	12
1 Brötchen mit Matjes	241	21	11	11
1 Brötchen mit Seelachs	140	22	1	9
Milch (250 ml)	170	12	9	8
Coca-Cola (250 ml)	110	27	–	–
Tagesbedarf für Erw. Frau	2 200	300	72	55
Tagesbedarf für Erw. Mann	2 400	350	75	60

Quelle: Consum Critik 3/86, Informationsdienst für bewußtes Verbrauchen. Hg.: Verbraucher Initiative e. V., Bundesgeschäftsstelle Bonn

Das Besondere an den Hamburgern ist das durchrationalisierte, industrialisierte und standardisierte System von Essenszubereitung und -aufnahme. Branchenführer McDonald's unterhält in 49 Ländern der Welt 10 000 Abfüllstationen und hat bisher 65 Milliar-

den Hamburger verkauft – die übrigens alle gleich schmecken sollen. Eine selten scheußliche Vorstellung. Burger King hat international 5200 Abfüllstationen. 1986 erzielten die Fast-Food-Konzerne einen weltweiten Umsatz von 50 Milliarden US-Dollar.
Die Anforderungen an ein Produkt und an die Betriebe sind hoch: Das vorgefertigte Produkt muß billig, (tiefgekühlt) gut haltbar und transportierbar sein. Es muß auch von ungelernten Hilfskräften mit den Standardgeräten schnell zubereitet werden können, lästiges Spülen von Töpfen oder Geschirr darf nicht vorkommen. Geschirr und Besteck werden deshalb auch weggeworfen, obwohl 60 Prozent der Gäste im Restaurant essen und sehr wohl Mehrweggeschirr benutzt werden könnte. Auch wenn bei McDonald's (neuerdings) das Polystyrol nicht mehr FCKW-geschäumt wird, um die Ozonschicht zu schonen: das Wegwerfgeschirr bleibt. Die Abfüllstationen, scherzhafterweise auch Restaurants genannt, sind so durchgeplant, daß die Kunden möglichst schnell essen (und wieder gehen ...) können, die Inneneinrichtung des «etwas anderen Restaurants» (McDonald's) werden per Computer errichtet, die Friteusen und Getränkeautomaten haben oft schon eingebaute Computer zur richtigen Dosierung. Der Fleiß der Arbeitskräfte wird gleich mitgemessen.

«Fast-Food ist eine Erfindung von Geschäftsleuten – nicht von Gastronomen, denn Taschenrechner und Kalkulationen sind dabei wichtiger als der Gaumen. Leiter von Schnellrestaurants heißen daher mit gutem Grund ‹Manager›, nicht Gastwirte.
Die Manager lassen in Serien fertigen. Sie achten unerbittlich auf die betriebswirtschaftlichen Kennziffern. Da Vorräte Geld kosten, wird die Auswahl begrenzt auf jene Speisen, die oft verkauft werden und einen schnellen Umschlag des eingesetzten Kapitals versprechen. Das Sortiment wird nur dann erweitert, wenn sich das ‹rechnet›. Fast-Food-Manager sprechen – da sind sie ganz ehrlich – nicht von Küche, sondern von ‹Produktion›.»
Aus: Christiane Grefe u. a., Das Brot des Siegers, 1985

«Heute habe ich hier vor mir einen neuen Hamburger liegen. Sein Name: Bacon Double Cheeseburger (in der Bundesrepublik als ‹Schinkenspeck-Doppel-Cheeseburger› vermarktet) (...). Bei der Entwicklung dieses Produkts brauchten wir einen speziell maschinell hergestellten Schinkenspeck, damit man den in einer Burger King-Küche auch leicht handhaben kann. Das heißt, es durfte kein gebratener oder gegrillter Speck sein, denn in Burger King-Restaurants haben wir keine Grills, sondern nur einen offenen Bratrost. Also haben wir mit mehreren der größten Speckhersteller in den Vereinigten Staaten gearbeitet und haben einen vorgebratenen Speck entwickelt (...). Sinn und Zweck ist ein Produkt-Design auf unsere bestehende Ausrüstung hin (...). Das Produkt muß also in einer sehr einfachen Weise zusammengesetzt sein; wir müssen un-

sere Produktionsvorgänge sehr simpel belassen (...). Es muß haben, was wir als ‹Preis-Wert› bezeichnen, das heißt, es muß den Zweck mit angemessenem Kostenaufwand erfüllen (...). Die Hauptsache ist, daß es in unser Hamburger-Geschäft paßt.»

John Barnes, Vizepräsident von Burger King, zit. in: Christiane Grefe u. a., Das Brot des Siegers, 1985

Viele der Mitarbeiter werden nur stundenweise beschäftigt, so daß sie unter der Sozialversicherungsgrenze liegen. Die Bruttolöhne liegen oft unter zehn DM / Stunde, und die Arbeitskräfte sind bisweilen in falsche Tarifklassen eingeordnet, so die Klage der Gewerkschaft Nahrung, Genuß, Gaststätten.

Entführung ins McDonald's-Land

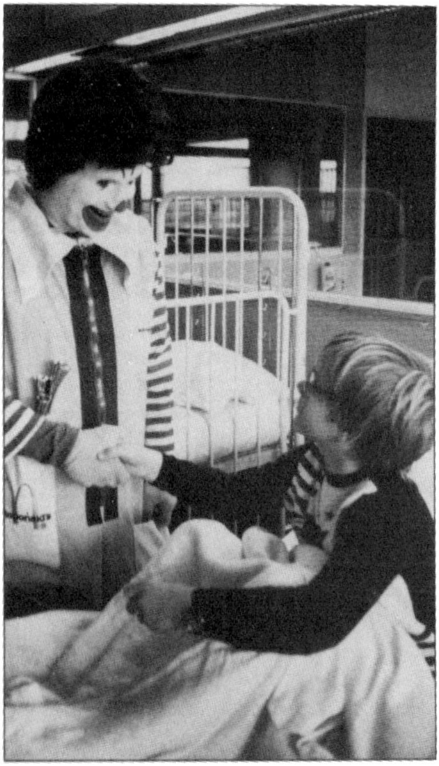

Hauptkunden der Hamburger-Ketten sind Jugendliche und Erwachsene bis 35 Jahre, mehr Männer als Frauen, viele Alleinstehende und Familien mit kleinen Kindern. 42 Prozent aller bundesdeutschen McDonald's-Besucher sind jünger als 19 Jahre. Jugendliche erleben Fast-Food-Restaurants als ein Stück Gegenkultur. Während das normale Essen zu Hause mit vielen Normen und nervigen Tischsitten verknüpft ist («Sitz gerade», «Schleck den Teller nicht ab»), ist der Schnellimbiß geradezu ein Ort archaisch-natürlichen, lustbetonten Essens. Man «darf» alles in die Hände nehmen, mit Ketchup kleckern, sich die Hände fettig machen, Getränke mit dem Strohhalm schlürfen – das erleichtert auch den Eltern den «Restaurant»-Besuch: Kein Ober schaut miesepetrig, wenn die Kinder kleckern, laut ist es sowieso,

und die Kinder sind zufrieden. Für Jugendliche bilden die Schnellimbisse einen Ort, wo sie ungestört Gleichaltrige treffen können und zwanglos Kontakt bekommen. Ein Insidercode («Einmal Pommes rot/weiß» – für Outsider: eine Portion Pommes frites mit Ketchup und Mayonnaise) verstärkt das Zugehörigkeitsgefühl. So hat selbst die perfektionierte Lieblosigkeit ihren Kultwert. Marktführer wie McDonald's wissen, daß Verzehrgewohnheiten lang beibehalten werden. Deshalb wird alles getan, um die Attraktivität für Kinder, Jugendliche und junge Familien zu vergrößern, mit Kindergeburtstagen, Thomas Gottschalk, Kanzler Kohl und anderen Clowns.
Es wurde eigens ein Firmenclown «Ronald McDonald» erfunden, der bei amerikanischen Kindern mittlerweile bekannter als der Nikolaus ist. 1987 durfte der Clown unter der Schirmherrschaft des bayrischen Umweltministeriums 300mal in Kindergärten auftreten, weil er eine scheinbar neutrale Umweltschau präsentierte. Auch auf dem traditionellen «Kinderfest» des Kanzlers durfte McDonald's seine Produkte präsentieren. Ob der Clown Ronald McDonald auch mal das Lied «Old Mc Donald hat 'ne Farm» singt?

«Kinder vervielfachen Ihren Umsatz durch Eigenbestellungen; sie bringen Freunde oder Verwandte mit; Kinder zeigen, daß hier jeder speisen kann. Die kleinen Gäste von heute sind Ihre erwachsenen Gäste von morgen und sichern den Erfolg auch in der Zukunft.»
Aus den Anweisungen für McDonald's Lizenznehmer

Old Mac Donald hat 'ne Farm hia hia ho
modern, doch ohne jeden Charme hia hia ho
mit Pillen und mit viel Chemie
nur so gedeiht das liebe Vieh.
Die Handarbeit macht zuviel Müh
Wir haltens mit der Industrie
Old Mac Donald...

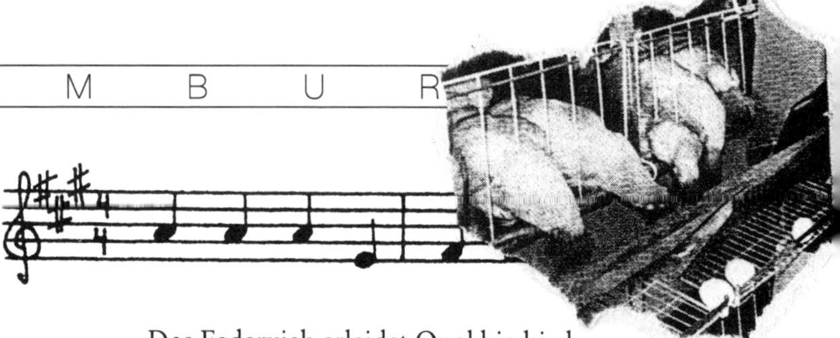

Das Federvieh erleidet Qual hia hia ho
der Käfig ist ein Jammertal hia hia ho
drum sind die Eier billig heut
wie in der guten alten Zeit
Humanität, die macht nur arm hia hia ho
auf unserer modernen Farm hia hia ho

Old Mac Donald hat 'ne Farm hia hia ho
verkauft Bouletten groß und warm hia hia ho
das täglich Brot entbehrlich ist
dem, der sein täglich Würstchen frißt
die Dritte Welt, daß Gott erbarm, hia hia ho
die liefert Futter für die Farm hia hia ho

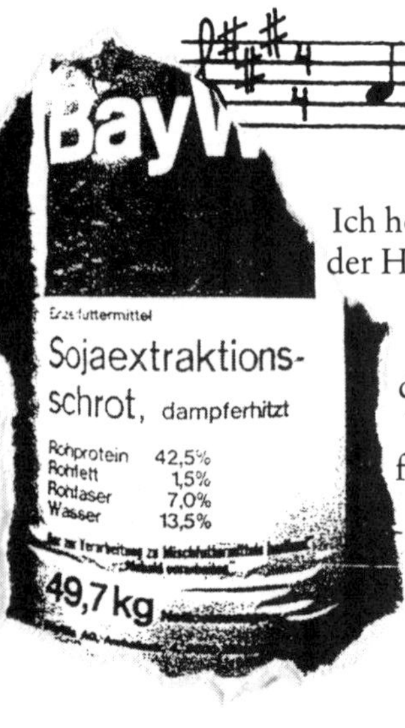

Ich hoffe, daß Ihr jetzt nicht lacht, hia hia ho
der Hunger wird von uns gemacht, hia hia ho
Wir kaufen Fisch- und Sojamehl
Getreide, Erdnuß und auch Öl
der Weltmarkt hat's zu uns gelenkt,
Wir kriegen's billig, fast geschenkt
für unsere moderne Farm hia hia ho

Ihr Leute, dies ist keine Mär, hia hia ho
nun hört mal alle richtig her, hia hia ho
die Wissenschaft hat festgestellt,
kein Mensch muß hungern auf der Welt
3000 Kalorien rund
genug für jeden Menschenmund.
Jedoch das Vieh der Reichen frißt
ein Drittel davon, welch ein Mist
auf unserer modernen Farm, hia hia ho

Arbeitskreis Dritte Welt, St. Peter, Recklinghausen

LITERATUR

- Arbeitsgruppe Brasilien, «Die Farm am Amazonas – von Volkswagen lernen», Bielefeld 1984 (Adresse s. u.)
- Arnold, Adolf, Agrargeographie, Ferdinand Schöningh-Verlag, Paderborn–München–Wien–Zürich 1986
- Braudel, Fernand, Der Alltag, Kindler-Verlag, München 1985
- BUKO-Agro-Koordination, Aktions- und Materialmappe, «Der Futtermittel-Blues», 1985 (Adresse s. u.)
- «Erklärung von Bern» (Hg.), Dokumentation 4/1988, Pano(d)rama moderner Eßkultur
- «Erklärung von Bern» (Hg.), «Fleisch bei uns und in der Dritten Welt»
- Grefe, Christiane, Meller, Peter, Herbst, Martin und Pater, Siegfried, «Das Brot des Siegers. Das Hackfleischimperium», Lamuv-Verlag, Bornheim 1985
- Grießhammer, Rainer und de Witt, Siegfried, «Der Ökokoch», Rowohlt Verlag, Reinbek 1986

- Hobbelink, Henk, Bio-Industrie gegen die Hungernden, Die Gen-Multis und die Lebens-Mittel der Dritten Welt, Rowohlt Verlag, Reinbek 1989
- Informationsstelle Lateinamerika, ila-info Nr. 90
- «McDonald's informiert» (zu beziehen über: McDonald's Deutschland Inc., Drygalski-Allee 51, 8000 München 71, Tel. 089/78 59 43 68), 1989
- Publik Forum aktuell, «Bürger gegen Burger – Das Hackfleischimperium stoppen», o. J., (Public Forum, Postfach 2010, 6370 Oberursel)
- Pater, Siegfried «Zum Beispiel Soja», Lamuv-Verlag, Bornheim 1987
- Regenwälder-Zeitung Nr. 3, 1/1987 (Hg. Regenwälder-Information, Adresse s. u.)
- VOLKSMUND-Rundbrief Nr. 2, August 1988

FILME & AUSSTELLUNGEN

FILME

- «Dschungelburger – Hackfleischordnung international» (von Peter Heller)
- «Das Brot des Siegers oder die Schlacht um die Mägen der Welt» (von Peter Heller)
- «Die eiserne Kuh – Der Soja-Komplex oder die Phantastische Geschichte der Eisernen Kuh» (von Siegfried Pater und Boris Terpinc)

Die Filme können ausgeliehen werden bei der
Verleihgenossenschaft der Filmemacher e. G.
Nymphenburgerstraße 118
8000 München 2
Tel. 089/18 10 97

WANDERAUSSTELLUNG

- «Das Brot des Siegers» (Verleih über das Büro VOLKSMUND, c/o Dritte-Welt-Haus, Friesengasse 13, 6000 Frankfurt am Main 90, Tel. 069/70 44 87)

ADRESSEN

- Arbeitsgruppe Brasilien, Dritte-Welt-Haus e. V., August-Bebel-Straße 62, 4800 Bielefeld, Tel. 0521/62802
- BUKO-Bundeskongreß entwicklungspolitischer Aktionsgruppen, Nernstweg 32–34, 2000 Hamburg 50, Tel. 040/392526
- «Erklärung von Bern», Quellenstr. 25, CH-8005 Zürich
- Regenwälder-Information, Pöseldorfer Weg 17, 2000 Hamburg 13, Tel. 040/4103804
- Robin Wood, Postfach 102122, 2800 Bremen (Kampagne gegen die Zerstörung des Regenwaldes)
- Die Verbraucher-Initiative, Breite Straße 5, 5300 Bonn 1, Tel. 0228/659044 (Aktion: Gesünder essen)
- VOLKSMUND, c/o Dritte-Welt-Haus, Friesengasse 13, 6000 Frankfurt am Main 90, Tel. 069/704487

Mahlzeit!

DIE ZIGARETTE
– FRIEDE IHRER ASCHE

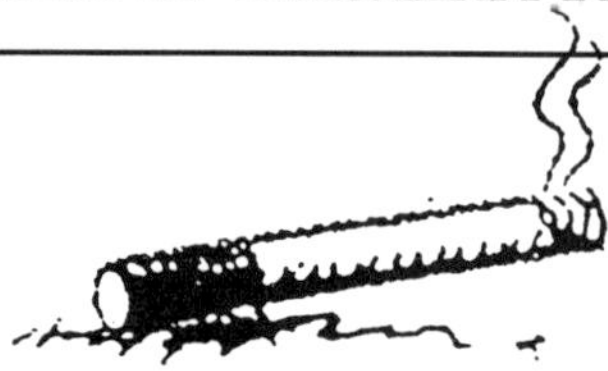

„Ich kann nicht umhin, mit einigen Worten jene neue, erstaunliche und vor wenigen Jahren aus Amerika nach unserem Europa eingeführte Mode zu tadeln, welche man eine Sauferei des Nebels nennen kann, die alle alte und neue Trinkleidenschaft übertrifft. Wüste Menschen pflegen nämlich den Rauch von einer Pflanze, die sie Nicotiana oder Tabak nennen, mit unglaublicher Begierde und unauslöschlichem Eifer zu trinken und einzuschlürfen."

Johann Joachim von Rusdorff, 1627, aus:
Wolfgang Schivelbusch: „Das Paradies, der Geschmack und die Vernunft"

Für Marlboro wirbt der Cowboy, aber das Rauchen ist in Wahrheit eine Erfindung der Indianer. Schon die Steinreliefs aus dem Reich der Mayas (fünftes/sechstes Jahrhundert) stellen rauchende Priester dar. Geraucht wurde für Initiationsriten und Friedensschlüsse (man erinnere sich an Karl May!), der Tabak fand aber auch Verwendung für medizinische Zwecke: gegen Verdauungsbeschwerden und Kopfschmerzen sowie zur Wundbehandlung.

Auch heute noch schließt man soziale Kontakte, indem man anderen eine Zigarette anbietet oder Feuer gibt; bei Jugendlichen wird das «Rauchen» als Eintritt zum Erwachsensein praktiziert. Zigarettenrauchen dient zugleich zum Anregen wie zum Beruhigen, und viele Raucher müssen morgens erst eine Zigarette rauchen, bevor sie auf das Örtchen eilen.

Das «Rauch-Trinken» war von europäischen Seefahrern während der Kolonialisierung Amerikas entdeckt, und Tabak mit nach Europa gebracht worden. Ab Mitte des 16. Jahrhunderts wurde Tabak bereits in verschiedenen europäischen Ländern kultiviert. Auch in der Bundesrepublik wird Tabak angebaut, vor allem in Südbaden (Jahresproduktion 1984: auf 3200 Hektar 7680 Tonnen Tabak).

Der Tabak wurde als Zierpflanze in den Gärten der Fürsten und des Adels angebaut, ansonsten als Heilmittel in Apotheken verkauft. Das Rauchen selbst galt als abartig und war in den meisten Ländern lange Zeit verboten. Das änderte sich schlagartig, als die hohen Herren merkten, daß sie mit einer *Tabaksteuer* viel Geld einnehmen konnten. Nicht viel anders heute: Die Einnahmen aus der Tabaksteuer lagen in der Bundesrepublik 1982 bei 12 Milliarden DM, großzügig investierte die Bundesregierung den 24000sten Teil (nämlich 500000 DM) in eine Anti-Rauch-Kampagne, während die Tabakindustrie gleichzeitig über 600 Millionen DM Subventionen bekam.

Die hohen Steuern und Zölle führten im Mittelalter zu einem

schwungvollen Schmuggel, der bis heute anhält. Dazu weisen die Statistiken Interessantes aus: Weltweit wurden 1975 aus den Produktionsländern etwa 226 Milliarden Zigaretten exportiert, in den Importländern aber offiziell nur 161 Milliarden importiert: Wo blieb der Rest?

1987 lag der Steueranteil einer Zigarette bei etwa 73 Prozent, während die Gewinne der Tabakkonzerne unverändert hoch waren.

Leicht auszurechnen, was die Dritte-Welt-Länder bekommen: die Kippe.

Vom 17. bis 19. Jahrhundert war Pfeiferauchen die gebräuchlichste Form des Tabakkonsums, im 18. Jahrhundert kamen die Modebewegungen Schnupfen (vor allem in England) und Kautabak hinzu. Der Höhenflug der Zigarre (Zigarette) begann erst im 20. Jahrhundert, im 19. Jahrhundert gab es heftige Opposition und Prohibitionsgesetze gegen das Zigarettenrauchen.

In Preußen galt im Vormärz das Zigarrerauchen als «ungebührliche Neuerung, eine liberale Dreistigkeit und ein demokratisches Symbol für Volksverhetzer und Wühler». Das hing damit zusammen, daß die Arbeiter der Tabakfabriken, die sogenannten «Zigarettendreher» als besonders bewußte und «aufsässige» Kräfte galten, da sie sich bei der Arbeit gegenseitig vorlasen und sich so weiterbilden und schulen konnten. In Berlin war das Zigarrerauchen auf der Straße verboten, wurde aber als Zugeständnis an die Revolutionäre 1848 wieder genehmigt.

«Im ‹Popol Vuh›, dem Heiligen Buch der Quiche-Maya aus dem heutigen Guatemala, wird der Blitz mit den Göttern in Verbindung gebracht, die ihre Tabagos anzünden. Rauchen bedeutet demnach Kontaktaufnahme, Zwiesprache mit den Göttern, Partizipation am göttlichen Prinzip. Ähnliches gilt auch für die Indianer Nordamerikas. Sie sahen im Rauchen der Friedenspfeife nicht nur ein Symbol, mit dem der Große Geist Manitu die Menschen zur Friedfertigkeit verpflichtet, sondern auch die Möglichkeit, mit ihm als dem Herrn des Lebens im Akt des Rauchens in Verbindung zu treten.»

Aus: Sibylle Kaminski (Hg.), «Colonialwarenlesebuch»

In der zweiten Hälfte des 19. Jahrhunderts galt das Zigarrerauchen dagegen als Symbol bürgerlicher Behäbigkeit und bürgerlichen Reichtums. Die Raucherzimmer wurden zu Herrenzimmern!

Zigaretten wurden ursprünglich aus den Tabakresten hergestellt, die bei der Zigarrenproduktion anfielen. In Mexiko-Stadt und in Sevilla wurden bereits im 18. Jahrhundert solche «papelitos» ver-

kauft. Vor allem von Soldaten und Offizieren wurde diese billigere Form des Rauchens weitergetragen. Die Zigaretten wurden zunächst in Kairo, Konstantinopel, Moskau und Petersburg produziert. Zur Jahrhundertwende fand der Zigarettenkult Eingang in die Oberschicht: Der exotische Flair des Orients schwang mit, Weltgewandtheit, Lebenskunst, Verruchtheit, aber auch Tempo und Schnelligkeit wurden damit verbunden. Die leichter zu rauchenden Zigaretten wurden auch von Frauen angenommen, besonders im Zuge des Emanzipationsschubs der Nachkriegszeit in den zwanziger Jahren.

Heute repräsentieren die Zigaretten über 95 Prozent des gesamten Tabakkonsums. 1988 lag der Gesamtverbrauch von Zigaretten in der Bundesrepublik bei etwa 137 Milliarden, der Pro-Kopf-Verbrauch bei rund 2000 Zigaretten pro Jahr. Mehr als ein Drittel der Bevölkerung raucht, der Zigarettenverbrauch pro Raucher liegt 1981 bei 23,2 Stück pro Tag und hat von 1960 bis 1981 um rund 75 Prozent zugenommen. Der Anteil der Frauen an der Raucherfraktion liegt bei etwa 45 Prozent und nimmt stetig zu, 1960 lag er noch bei 29 Prozent. Die jährlichen Pro-Kopf-Angaben für Tabakerzeugnisse lagen 1985 bei 406 DM. Auch bei diesem Rohprodukt verdienen die eigentlichen Produzenten von Tabak am wenigsten.

1895, KEY WEST

DIE FREIHEIT REIST IN EINER ZIGARRE

«Nie schläft er, selten ißt er. José Marti sammelt Geld, versammelt Menschen, hält Reden und Vorträge, liest Gedichte vor, diskutiert, organisiert und kauft Waffen. Über zwanzig Jahre Exil haben ihn nicht brechen können.

Schon immer wußte er, ohne Revolution würde Kuba nicht zu sich kommen. Vor drei Jahren gründete er an der Küste Floridas die Revolutionspartei, die Partido Revolucionario Cubano. Die Partei entstand in den Zigarrenmanufakturen von Tampa und Key West dank der emigrierten kubanischen Arbeiter, die Marti mit eigenen Ohren oder im bedruckten Papier gehört haben.
In den Manufakturen geht es zu wie an Arbeiterhochschulen. Es ist Tradition, daß einer den anderen, die still arbeiten, Bücher und Artikel vorliest. So erfahren die Zigarettendreher täglich neue Ideen und Nachrichten und reisen während der Arbeit durch die Weltgeschichte und das erstaunliche Land der Phantasie. Und so dringen menschliche Worte aus dem Mund des Vorlesers wie Geschosse in die Frauen, die Tabakblätter entrippen, und die Männer, die auf dem Schoß oder auf dem Tisch Zigarren wickeln.
In Absprache mit den Generalen Maximo Gomez und Antonio Maceo gibt Marti Befehl zum Losschlagen. In einer Havanna versteckt, gelangt der Wortlaut des Befehls aus den Manufakturen in Florida nach Kuba.»
Aus: Eduard Galeano, «Gesichter und Masken»

Alles köstliche Aussichten!

◆

«Die Frauen-Emanzipation schreitet in Deutschland, vorzüglich aber in Berlin, der intelligentesten Stadt Deutschlands, auf eine merkwürdige Weise vorwärts. Sie hat die überraschendsten Resultate. In den dortigen glänzenden Zirkeln sprechen Mädchen von 19 bis 20 Jahren mit einer Sicherheit über Guizot, Thiers, Kammer- und Durchsuchungsgesetze, die ans Fabelhafte grenzt. Viele dieser Miniatur-George-Sand verschmähen schon jetzt die Zigarette nicht; neulich kam es sogar vor, daß eine elegante Dame einen Herrn mit brennender Zigarre auf offener Straße anhielt, um die ihrige anzuzünden. Alles köstliche Aussichten! Wie lange wird's noch dauern, so legen sie Hosen an, treiben die Männer mit der Reitpeitsche in die Küche und säugen ihre Kinder zu Pferde! Kleinigkeit für Emanzipierte! Ein öffentliches Damen-Kaffeehaus wird auch schon eingerichtet, dort sollen zugleich Debatten über das Verhältnis der Frauen losgelassen, dabei Zigarren geraucht, die neuesten Journale gelesen, genug – ein Herrenleben geführt werden. Wie sich die Berliner Ehemänner freuen werden, wenn sie ihre liebenden Weiber mit brennender Zigarre an die klopfende Brust drücken! Auf jeden Fall – pfui Teufel!»

Aus: Sybille Kaminski (Hg.), Colonialwarenlesebuch

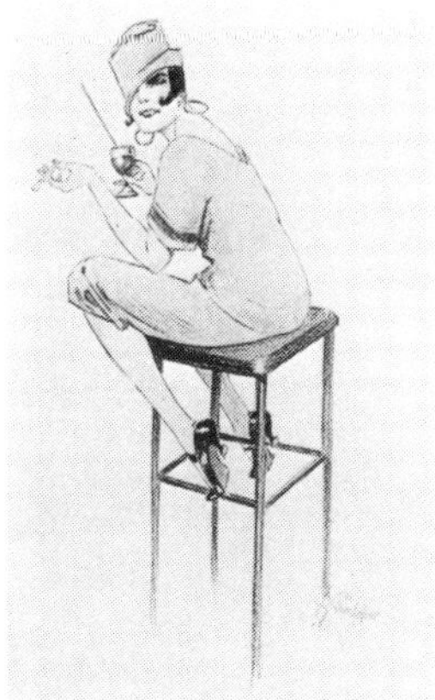

DER RAUCH DES FRIEDENS

«‹Die Häuptlinge der Komantschen sind tapfer, weise und gerecht. Wer das nicht glaubt, den wird Old Shatterhand töten mit dem Rohr, aus dem unzählige Kugeln kommen, und deshalb wird er jetzt mit ihnen den Rauch des Friedens trinken!›
Ich steckte den Tabak in Brand, tat zwei Züge, blies den Rauch zum Himmel, zur Erde und in die vier Himmelsrichtungen und gab dann To-kei-chun die Pfeife. Es gelang mir wirklich, ihn zu überrumpeln. Er nahm das Kalumet, tat gleichfalls seine sechs Züge und gab es dann weiter. Der letzte Häuptling reichte es mir zurück, und jetzt erst setzte ich mich, und zwar mitten unter die Roten hinein.
‹Wird mein weißer Bruder uns nun unsere Seelen wiedergeben?› fragte einer der Häuptlinge besorgt.
Ich mußte sehr vorsichtig antworten.
‹Bin ich nun unter den roten Männern wie ein Krieger der Komantschen?› lautete meine Gegenfrage.
‹Old Shatterhand ist unser Bruder. Er ist frei. Er wird ein Zelt erhalten und kann tun, was er will.›»

Karl May, Winnetou III

Tabak als Brotersatz

Tabak ist die am weitesten verbreitete, nicht eßbare Feldfrucht der Welt. Sie wird meist von kleineren Betrieben angebaut, da der Anbau sehr arbeitsintensiv ist: er erfordert etwa 100mal so viel Arbeitsstunden wie der Anbau und die Ernte von Weizen. Die geerntete Pflanze wird getrocknet (entweder maschinengetrocknet bei ca. 80 °C oder – selten – naturgetrocknet), fermentiert, zerkleinert und aussortiert, gemischt (mit anderen Tabaksorten sowie einer Vielzahl von Zusatzstoffen, wie zum Beispiel Honig, Ahorn-Zucker, Lakritze und Aromastoffen). Der Zucker-Zusatz erzeugt einen alkalischen Rauch, der leichter über die Lunge inhaliert werden kann. Auch die neuen leichten, «blonden» Tabaksorten wurden aus diesem Grund bevorzugt (43 Prozent der Weltproduktion besteht aus Virginia-Tabak).
Vor der eigentlichen Verarbeitung muß der Tabak noch längere Zeit lagern, um zur geschmacklichen Reife zu gelangen. Die produktionsreifen Tabake werden mit Wasserdampf befeuchtet, so daß sie geschmeidig werden, und dann mit Aromastoffen versehen.

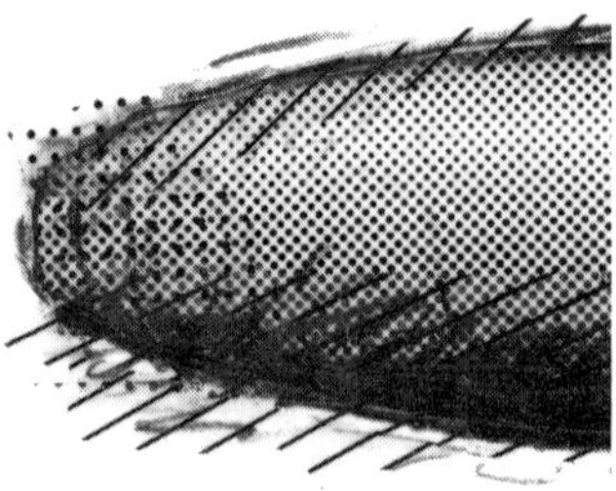

Rohtabakproduktion 1984

Anbauland		**Tabakproduktion in Tonnen**
China		1 400 000
USA		746 000
Indien		450 000
Brasilien		373 000
Sowjetunion		367 000
Türkei		210 000
Italien		146 000
Indonesien		143 500
Griechenland		135 000
Bulgarien		131 000
Japan		129 000
Zimbabwe		115 000
...		...
Deutschland		7 680
...		...
Weltproduktion	ca.	6 000 000

Quelle: nach Tobacco Journal International 2/1985: 152–154

Die große Lagermenge und -zeit erfordert eine entsprechende Vor-Investition, die sich nur große Betriebe leisten können, während die eigentlichen Produktionsmaschinen auch für kleinere Betriebe erschwinglich wären. Die Zigarettenproduktion ist weitgehend automatisiert und rationalisiert, pro Sekunde werden von einer Maschine etwa 100 Zigaretten hergestellt.

Die Weltproduktion liegt bei ca. sechs Millionen Tonnen Tabak, 4696 Milliarden Zigaretten werden weltweit produziert und gepafft.

Wegen seines relativ hohen Verkaufswerts und recht guter Erträge ist der Tabakanbau gerade bei kleinen Bauern in Dritte-Welt-Ländern begehrt, auch die FAO und die Weltbank unterstützen entsprechende Anbauprojekte.

Problematisch sind die daraus resultierenden Umweltschäden, wie sie am Beispiel Tansanias deutlich werden. Dort leben etwa 260 000 Menschen in 6000 Dörfern vom Tabakanbau. Dieser wird im Wanderfeldbau betrieben, jeweils nach zwei Jahren wird die Anbaufläche aufgegeben, weil sich Schädlinge im Boden entwickeln. Zudem ist der Anbau mit dem Trocknen der Tabakblätter verknüpft, für das riesige Mengen Wälder abgeholzt werden: etwa ein Hektar offenen Holzlandes für einen Hektar Tabak (pro Jahr!) oder: Für die Herstellung von 300 Zigaretten muß ein Baum gefällt werden.

Für viele der Dritte-Welt-Länder stellen die Tabakexporte einen erheblichen Anteil am Gesamtexport dar, zum Beispiel für Malawi 56 Prozent! In Brasilien bringt der Tabakexport jährlich 300 Millionen Dollar an Exporterlösen, für das Trocknen der jährlichen Ernte werden rund 60 Millionen Bäume gefällt.

Für die Zigarettenkonzerne ist die Dritte Welt aber nicht nur als Rohstofflieferant, sondern als «Markt der Zukunft» wichtig. Während die Zuwachsraten in den westlichen Ländern auf jährlich ein Prozent geschrumpft sind und Stagnation droht, liegen die Zuwachsraten in den Entwicklungsländern bei vier Prozent. Die Zigarettenkonzerne förderten diese Entwicklung durch aggressive Werbung, bisweilen durch finanzielle Zuwendungen an Beamte und Mitarbeiter der Regierungen. So zahlte Philip Morris nach eigenen

Angaben Anfang der siebziger Jahre 2,6 Millionen Dollar «für politische und Lobby-Tätigkeit», Reynolds 5,4 Millionen Dollar an *«Beamte und Mitarbeiter ausländischer Regierungen, um Informationen über Marktbedingungen zu erhalten und den Absatz zu maximieren»*.

In den Slums wird die Zigarette zum Brotersatz. Die Weltgesundheitsorganisation stellte dazu fest: *«Je größer der Hunger, um so mehr Zigaretten werden geraucht.»* In vielen Dritte-Welt-Ländern ist die Raucherquote doppelt so hoch wie in den Industrieländern, so bei etwa 75 Prozent in Bangladesh, 85 Prozent in Nepal oder 70 Prozent in Indien (nur Männer).

Daß der Tabak zum Brotersatz werden kann, mutet uns merkwürdig an. Dabei herrschte in Deutschland während des Krieges und in der Nachkriegszeit eine vergleichbare Situation: Die Zigaretten waren von 1939 bis 1948 rationiert und nur mit der «Raucherkarte» erhältlich, die allen Personen über 18 Jahren zustand (wobei Frauen nur die halbe Ration bekamen).

Da die Raucher zuwenig Tabak bekamen und die Nichtraucher ihn nicht brauchten, wurden die Zigaretten zur harten Schwarzmarktwährung und zum Tauschobjekt gegen Lebensmittel. Je nach Qualität zahlte man bis zu sieben Reichsmark für eine Zigarette! Selbst in den Lagern für deutsche Kriegsgefangene, in denen die meisten Gefangenen an Unterernährung litten, tauschten 20 bis 30 Prozent der Gefangenen einen Teil ihrer Lebensmittel gegen Zigaretten, wobei viele in einen lebensbedrohlichen Zustand gerieten: sie hatten kaum noch zu essen. Auf dem Schwarzmarkt konnte man einen Zentner der lebensnotwendigen Hausbrandkohle für etwa 14 Zigaretten erhalten. Der Schwarzmarkthandel war dabei ähnlich aufgebaut wie der heutige Drogenhandel und konnte auf die hohe Abhängigkeit der Raucher bauen.

Die Macht der Multis

90 Prozent des Aufkaufs und Transports des Tabaks werden weltweit von nur sieben Unternehmen bestimmt (Universal Leaf, Transcontinental Leaf Tobacco Company, Debrik Brothers, Export Leaf

Tobacco Company, Imperial Tobacco Leaf Company sowie Kulenkampff und A. C. Monck). Diese Unternehmen sind durch langfristige Verträge eng mit großen Zigarettenkonzernen verflochten oder gehören diesen.

Die Zigarettenproduktion wird von sechs multinationalen Konzernen bestimmt (ca. 40 Prozent): BAT, Philip Morris, Reynolds, Rembrandt, American Brands, Imperial. Hinzu kommen Staatsmonopolunternehmen von sozialistischen und nichtsozialistischen Ländern (ca. 50 Prozent), sowie einige «kleinere» Privatunternehmen wie zum Beispiel das des deutschen Marktführers Reemtsma.
Der deutsche Zigarettenmarkt wird von fünf Unternehmen beherrscht, die einen Marktanteil von etwa 95 Prozent haben. *Reemtsma* (mit den Marken Peter Stuyvesant, West, Ernte 23, R 6, Reval, Roth-Händle, Juno Filter und Atika), *BAT* (mit den Marken HB, Krone, Gold Dollar Filter, Kurmark Filter, Kim), *Philip Morris* (mit den Marken Marlboro, L + M) und *Reynolds* (mit den Marken Camel Filter, Overstolz Filter, Reyno). 1988 verkaufte Philip Morris am meisten (27,6 Prozent), vor Reemtsma (25,3 Prozent).

> «Mit Stolz verkündete Reynolds' Vorstandsvorsitzender 1981: ‹An jedem beliebigen Tag des Jahres produziert R. J. R. zugleich Ananas in Costa Rica für den amerikanischen und europäischen und Bananen auf den Philippinen für den japanischen Markt, stellt in Deutschland Zigaretten für Frankreich und in Puerto Rico für die Bahamas her, transportiert Güter von Hongkong nach Kalifornien, pumpt Gas für die Holländer aus dem Boden der Nordsee und bohrt Löcher in den Golf von Mexiko und in die Appalachen, um mehr Öl und Gas für die USA zu finden.»

Die Gewinnspannen beim Zigarettenverkauf sind enorm. Der Jahresumsatz der Tabakkonzerne beträgt etwa 40 Milliarden Dollar und bringt einen Reingewinn von drei Milliarden Dollar.
Der US-Verbrauch nimmt jährlich um zwei Prozent ab. Die amerikanischen Zigarettenhersteller versuchen deshalb durch Diversifizierung ihre Abhängigkeit vom Zigarettengeschäft zu vermindern. Der größte amerikanische Hersteller, Philip Morris («Marlboro») holte mit seinem Lasso aus und kaufte Ende 1988 den Lebensmittelhersteller Kraft (Käse) für 13,1 Milliarden Dollar. Schon vorher hatte sich Philip Morris die Großbrauerei Miller und 1987 den Nahrungsmittelkonzern General Foods einverleibt.

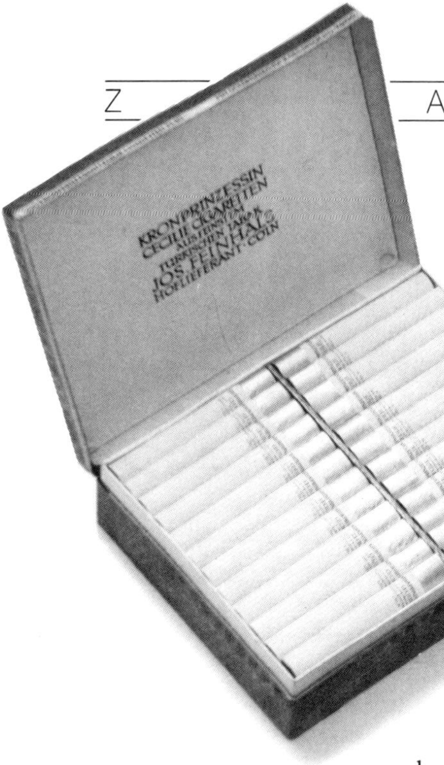

Mit der Einengung des Marktes auf wenige Konzerne kam es auch bei den Zigarettenmarken zu deutlichen Schrumpfungen. 1910 waren in Deutschland beim Patentamt noch etwa 20000 Marken (!) eingetragen, heute gibt es nur noch etwa 200 Sorten, von denen nur zehn Marken dominieren.

1985 ging das HB-Management zum erstenmal selbst in die Luft, als HB, jahrelang die führende Marke, von Marlboro abgelöst wurde.

Durch Angleichung in den Produktionsmethoden liegen die Zigaretten geschmacklich immer näher beieinander, so daß selbst erfahrene Raucher allenfalls noch würzige von leichten Zigaretten unterscheiden können, aber kaum «ihre» Marke, auf die sie schwören. Das Vertriebssystem der Zigaretten ist in der Bundesrepublik nach wie vor weltweit einmalig, denn 42 Prozent der Zigaretten werden über die rund 750000 Automaten umgesetzt, weitere 40 Prozent über den Lebensmittelhandel.

So kann jedes Kind Zigaretten kaufen, das Einstiegsalter ist entsprechend niedrig (elf bis 14 Jahre). Die Gesundheitsgefährdung durch Rauchen ist längst statistisch bewiesen: fünf Jahre geringere Lebenserwartung bei Gewohnheitsrauchern, wesentlich höhere Krebshäufigkeit, erhöhte Anfälligkeit für Infektionen. Dennoch können die wenigsten vom Rauchen lassen: Offensichtlich gibt es eine gesellschaftliche, psychische und körperliche Abhängigkeit vom Rauchen, die die Kriterien einer Sucht erfüllt. Auch der Finanzminister scheint, wenngleich aus anderen Gründen, von dieser Sucht erfüllt, nimmt er doch jährlich weit über zehn Milliarden DM ein, während die Kosten der Gesundheitsschäden auf ca. 50 Milliarden jährlich geschätzt werden.

VERGÄNGLICHE SCHWARZMARKTWÄHRUNG

«Ich habe ihm ein paarmal faire Angebote gemacht und ihm gesagt: ‹Gruyten, schauen Sie her, ich habe da drei- oder vierhunderttausend Mark, die ich beim besten Willen nicht mehr in festen oder halbwegs sicheren Werten anlegen konnte, nehmen Sie sie, machen Sie ein Geschäft damit auf, und wenn die Inflation vorüber ist, geben Sie es mir zurück, nicht eins zu eins, nicht zwei zu eins, nein drei zu eins und ohne Zinsen. Sie sind doch klug genug, zu wissen, daß es mit dieser Zigarettenwährung eine Kinderei ist, das ist was für heimgekehrte Nihilisten, die im Lager nichts zu rauchen bekommen haben, das ist was für Kinder und nikotinsüchtige Bombenweiber oder Kriegerwitwen, Sie wissen doch so gut, wie ich weiß, daß die Zigaretten eines Tages wieder fünf Pfennige oder höchstens einen Groschen kosten werden, und wenn Sie heute fünffünfzig für eine Zigarette investieren, die Sie an der nächsten Ecke für sechsfünfzig verkaufen, so ist das Kinderei, und wenn Sie die Zigaretten aufbewahren wollen, bis das Geld wieder hart wird, so prophezeie ich Ihnen, daß Sie für Ihre fünffünfzig fünf Pfennige bekommen, falls die Zigaretten nicht bis dahin verschimmelt sind.› Er hat gelacht und geglaubt, ich wollte ihm einen Zigarettenhandel vorschlagen, dabei habe ich das nur als Beispiel gebraucht.»

Heinrich Böll,
«Gruppenbild mit Dame»

Nichts kann uns aufhalten – die Werbung

Ein «Extra-Genuß» beim Kinogehen ist die Werbung. Besonders die perfekt ausstaffierten Reklamespots für Zigaretten widerspiegeln im Laufe der Jahre gesellschaftliche Veränderungen der Vor- und Wunschbilder. Während der Camel-Typ früher der ausgemachte Abenteurer war, der aus Spaß an der Freud unterwegs war und aus unerfindlichen Gründen besonders gern in den Amazonas sprang, trägt er heute eine Uhr (!) am Handgelenk und geht zielgerichtet einer gesellschaftlich sanktionierten Aufgabe nach. Man könnte ja meinen, daß er sonst ein «Arbeitsscheuer» sei...

Daß mit der Werbung überhaupt so viel Qualm um die Zigaretten gemacht wird, liegt in der eigentlichen Gesichtslosigkeit der Zigaretten. Im Gegensatz zu Produkten wie etwa Autos oder Kleidungsstücken sehen sich Zigaretten sehr ähnlich und können geschmacklich kaum auseinandergehalten werden, nicht einmal von passionierten Gewohnheitsrauchern.

Allenfalls die grundsätzlichen Tabakmischungen (würzige bzw. leichte Zigarette) können noch von Rauchern auseinandergehalten werden. Die Produktdifferenzierung muß deshalb durch Werbung erfolgen, die eine Markenpersönlichkeit herausbildet. Und wer sich als Raucher mit dieser identifiziert, wird die entsprechende Marke rauchen. Das Markenschild wird dann zum Erkennungsmerkmal der jeweiligen Zigaretten. Der Marktwettbewerb ist losgelöst vom Produkt und findet nur noch über die besseren Werbeideen statt.

> **«Eine Zigarette ist ‹Papier›, ein Gramm Tabak und viele Werbemillionen.»**
>
> *Philipp F. Reemtsma*

Der Marlboro-Cowboy und der Camel-Typ appellieren an Männlichkeit und Abenteuerromantik, ein bißchen auch an Freizeit, Urlaub und Sport. Diese Marken sollen besonders auf Jugendliche beeindruckend wirken.

Kim Werbung zeigt – durchaus ungewöhnlich – drei junge fröhliche Frauen mit Fahrrädern, Hunden oder im Haushalt. Kinder oder Familien werden praktisch nicht gezeigt, weil nach den Werberichtlinien keine Personen unter 25 Jahren gezeigt werden sollen.
Die Appellformen werden auch durch die Slogans verstärkt: Rangstreben und Status («Nichts kann uns aufhalten»), Erfolg («Die Stuyvesant-Generation geht ihren Weg»), Geschmack («Geschmack, der gefällt», «Gut gelaunt genießen») usw. Am wichtigsten aber und meist nicht erkannt ist die Zugreifsymbolik. Entweder ist die Zigarettenpackung schon offen mit bereits herausgezogenen Zigaretten oder in einer solchen perspektivischen Anordnung, daß man unvermittelt zugreifen möchte, oder die abgebildete Person nimmt gerade die Zigarette in die Hand.

«Die Zukunft liegt in der Ideologie der Marke... Der Cowboy, eine zeitlose Figur, symbolisiert so ein bißchen Freiheit, er ist der gute Freund, auf den man sich verlassen kann. Dazu kommt ein Schuß Abenteuer, aber nicht wie bei ‹Camel› mit dem Tramp, sondern eher solide, vielleicht auch autoritär.»
Philip Morris Marketingchef Klaus Birkigt, 1975

Einen besonderen Zigarettentyp stellen die selbstgedrehten oder -gestopften Zigaretten her, die sich deutlich von anderen Zigaretten unterscheiden: sie müssen eben selbst hergestellt werden (Do-it-yourself), sind rund 50 Prozent billiger als Fabrikzigaretten, meist filterlos und würziger mit einem meist höheren Nikotin- und Kondensatgehalt. Selbstgedrehte werden vorwiegend von jüngeren Konsumenten geraucht. Die Gründe dafür liegen auf der Hand: Das Selbstdrehen ist billiger, man ist damit «anders als die anderen» (Zigarettenraucher), der Rauchgenuß wird durch die Vorfreude der rituellen Eigenfertigung erhöht, und es schwingt auch ein bißchen Protest gegen die kapitalistischen «Zigarettenhersteller» mit (*«Ich habe meine eigene Zigarettenfabrik: zwei Hände und Samson zum Drehen»*). Die Roth-Händle-Marktforschung will beobachtet haben, daß die Selbstdreher *«sehr genußorientierte Raucher»* sind, *«die beim Drehen Entspannung suchen»*.

Die übersteigerte Werbung kann offensichtlich keinen Einfluß mehr auf die Gesamtnachfrage nach Zigaretten ausüben, sondern führt nur noch zu Marktverschiebungen. 1980 machte der Gesamtwerbeaufwand der Zigarettenindustrie 20 Prozent des Nettoumsatzes der Industrie aus und erreichte einen Betrag von 700 Millionen DM (zum Vergleich: Der jährliche Etat der Deutschen Krebshilfe lag 1987 bei ca. 48 Millionen DM).

Einen beträchtlichen Anteil am Werbeaufwand haben die Kosten der Neueinführung einer Zigarettenmarke, der Einführungsetat der Marke «West», die von Reemtsma eingeführt wurde, war mit 50 Millionen DM ausgestattet. Aber selbst ein so massiver Werbeeinsatz kann noch zum Flop werden. So konnte vor einigen Jahren Philip Morris seine Leichtzigarette Merit auf dem deutschen Markt nicht durchsetzen.

Seit Ende der siebziger Jahre beobachtet man eine zunehmende gegenseitige Blockierung und Neutralisierung der klassischen Zigarettenwerbung, ganz so blöd sind die Verbraucher eben doch nicht. Die Industrie setzt deswegen auf die Förderung einer engeren Markenbindung, zum Beispiel durch Preisausschreibungen, Such- und Gewinnspiele, Verlosungen etc. Eine zweite Erweiterung des Handlungsbereichs ist der Imagetransfer auf branchenfremde Produkte, die mit dem Markennamen ausgestattet werden: Bücher für den Freizeitbedarf (zum Beispiel HB-Bildatlanten), Spiele (Krone), Freizeit-Kleidung und Schuhe (Camel, Kim, R 6), Freizeitkarten (Lord-Extra), Möbel und Grafik-Editionen (Roth-Händle) oder Reisen, Expeditionen oder Ralleys (Camel, Marlboro, Stuyvesant). Durch die Angliederung dieser Erlebnisbereiche wird eine Profilierung des Markenbildes und eine positive Rückkopplung für den Zigarettenverkauf erwartet.

In Deutschland wurden von 1966 bis 1972 – nach dem Vorbild von England und den USA – verschiedene freiwillige Vereinbarungen zur Regulierung der Werbung getroffen: So gibt es keine Fernsehwerbung, keine Werbung mit gesundheitlichen Argumenten oder mit Sportlern und keine Werbung auf Sportveranstaltungen. Natürlich versucht die Industrie, diese Werberichtlinien durch Schleichwerbung zu umgehen. Seit einigen Jahren wird mit hohem finanziel-

len Aufwand in Kino- und Fernsehfilmen das sogenannte «Product-Placement» betrieben, bei dem die jeweilige Zigarettenmarke mehrmals unauffällig auffällig ins rechte Bild gerückt wird.
Die freiwilligen Werberichtlinien sollen – bislang mit Erfolg – schärferen gesetzlichen Auflagen vorbeugen. Interessant sind in diesem Zusammenhang die Beschränkungen in skandinavischen Ländern, die vor allem die Einstiegszahlen bei Jugendlichen verändert haben. So darf in Schweden seit 1977 nur noch reine Produktwerbung betrieben werden, das heißt, es darf nur noch das Zigarettenpäckchen vor einem einfarbigen Hintergrund abgebildet werden. In Finnland wurden Anfang 1978 jede Zigarettenreklame und alle Methoden des Imagetransfers verboten.

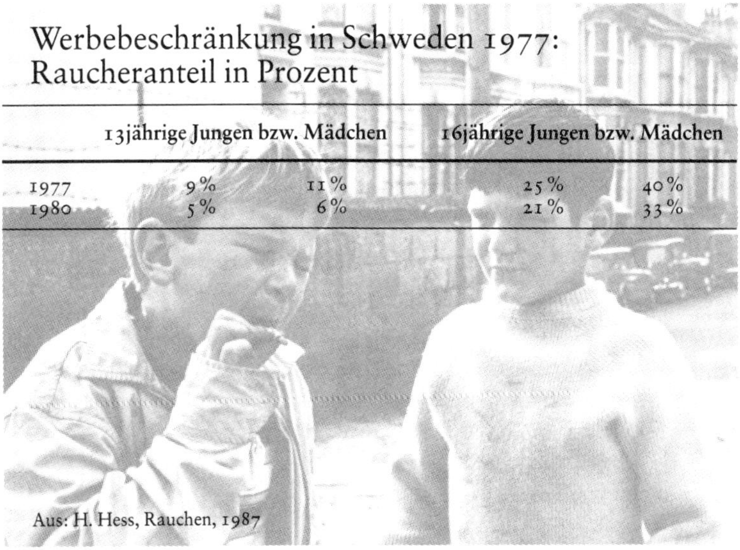

Werbebeschränkung in Schweden 1977: Raucheranteil in Prozent

	13jährige Jungen bzw. Mädchen		16jährige Jungen bzw. Mädchen	
1977	9%	11%	25%	40%
1980	5%	6%	21%	33%

Aus: H. Hess, Rauchen, 1987

Die massive Zigarettenwerbung hat die eventuell unabhängig davon existierenden Eigenmotive für das Rauchen in den Hintergrund gedrängt. Zudem darf nicht übersehen werden, daß die Mund-zu-Mund-Werbung (!) und der Einfluß von Bezugsgruppen einen eigenen Werbefaktor für das Rauchen generell darstellt.
Innerhalb der Raucher-Fraktion, bei der übrigens Frauen und Ju-

gendliche ständig zunehmen, lassen sich folgende Konsumtypen und -haltungen ausmachen.
Der Genußraucher raucht oft allein, gibt sich eine Belohnung oder überhöhte Genüsse, die aus anderen Quellen stammen: ein angenehmes Gespräch, ein gutes Essen usw. Ebenso wird die eigentliche Anregung durch Nikotin als angenehm empfunden.
Das Rauchen aus sozialen Motiven erfolgt in bestimmten sozialen Umgebungen: in einer Gruppe von Freunden, bei Parties, in der Kneipe usw. Die Zigarette hilft dabei zur Herstellung und Aufrechterhaltung sozialer Kontakte. Man bietet eine Zigarette an oder gibt sich Feuer, ja man kann selbst wildfremde Menschen ansprechen, ob sie einem Feuer geben können oder, etwas gewagter, eine Zigarette. Gleichzeitig gibt das Zigarettenrauchen Schutz, man kann sich hinter dem Rauch(en) verbergen, bei einer unangenehmen Frage die Zeit für eine Antwort verlängern und kann auch geschickt Situationen gestalten: eine letzte Zigarette rauchen, noch auf eine Zigarette dableiben usw.
Damit dient das Rauchen gleichzeitig der Selbstdarstellung, vor allem bei Jugendlichen. Sie gibt Halt und Haltung, man demonstriert Unbefangenheit und Lässigkeit, Erwachsensein. Die jeweilige Gestik des Rauchens, die Haltung der Zigarette wird Teil der Persönlichkeit und läßt sich oft noch bei Exrauchern an Ersatzgegenständen beobachten.
Auf Grund psychologischer Ursachen und natürlich wegen des Nikotingehalts wirken Zigaretten stimulierend. «Alles geht wie von selbst», zumindest wenn man noch nicht vom Nikotin abhängig ist. Das Nikotin wirkt anfangs aktivierend auf Gehirn und Verdauungsapparat. Man kann sich also besser konzentrieren. Paradoxerweise kann die Zigarette auch zugleich beruhigen, da sie aktiver und sicherer machen kann – möglicherweise liegt in dieser Doppelfunktion von Anregung und Entspannung das Erfolgsgeheimnis der Zigarette.
Schlußendlich gibt es das abhängige Gewohnheitsrauchen, das die oben beschriebenen Elemente nur noch sehr bedingt zur Entfaltung kommen läßt. Dominierend ist dann der pharmakologische Aspekt, das dringende Verlangen oder schon die Sucht, den gewohnten Nikotinspiegel durch Kettenrauchen zu halten. Das Aussetzen des Rauchens führt zu deutlich spürbaren Entzugserscheinungen.

«Aus einer Gruppe löste sich ein SS-Mann. Er kam auf mich zu.
Ich lief nicht weg. Es konnte sein, daß er mich nicht meinte. Aber er blieb vor mir stehen und sah mich an.
‹Verzeihen Sie, haben Sie Feuer?› fragte er.
‹Feuer?› wiederholte ich, und dann rasch: ‹Gewiß! Ein Streichholz!›
Ich griff in die Tasche und suchte.
‹Wozu ein Streichholz?› sagte der SS-Mann erstaunt. ‹Ihre Zigarette brennt ja!›
Ich hatte gar nicht gewußt, daß ich geraucht hatte. Jetzt hielt ich ihm meine Zigarette hin. Er hielt seine eigene an das glühende Ende und zog. ‹Was ist denn das für eine Zigarette, die Sie da rauchen?› fragte er dann. ‹Die riecht ja fast wie eine Zigarre!›
Es war eine französische Gauloise. Ich hatte einige Päckchen davon mitgenommen, als ich die Grenze überschritt. ‹Geschenk von einem Freund›, erwiderte ich. ‹Französisches Kraut. Schwarzer Tabak. Er hat sie von der Reise mitgebracht. Mir sind sie auch zu stark.›
Der SS-Mann lachte. ‹Am besten, man ließe das Rauchen ganz bleiben, was? So wie der Führer. Aber wer kann das, besonders in diesen Zeiten?› Er grüßte und ging.»
Erich Maria Remarque, Die Nacht von Lissabon

Auf das Rauchen bei Jugendlichen sollte man ein besonderes Auge haben. Während des Wachstums ist die Gesundheitsbeeinträchtigung noch größer als bei Erwachsenen, gleichzeitig steigt die Dauer des Rauchens und damit die Krebsgefahr. Auch werden aus den jugendlichen Gelegenheitsrauchern meist erwachsene Gewohnheitsraucher, die dann vom Rauchen abhängig sind und sich nur noch schwer davon lösen können.

Als echtes Einstiegsalter gilt der Zeitraum zwischen elf und vierzehn Jahren (!), in dieser Phase versuchen sich mindestens 50 Prozent aller Jugendlichen am Rauchen, meist im Rahmen von engen Freundschaften oder in der Clique. Das Rauchen ist vor allem Leistungsnachweis und Beweis des «Dazugehörens», während die körperlichen Auswirkungen (der flaue Magen usw.) eher noch unangenehm erlebt werden (*«Wer Kent kennt, der rennt»*, Schülerweisheit). Das «Erwachsenwirken» (oft in Verbindung mit Alkoholgenuß) wird dabei schon geschlechtsspezifisch konkretisiert, die Jungen wollen den erwachsenen «Mann heraushängen» lassen, die Mädchen wollen als Frauen und etwas «verrucht» wirken.

«But he can't be a man 'cause he doesn't smoke the same cigarette as me.»
Mick Jagger

Auch der Reiz des Verbotenen spielt eine wichtige Rolle. Aber schon etwa ab 16 Jahren dominieren die oben für Erwachsene beschriebenen Motive wie Gewohnheitsrauchen, Rauchen zur Stressvermeidung usw.

Da die Werbung nach den freiwilligen Richtlinien keine Jugendlichen zeigen darf, werden diese indirekt angesprochen, indem die Wünsche und Sehnsüchte, aber auch Unsicherheiten der Jugendlichen durch die dargestellten Situationen besonders angesprochen werden. Einmal süchtig, immer süchtig.

Sie rauchen gern?

Stellen Sie sich vor, daß in Ihrem Wohngebiet eine chemische Fabrik eröffnet werden sollte, deren Abgase (Emissionen) so beschaffen wären, daß Sie u.a. folgende Stoffe (in unterschiedlichen Konzentrationen) einatmen müßten: krebserzeugende Teerstoffe wie Benzpyren und Nitrosamine, ko-karzinogene Stoffe wie Aldehyde, Blausäure und etwa 2000 andere Chemikalien mehr. Kohlenmonoxid (von Selbstmördern bevorzugt, die die Autoabgase ins Wageninnere leiten) wäre im Durchschnitt etwa zu zwei bis drei Prozent in den Abgasen enthalten (etwa halb so hoch wie die Konzentration der Abgabe aus Benzinmotoren im Leerlauf) und würde dazu führen, daß zwischen fünf und 20 Prozent Ihrer lebenswichtigen roten Blutkörperchen dauernd blockiert wären. Die Konzentration der Chemikalienmischung wäre so hoch, daß Sie eine Atemschutzmaske anziehen müßten.

«Drei Wochen war der Frosch so krank, jetzt raucht er wieder, Gott sei Dank.»

Nach: Wilhelm Busch

Natürlich wissen Sie beim Lesen dieser Zahlen schon, um was es hier geht, um den «Geschmack, der gefällt» und um «Geschmack von Freiheit und Abenteuer», den es bedeutet, regelmäßig Zigaretten zu rauchen. Die oben beschriebenen Stoffe in der jeweiligen Konzentration sind also normal im Zigarettenrauch vertreten. Und das Abenteuerliche ist, daß Gewohnheitsraucher zwar all diese Risiken kennen, aber sich ab und zu doch noch der legendäre dauerrauchende Opa finden läßt, der trotzdem 90 geworden ist. Offensichtlich sind Raucher – womöglich wegen der hohen Kohlenmonoxid-Konzentration im Blut – in ihrer Denkleistung schon so gehemmt, daß sie das Prinzip der Statistik nicht verstehen. Beim Lottospielen weiß jeder, daß es nur einzelne Glückspilze gibt («6 Richtige») und daß das Gros der Spieler verliert. Beim Rauchen ist es genauso.

Eine Zigarette enthält nicht nur Tabak, sondern auch eine Reihe von Hilfsstoffen wie Weichmacher, Feuchtigkeitsbinder, Aromastoffe usw. Beim Rauchen werden durch die hohen Temperaturen (bis zu 900 °C) ca. 2000 verschiedene Chemikalien freigesetzt oder bilden sich bei der Zersetzung anderer Stoffe.

Der Rauch wird vom Raucher bewußt in die Atemwege inhaliert, wobei durch Gewöhnung das Husten unterdrückt wird, das eigentlich die normale Abwehrreaktion des Körpers auf solchen Rauch wäre. Leicht zu sehen an Nichtrauchern, die einmal einen Zug probieren und husten müssen, oder Passivrauchern, die unerwartet Rauch ins Gesicht geblasen bekommen.

Der Rauch enthält sowohl gasförmige Stoffe wie auch kleine Teilchen. Toxikologisch wichtige Stoffe in der Gasphase sind Stickoxide, Ammoniak, Nitrosamine, Blausäure, Methanol, Formaldehyd (und andere Aldehyde), Acrolein sowie das Kohlenmonoxid.

Die Aldehyde und das Acrolein sowie die allerdings in geringsten Konzentrationen auftretende Blausäure wirken als Reizstoffe auf Kehlkopf, Luftröhre und Bronchien, zerstören die dort den Schleim wegtransportierenden Flimmerhärchen und sind für die chronischen Atemwegserkrankungen wie Raucherhusten und Raucherkatarrh mitverantwortlich. Außerdem gelten die Stoffe als sogenannte Ko-Karzinogene, Stoffe also, die dazu führen, daß andere krebserzeugende Stoffe stärker wirken oder Krebs erzeugen.

Die teilweise Blockierung der roten Blutkörperchen durch das Kohlenmonoxid führt zu Leistungsminderung, Herz- und Kreislaufschäden.

Die sogenannte Teilchenphase enthält neben Wasserdampf das Nikotin und Teer (auch Kondensat genannt). Der Teer enthält eine ganze Palette krebserzeugender Stoffe, darunter den «klassischen» Krebserzeuger Benzpyren, aber auch Schwermetalle und Pestizide (aus dem Anbau). Darüber hinaus zerstören die Teerbestandteile die Flimmerhärchen, bleiben an den Lungenbläschen haften und führen so zu Kurzatmigkeit, Kreislaufbelastung und zu einer erhöhten Anfälligkeit für Infektionen.

«Weltweit sterben jährlich eine Million Menschen an den direkten oder indirekten Folgen des Rauchens. Dabei ist vor allem das Zigarettenrauchen verantwortlich für etwa 90 Prozent aller Fälle von Lungenkrebs, für 75 Prozent aller Fälle von chronischer Bronchitis und für 25 Prozent der Herzinfarkte, heißt es in einem von der UN-Weltgesundheitsorganisation vorgelegten Bericht. ...Fast 5000 Milliarden Zigaretten wurden danach im vergangenen Jahr geraucht.»
Badische Zeitung vom 11.4.87

Wegen der medizinischen Kritik am Teergehalt des Tabakrauchs ist dieser in den letzten zwanzig Jahren etwa halbiert worden, sowohl durch den Einsatz von Filtern wie auch durch die Verwendung von Geschmacksstoffen wie Lakritze, Coca, Fruchtsäfte, Gewürze und synthetische Stoffe – deren mögliche toxikologische Wirkung noch weitgehend unerforscht ist. Das ist das, was die «echten» Raucher schmecken...

Nikotin selbst ist ein wirksames Gift, 50 bis 100 mg wirken, wenn man sie verschluckt (oral), bei einem Erwachsenen tödlich, bei einem Kind schon zehn Milligramm. Eine Zigarette enthält zwei bis vier Milligramm Nikotin, von diesem gelangt beim Rauchen etwa ein Drittel in den sogenannten Hauptstromrauch (der direkt inhaliert wird). Das Nikotin aus dem Zigarettenrauch wird zu zehn Prozent durch die Mundschleimhaut und zu 90

Prozent über die Lunge aufgenommen (im Gegensatz zu Zigarre und Pfeife). Ein vom Nikotin abhängiger Gewohnheitsraucher muß also inhalieren, um möglichst viel Nikotin aufzunehmen. Dabei inhaliert er gleichzeitig die krebserzeugenden Teerstoffe. Auch der Unsinn der Leichtzigarette ist damit schnell entlarvt. Sie werden in größerer Stückzahl oder tiefer geraucht, um den Nikotinspiegel zu halten!

Das Nikotin wirkt auf das Nervensystem ein, es ähnelt dem körpereigenen Acetylcholin, das für die Nervenreizleitung verantwortlich ist. Es kann sowohl erregen wie auch lähmen, indirekt führt es zu einer erhöhten Herzfrequenz und Blutgefäßkonzentration. Durch Einwirkung auf das Rückenmark kommt es zu einer Verringerung der Muskelspannung und zu Entspannungsgefühl. Die Verdauungsbewegungen des Magen-Darm-Kanals werden ebenfalls angeregt.

Zu hohe Konzentrationen können zu Schwindelanfällen und Schweißausbruch, Brechreiz, Durchfall und zu Krämpfen führen. In der Regel ist der Tabakkonsum aber so gleichmäßig, daß es dazu nicht kommt. Die oben beschriebenen Auswirkungen sind nur die akuten Auswirkungen, die nach Abbau des Nikotins im Körper auch wieder nachlassen. Toxikologisch bedeutsam sind die chronischen Wirkungen von Rauchen und des Nikotins: die Blutgefäße verengen sich, es kommt zu Kalkablagerungen, erhöhtem Blutdruck und erhöhter Herztätigkeit, der Fettsäurespiegel im Blut wird er-

höht und die Thrombosebildung begünstigt. In der Weiterung kann es zum Verschluß der sowieso verengten Gefäße, zum Herzinfarkt oder zum Gehirnschlag kommen.
Die oben beschriebenen Auswirkungen sind auch alle statistisch belegt, dennoch führen sie nicht bei jedem Raucher zu den gleichen Schäden. Dies hat mehrere Gründe.
Die aufgenommene Giftmenge hängt nicht nur von der Zahl der täglich gerauchten Zigaretten und der Länge des Lebenszeitraums ab, in dem geraucht wird, sondern auch von den Zigaretten, dem Filter, dem Papier, dem Rauchtempo, der sehr unterschiedlichen Anzahl der Züge pro Zigarette, der Inhalationstiefe und -dauer und der Länge der Kippe, die man übrig läßt.
Wichtig ist auch die individuelle Disposition und Gesundheit sowie die Einwirkung anderer Gifte (am Arbeitsplatz, über die Umwelt usw.). Es gibt eine ganze Reihe von sorgfältigen Langzeituntersuchungen mit mehreren Zehntausend oder Hunderttausenden untersuchten Fällen.

«Siehst du die Toten dort im Tal, das sind die Raucher von Reval.»

Schülerweisheit

Die nachfolgenden Durchschnittszahlen sind erschreckend, wobei Durchschnitt eben auch heißt, daß es einige noch schlimmer erwischt und einige weniger schlimm – wie beim Lottospielen. Aber beim Rauchen gilt: fast alle verlieren.

Die durchschnittliche Sterblichkeit eines Rauchers (bei zwanzig Zigaretten pro Tag) liegt um rund 50 Prozent höher als die eines Nichtrauchers. Seine Lebenserwartung ist um fünf Jahre(!) niedriger (und bevor er stirbt, lebt er schon wesentlich schlechter!). Bei frühem Beginn des Rauchens und tiefem Inhalieren sehen die Zahlen noch wesentlich schlechter aus. Vor dem 45. Lebensjahr sterben Raucher 15mal häufiger an Herzinfarkt als Nichtraucher, die Arteriosklerose tritt doppelt so häufig auf wie bei Nichtrauchern. Das «Raucherbein» kommt praktisch nur bei Rauchern vor, jährlich werden etwa 10000 Amputationen von Raucherbeinen durchgeführt. Lungenkrebs ist die Raucherkrankheit schlechthin, etwa 90 Prozent der Erkrankten sind Raucher. Auch Kehlkopfkrebs ist bei Rauchern deutlich erhöht, ebenso Mundhöhlenkrebs, Speiseröhrenkrebs, Blasenkrebs, Nierenkrebs und Magenkrebs.

Sie rauchen gern?

Raucherlebnisse eines Nichtrauchers

Opa hatte ich sehr gern. Er nahm mich mit in den Karlsruher Stadtgarten und spendierte dort regelmäßig ein Eis. Rosa und weiße Eiskugeln, die auf einer Muschel (aus Waffeln) verkauft wurden und deshalb nur im Sitzen verspeist werden konnten. Opa rauchte derweil eine Zigarre. Er rauchte fast immer eine Zigarre. Später spielten wir oft «Sechsundsechzig» oder Mühle und Dame. Zu den gelbbraunen Spielbrettern und den weißen und schwarzen Figuren gehörte auch der eindringliche Zigarrenrauch und der würzige Duft, der gleichsam ein Erkennungszeichen von Opa darstellte. Als Opa mit 72 Jahren starb, war ich acht Jahre alt. Heimgekommen vom Fußballspiel seines «KSC» bekam er einen Herzschlag und starb sofort. Man fand ihn in der Diele liegend, mit dem kalten Stumpen im Mund.

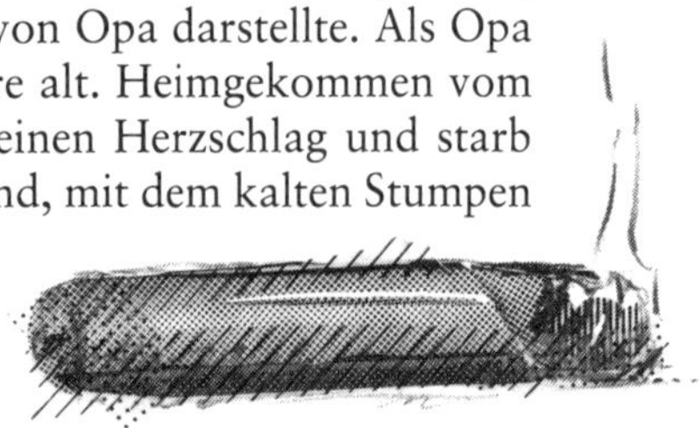

Von dem einzigen Großonkel habe ich nur eine Erinnerung. Wir besuchten ihn, als er schwer krank war. Das Zimmer war verdunkelt, er in eine dunkle Decke eingewickelt. Er hustete schwer, sah bleich aus und hatte – was ich damals nicht verstand – Kehlkopfkrebs. Das kommt vom Rauchen, sagten alle, Wochen später starb er.

Meine Kindheit: Karl-May-Bücher lesen und im Wald Indianer spielen. Besonders beeindruckt waren wir von der Friedenspfeife. Da es meinen Spielkameraden (zwei Brüdern) nicht gelang, die Tabakspfeife ihres Vaters heimlich auszuleihen, rauchten wir die Stengel einer bestimmten Pflanze. Sie war von Natur aus im Stengel hohl und enthielt eine krümelige gelbe Masse. Vorne angezündet ergab sie einen nahezu echten Rauch. Zumindest mußten wir husten. Leider kamen auch kleine Insekten – durch die Hitze vertrieben – aus dem Stengel (und in den Mund) gekrochen. Wir einigten uns deshalb, daß das Rauchen der Friedenspfeife «ewig» gilt, so daß wir keine mehr rauchen mußten.

Meine Schwester hatte angefangen zu rauchen. Sie trug nur schwarze Hosen und lange schwarze Pullis, was als existentialistisch galt. Modern war auch ihre Hochfrisur, die sie stundenlang «toupieren» mußte. Mindestens genausolang brauchte sie zum Schminken. Die leere Zigarettenschachtel bedeutete deshalb ein besonderes Ärgernis für sie, weil der nächste Automat etwa einen Kilometer entfernt bei einer Bäckerei war, so daß sie sich vorher hätte toupieren und schminken müssen. Deshalb wurde ich losgeschickt, wobei ich mit der Zeit für mich als Entlohnung Kaugummis, Brause oder süße Stückchen vom Bäcker heraushandeln konnte. Zum Glück hörte sie nicht auf zu rauchen. Bis heute habe ich nicht verstanden, warum sich Raucher nicht ein Depot an Zigaretten zulegen, sondern fast jeden Tag in die gleiche Krisensituation geraten.

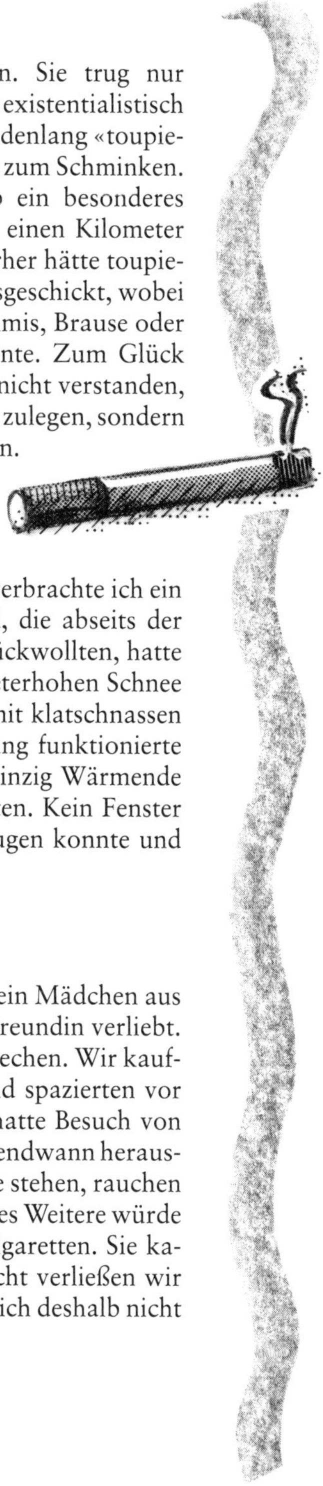

■

Mit meinen Schwestern und Freunden von ihnen verbrachte ich ein Wochenende auf einer Skihütte im Schwarzwald, die abseits der Straße lag. Als wir Sonntag mittag zur Straße zurückwollten, hatte es angefangen zu regnen und zu tauen. In dem meterhohen Schnee waren die Fußtritte tief eingedrückt, so daß wir mit klatschnassen Hosen am Auto ankamen und froren. Die Heizung funktionierte nur mit Verzögerug (es war ein Käfer!) und das einzig Wärmende waren die Zigaretten, die die anderen vier rauchten. Kein Fenster wurde geöffnet, so daß ich den Rauch tief einsaugen konnte und zufrieden mitrauchte. Mir wurde warm.

■

Zu Beginn meiner Pubertät war ich rettungslos in ein Mädchen aus meiner Klasse verliebt. Mein Freund war in ihre Freundin verliebt. Leider waren wir zu schüchtern, sie direkt anzusprechen. Wir kauften uns Zigaretten (die uns nicht schmeckten) und spazierten vor dem Wohnhaus meiner Angebeteten herum. Sie hatte Besuch von ihrer Freundin, und es war zu vermuten, daß sie irgendwann herauskommen würden. Wir würden zufällig in der Nähe stehen, rauchen und ihnen wie selbstverständlich eine anbieten. Alles Weitere würde sich von selbst ergeben. Wir rauchten mehrere Zigaretten. Sie kamen nicht. Uns wurde immer schlechter. Enttäuscht verließen wir die Hoffnungsstätte unserer Liebe. Vielleicht habe ich deshalb nicht angefangen zu rauchen.

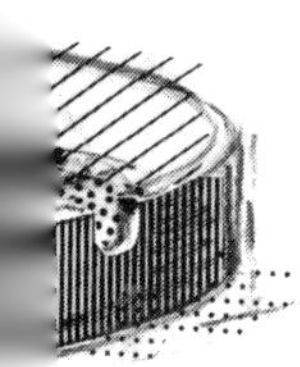

IN DER KLINIK

ORT: Ein Sechs-Bett-Zimmer in der Uniklinik.

PATIENTEN: Peter S., Herr Händle, Atika, H. B., Marlboro, ein Lord, Samson und Camel.

STIMMUNG: gedämpft, Warten auf das Unausweichliche.

CAMEL (ergreift als erster das Wort): Die meisten Aufnahmen haben wir in Frankreich oder den südbadischen Rheinauen gemacht. Im Amazonasgebiet waren wir nur zweimal, und da...

LORD (unterbricht ihn): Ich habe es nicht nötig gehabt, Freizeitfrust ausgerechnet an der Dritten Welt auszuleben. Mich hat es immer wieder angewidert, wie selbst die Alternativen bei deinen Werbefilmen immer feuchte Augen bekamen: Urwald, Amazonas, Motorboot, alles – nur keine Menschen.

SAMSON (ergänzt): Da hätte man ja auch die Armut gesehen. Und Zusammenhänge. Für mich gab es nichts Erbärmlicheres als diese mobilen Heimatschnulzen. Im Kino haben sie immer gelacht, aber er hat voll gesessen bei den Stadtneurotikern.

H. B. (braust auf): Ach nee, und wie war das mit deinen Anzeigen? Mit der alternativen Kneipenatmosphäre, den soften Typen und den selbstbewußten Mädels?

Samson: Ich fand's immer authentisch.
H. B.: So wie dein Raucherbein, was?
Händle (hustet aus der Ecke): Hauptsache, er hat noch seine «zwei Hände zum Drehen».
Schwester (tritt ein): Herr B., Sie sollten sich nicht so schnell aufregen. Nach zwei Herzinfarkten kann das tödlich sein. Gehen Sie doch etwas an die frische Luft.
Peter S. (schon im Delirium): ... ja, frische Luft, eine weiße Terrasse, zwei Frauen im roten Abendkleid, ausgeschnitten, der Abendwind weht, die Haare ... (röchelt).
Herr Händle: Der macht's auch nicht mehr lang. Letztes Stadium.
Marlboro: Einmal habe ich mich auf einer Reklametafel in Duisburg gesehen. Das einzig Natürliche war die Sonne, die gerade unterging – in der staubigen Luft blutrot gefärbt. Ansonsten waren nur Asphalt, Beton, Häuser und Autos drum herum. Kein Grashalm. Aber ich mittendrin mit meinen Wildpferden (lacht).
Händle: ... und der Hochofen loderte wie ein Lagerfeuer.
Atika: Herr Händle muß immer was ganz Besonderes sagen. Dabei pfeift er genauso aus dem letzten Loch wie wir.
Händle (zu Atika): Früher warst du beschwingter, Atika. Nimm es doch etwas leichter. So wie Lord mit seinem Extra-Tumor in der Niere.
Schwester (in der Tür): Das ist nicht außergewöhnlich. Zuerst der Lungenkrebs, dann die Metastasen und dann erwischt's halt die anderen Organe. Gute Nacht, meine Herren. (Dreht das Licht aus und schließt die Tür)
Peter S.: Jetzt hat sie wieder vergessen, meine Infusion langsamer zu stellen.
Händle: Du wolltest die Infusion doch in vollen Zügen genießen.
(Geschrei, Durcheinander)
Händle: (laut) Ruhe! Ratet mal, was mir meine Witwe in spe heute als letzten Wunsch erfüllt hat.

(Knistern, ein Streichholz flammt auf, macht die Runde. Atemlose Stille.)

Die Sucht

Viele Raucher kennen natürlich die massive Gesundheitsgefährdung durch Rauchen und nehmen auch die bekannten Symptome am eigenen Körper wahr. Und schaffen es trotzdem nicht, mit dem Rauchen aufzuhören. Die Frage drängt sich auf: Ist Rauchen eine Sucht?

Nach einer älteren Definition (1957) der Weltgesundheitsbehörde (WHO) gibt es sieben Merkmale für eine Sucht:

1. Wiederholte Zufuhr des Stoffes und überwältigender Wunsch, sich das Mittel zu verschaffen und weiter einzunehmen. Diese Bedingungen sind beim Zigarettenrauchen zweifellos gegeben.
2. Zustand periodischer oder chronischer Intoxikation (Vergiftung). Dieser Zustand ist etwa bei zwei Drittel der Raucher gegeben, dabei handelt es sich einerseits um vergleichsweise geringgradige Symptome, die nach einer Unterbrechung des Rauchens zurückgehen, andererseits um irreversible Schäden nach chronischem Genuß.
3. Psychotrope Effekte (Wirkung als Psychopharmaka). Sowohl die Wirkweise von Nikotin wie auch die Empfindungen fast aller Raucher (beruhigend, anregend usw.) belegen den psychotropen Effekt.
4. Tendenz, die Dosis zu steigern. Auch dies ist bei Rauchern statistisch bewiesen.
5. Pharmakologische Abhängigkeit (Abstinenzerscheinungen): Sowohl die Dosissteigerung wie auch die Nikotinabstinenzsymptome bei Rauchern, die versuchen, mit dem Rauchen aufzuhören, sind eindeutig belegt.
6. Psychische Abhängigkeit: Sie zeigt sich darin, daß annähernd die Hälfte der Raucher dieses lieber aufgeben würden, es aber nicht schaffen, daß sie das «Rauchen aufgeben» meist nur kurz durchhalten (ist aber mit körperlicher Abhängigkeit verknüpft) und Rauchen zum Teil selbst als Sucht bezeichnen.
7. Gefahr für das Individuum und/oder für die Gesellschaft: Die Gefahr für das Individuum ist überdeutlich (siehe oben bei den gesundheitlichen Effekten), auch die Umgebung ist, wenn auch in geringerem Maße, gefährdet, wie Gesundheitsschäden bei Neugeborenen von rauchenden Müttern und das Passivrauchen zeigen.

Nach diesen Suchtmerkmalen ist Rauchen eindeutig als Sucht zu bezeichnen, natürlich ist damit nicht jeder Raucher süchtig, genausowenig wie jeder, der Alkohol trinkt, ein Alkoholiker ist. Aber der rauchende Leser kann ja bei sich selbst prüfen, wieweit die sieben Merkmale zutreffen.

ICH FRAGE JA BLOSS

«Ein Detail, nur als Frage. Bist du imstand, nachts, wenn du dich deiner Kleider schon entledigt hast und es sich ergibt, daß die Zigaretten dir ausgehen, bist du dann imstand, dich wieder anzuziehen und mitternächtlich (oder später) deine Behausung zu verlassen, um zum bekannten Automaten zu gehen? Aber es ist dies ja noch der einfachste Fall. Eine Komplikation wäre, daß der Automat nicht funktioniert und dies erst zu erkennen gibt, wenn die Münzen schon in ihm sind. Kennst du das? In dumpfer Verzweiflung, irre geworden, definitiv, am Sinn der Existenz, redest du mit dir selbst, rüttelst am Griff der kleinen Schublade, die sich dir, sich dir verweigernd, entzieht. (...)
Oder du hast Zigaretten, viele sogar, aber es fehlt dir das Feuer. Und nun bist du völlig am Ende. Und in der Tat: gibt es Unsinnigeres, hilfloser Stimmendes, Verzweifelnderes als Zigaretten ohne Feuer? Was machst du, frage ich, in solcher Situation? Sagst du dir dann in aller Ruhe: ‹Gut also, dann rauch ich halt nicht?› Ich frag ja bloß.»

Hans-Martin Gauger, «In den Rauch geschrieben», 1988

Unabhängig von den individuellen gesundheitlichen Schäden und Abhängigkeiten bleibt festzuhalten, daß durch das Rauchen gewaltige volkswirtschaftliche Kosten entstehen: durch Arbeitsausfälle, Frührenten, Raucherkrankheiten usw. Die Bundesregierung schätzte die Schadenskosten 1987 auf jährlich ca. 27 Milliarden DM, rechnet man den Produktionsverlust infolge von Sterbefällen sowie die Kosten der privaten Kranken- und Lebensversicherungen hinzu, kommt man heute auf einen Schaden von jährlich etwa 50 bis 60 Milliarden DM! Jede Zigarette kostet also (den Raucher) etwa 20 Pfennig und verursacht (gesellschaftlich zu tragende) Schäden von etwa 50 Pfennig!

Nach all den Bestechungsskandalen, Flick-Affäre und dem geordneten Lobbysystem in der Bundesrepublik überrascht es nicht, daß die Bundesregierung peinlich wenig unternimmt, um das Rauchen einzudämmen. 1985 wurde gegen drei Reemtsma-Manager Klage wegen Steuerhinterziehung erhoben. Dadurch wurde der Öffentlichkeit bekannt, daß der Konzern von 1965 bis 1980 über die Stiftungen von CDU, FDP und SPD rund sechs Millionen DM Parteispenden gezahlt hatte!

Steuer statt Gesundheit

Einnahmen aus Tabaksteuer	12000	Millionen
Subvention für die Tabakindustrie (in der EG)	608	Millionen
Anti-Rauch-Kampagne	0,5	Millionen
Tabakwerbung der Industrie	ca. 300	Millionen
Schäden durch das Rauchen	ca. 50000	Millionen

Zahlen jeweils für 1982

Raucher produzieren Tote

Nichtraucher: gibt es die überhaupt? Zumindest sind sie alle unfreiwillige Passivraucher. Je nach Umgebung reicht das unfreiwillige Mitrauchen vom unangenehmen Geruch, über Augen- oder Schleimhautreizung bis hin zur klaren Krebsgefährdung, wenn jemand beispielsweise über Jahre am Arbeitsplatz den rauchenden Kollegen ausgesetzt ist. Überraschenderweise gibt es erst seit einigen Jahren eine breitere Diskussion über die Gefährdung der Passivraucher. Der Hauptstromrauch, den der Raucher inhaliert, macht bei Filterzigaretten nur ca. 23 Prozent, bei filterlosen Zigaretten ca. 32 Prozent der gesamten Rauchmenge aus, die die Zigarette abgibt. Der sogenannte Nebenstromrauch ist also umfangreicher und enthält zum Teil wesentlich höhere Mengen an Schadstoffen. So ist etwa die Nitrosaminkonzentration 50mal höher als im Hauptstrom, so daß der Passivraucher – trotz Verdünnung durch die Raumluft – etwa die gleiche Menge Nitrosamine einatmet wie der Raucher! Die Deutsche Forschungsgemeinschaft stellte trotz massi-

«10 DM pro Packung»

Die durch Steuererhöhungen 1977 und 1982 bewirkten spürbaren Preiserhöhungen führten auch zu einem sofortigen und deutlichen Rückgang des Zigarettenverbrauchs. Den jährlichen Tabaksteuereinnahmen stehen allerdings gesellschaftliche Kosten für das Rauchen in Höhe von etwa 50 bis 60 Millionen DM entgegen. Da man von den zwei Drittel Nichtrauchern nicht verlangen darf, daß sie die Schäden der Raucher bezahlen, müßte das Tabaksteueraufkommen mehr als vervierfacht werden, so daß der Preis einer Zigarettenpackung etwa bei 10 DM liegen müßte. (Es war schon immer teuer, einen besonderen Geschmack zu haben...) 1987 kostete eine Zigarette im Schnitt 19,46 Pfennig, der Steueranteil lag bei 14,16 Pfennig, der richtige Preis wäre 50 Pfennig pro Zigarette – und dann hätte die Schachtel entsprechend 10 DM gekostet.

ver Einflußnahme der Zigarettenindustrie fest, daß Passivrauchen auch eine Krebsgefährdung darstellt.

«200 Raucher produzieren einen Toten pro Jahr.»

Professor Matthys

Seit ein paar Jahren werden die Nichtraucher aktiver und wehren sich gegen die Raucher. Deren Reaktion ist zumeist drollig-unverschämt, indem sie versuchen, die Nichtraucher als «Störenfriede», «Übertreiber», als ungastlich oder diktatorisch darzustellen. Und gleichzeitig versucht die Zigarettenindustrie im In- und Ausland, unerwünschte gesetzliche Regelungen zu verhindern.

Kein Friede Ihrer Asche: der Kampf zwischen Rauchern und Nichtrauchern hat erst begonnen.

Das Oberlandesgericht Münster stellte 1987 auf Klage einer Lehrerin fest, daß die Nichtraucher in allen nordrhein-westfälischen Amtsstuben ein Vetorecht gegenüber ihren qualmenden KollegInnen haben. Vergleichbare Vorschriften gibt es im baden-württembergischen Sozialministerium und in den öffentlichen Verwaltungsgebäuden der US-Regierung.
In Kalifornien wurde 1978 eine Volksabstimmung mit ähnlichen Vorschriften knapp mit 54 zu 46 Prozent der Stimmen abgelehnt. Die Industrie hatte dagegen eine riesige verdeckte Kampagne inszeniert, da Kalifornien oft als «Trendsetter» für die gesamte USA wirkt. Sie gründete eine Bürgerinitiative(!) «Californians for Common Sense», die die Einschränkung von Bürgerrechten und individuellen Freiheiten und die Gefahren der Bevormundung durch Big Brother Staat thematisierte. Außerdem würde die Durchführung und Überwachung den Staat viel Geld kosten und die Polizei von der Verfolgung der eigentlichen Kriminalität abhalten. Die Kampagne der Industrie wurde mit sechs Millionen Dollar finanziert und setzte mit Fernsehen und flächendeckend verteilten Broschüren Mittel ein, von denen die Befürworter einer nichtraucherfreundlichen Regelung nur träumen konnten. Auch die Deutsche Zigarettenindustrie beobachtet argwöhnisch jede fortschrittliche Regung im Gesundheitsministerium und hat bislang nichtraucherfreundliche Regelungen verhindern können.

LITERATUR

- Böll, Heinrich: «Gruppenbild mit Dame», Kiepenheuer & Witsch, Köln 1971
- Gauger, Hans-Martin: «In den Rauch geschrieben», S. Fischer-Verlag, Frankfurt 1988
- Galeano, Eduardo: «Gesichter und Masken – Erinnerung an das Feuer 2», Peter Hammer-Verlag, Wuppertal 1986
- Hess, Henner: «Rauchen – Geschichte, Geschäfte, Gefahren», Campus-Verlag, Frankfurt/New York 1987
- «Colonialwaren-Lesebuch», zusammengestellt von Sibylle Kaminski, Edition diá, St. Gallen/Berlin/São Paulo
- Remarque, Erich Maria: «Die Nacht von Lissabon», Kiepenheuer, Köln 1962
- Schivelbusch, Wolfgang, «Das Paradies, der Geschmack und die Vernunft», Ullstein Sachbuch, Berlin 1983

ADRESSEN

- Ärztlicher Arbeitskreis Rauchen und Gesundheit e. V., c/o Prof. Dr. F. Schmidt, Klinische Fakultät Mannheim, Maybachstr. 14–16, 6800 Mannheim 1

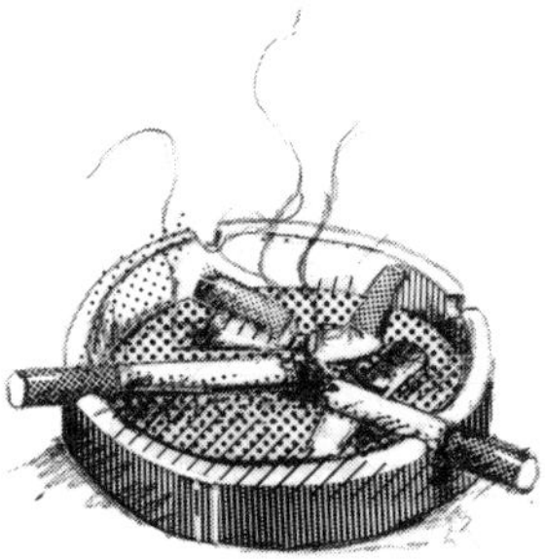

BROT FÜR DIE WELT
– DIE WURST BLEIBT HIER?

„Brot und Freiheit wachsen auf einem Halm."

Deutsches Sprichwort

Die Urmenschen konnten ihr «täglich Brot» nicht beim Bäcker kaufen. Merkwürdige Vorstellung, nicht wahr? Sie mußten ihre pflanzliche und tierische Nahrung – getreideähnliche Gräser, Wildfrüchte, kleine Tiere usw. – noch sammeln und jagen. Wir jagen nur nach Geld.
Gegen Ende der Altsteinzeit wurde auch Großwild gejagt, was irgendwann zwangsläufig auch in extensive Viehhaltung mündete.Der neusteinzeitliche Ackerbau führte zur Kultivierung der ersten besonders wohlschmeckenden und großsamigen Getreidegräser. Spätestens ab dann gab es eine Konkurrenz zwischen Fleisch und Brot, nämlich Jagd bzw. Viehhaltung und Acker- bzw. Getreidebau. Zuerst war diese Konkurrenz zeitlicher Art, man konnte eben nur das eine oder das andere tun. Später kam die Konkurrenz in der nutzbaren Landfläche hinzu.

«Ohne Brot zollt man Allah keine Verehrung.»
Arabisches Sprichwort

Der Ackerbau war die gezieltere Form der Lebensmittelgewinnung, Getreide und später Brot waren deshalb in besonderem Maße sinnbildliche Lebens-Mittel. Korn wurde von altersher als Zeugnis göttlicher Schöpfung, als beseeltes Wesen betrachtet – so ein Satz würde einem zu Golden Toast-Brot nie einfallen.
In den (ackerbautreibenden) Hochkulturen wurde den Göttern Brot als Opfer gebracht, während in den Vorstellungen anderer Völker Blut die Fruchtbarkeit des Ackers bewirkte und deshalb Blut die kostbarste Opfergabe des Menschen war. In den Hochreligionen wurde das Blutopfer überwunden, es gibt allerdings immer noch Bezüge zum Blutopfer. Auch beim Heiligen Abendmahl wird ja das Brot symbolisch mit der Leiblichkeit Christi gleichgesetzt, der Wein mit dem Blut Christi.
Spirituelle und rituelle Bezüge zu Korn und Brot finden sich in vielen anderen Religionen. Die Mayas verehrten einen Mais-Gott, der Yum Kaax hieß und gleichzeitig Gott des Anbaus schlechthin war. Bei den Griechen wurde die Erd- und Kornmutter Demeter als höchste Vegetationsgottheit verehrt, die römische Entsprechung war Ceres, die Göttin des Wachstums der Ackerfrüchte. Auch im Christentum haben sich viele dieser alten Überlieferungen erhalten, zum Beispiel wenn Maria als die «in Ähren Wandelnde» im blauen Himmelskleid dargestellt wird, in der biblischen Erzählung der «Brotvermehrung» durch Jesus und nicht zuletzt im Erntedankfest,

das bei uns heute konsequenterweise im Darbringen von Kartoffel-Chips, Hamburgern, Fischstäbchen und Süßigkeiten bestehen müßte.

«Als das Jesus hörte, zog er sich von dort in einem Boot allein in eine einsame Gegend zurück. Aber als das Volk das hörte, folgte es ihm zu Fuß aus den Städten. Und Jesus stieg aus und sah die große Menge; und er hatte Erbarmen mit ihnen allen, und er heilte ihre Kranken. Am Abend aber traten seine Jünger zu ihm und sagten: Die Gegend ist öde, und die Nacht bricht herein; entlaß das Volk, damit sie in die Dörfer gehen und sich Essen kaufen. Aber Jesus antwortete ihnen: Es ist nicht nötig, daß sie fortgehen; gebt ihr ihnen zu essen. Sie sagten zu ihm: Wir haben hier nichts als fünf Brote und zwei Fische. Und er sagte: Bringt sie mir her! Und er ließ das Volk sich auf das Gras lagern und nahm die fünf Brote und die zwei Fische, sah zum Himmel auf, dankte und brach's und gab die Brote den Jüngern, und die Jünger gaben sie dem Volk. Und sie aßen alle und wurden satt und sammelten auf, was an Brocken übriggeblieben war, zwölf Körbe voll. Die aber gegessen hatten, waren etwa 5000 Mann, ohne Frauen und Kinder.»
Matth. 14,13–21

Das Brot

Als älteste Getreide wurden Vorstufen des Weizens und der Gerste angebaut, damit konnte Speicherwirtschaft betrieben werden, und es wurde ein Vordringen in kältere Regionen ermöglicht.
Feuer und Getreide hatte man wohl – aber noch kein Brot. Die Getreidekörner wurden zuerst roh gegessen, waren aber recht unverdaulich. Dann wurden sie geröstet, wobei man das Fleischbraten nachahmte. Aber erst das Kochen von

zerquetschten Körnern mit Wasser führte zu einem bekömmlichen (Getreide-)Brei, ähnlich wie heute Porridge, Polenta oder Cous-Cous. Unsere Vorfahren hatten also durchaus Sinn für internationale Küche. Mit Beimischung von Wildfrüchten, Wurzeln, Beeren, Pilzen und Fleisch gab es eine abwechslungsreiche Kost.

Ganz platt waren unsere Vorfahren, als sie durch Zufall die Fladen entdeckten: wenn eine dünne Breischicht im Gefäß antrocknet oder auf einem heißen Stein festbäckt, entsteht ein Fladen, der in frischem Zustand eßbar ist, aber bald hart wird. Allerdings konnte der harte

Fladen auch transportiert und wieder zu Brei aufgeweicht werden. Der Fladen konnte den Brei aber nie ganz verdrängen, weil man dem Teig nicht so viele verschiedene Nahrungsmittel beimengen konnte wie dem Brei.
Auch heute noch werden in vielen orientalischen und südamerikanischen Ländern hauptsächlich Fladen gegessen, in ostasiatischen Ländern, im Sudan u. a. Ländern ist Getreidebrei Hauptnahrungsmittel.
Der Übergang zum eigentlichen (gelockerten, besser bekömmlichen und länger eßbaren) Brot war wahrscheinlich nicht die alleinige Erfindung der Ägypter und schon gar nicht der alten Germanen, sondern hat sich sicherlich an verschiedenen Orten und zu verschiedenen Zeiten ereignet. Wenn ein zubereiteter (Fladen-)Teig nicht sofort verarbeitet wird, macht sich die Gärtätigkeit der im (verschmutzten) Mehl vorhandenen Mikroben bemerkbar und es entsteht Sauerteig. Später machte man die Erfahrung, daß die Beimischung von altem Sauerteig zur schnelleren Gärung führt. In Ägypten wurde dann auch Bierhefe verwendet, im keltischen Frankreich und Spanien der Schaum des Traubenmosts.
Bei den Römern gab es schon öffentliche Bäcker und die Erkenntnis, daß das Volk ohne sein Lebensmittel Brot und etwas Ablenkung schnell aufrührerisch wurde: dagegen gab es «panem et circenses», zu deutsch: «Chips und Fernsehen».
Von Rom aus verbreitete sich das Brotbacken über ganz Europa, ähnlich der späteren Pizza. Bis ins 18. Jahrhundert wurden die verschiedensten Getreide genutzt, Roggen, Hafer, Hirse, Weizen, Gerste und Dinkel. Reis dagegen (aus Italien) galt als Arme-Leute-Getreide. Den Einschlag hat er noch heute. Weizen setzte sich erst im Laufe der Zeit als wichtigstes Getreide durch.
Er wurde im Prinzip in einer Dreifelderwirtschaft angebaut (Weizen, Hafer, Brache), wobei die Brache oft eher Viehweide als wirkliche Brache war. Tierhaltung gehörte dazu, denn die Rinder dienten als Zugtiere für das beschwerliche Pflügen und – gerade beim Weizen – als Düngerlieferant.
Zwischen 1750 und 1850 gab es – zuerst in Frankreich – eine geradezu revolutionäre Umstellung auf Weißbrot (das Brot des Adels) und auf Weizenanbau. Das ausgesiebte und dadurch haltbarere Weißmehl mag dazu beigetragen haben. Und im 16. und 17. Jahrhundert gab es bereits den ersten Fernhandel mit Getreide, der aber

mengenmäßig unbedeutend war und nur in Krisenzeiten vorübergehend Bedeutung erlangte.

Panem et circenses

Die Lebensmittelversorgung vom 16. bis 19. Jahrhundert war bei weitem nicht so üppig wie heute, die durchschnittlich aufgenommene Kalorienmenge lag wahrscheinlich bei etwa 2000 Kalorien (allerdings gab es regional starke Abweichungen). Brot trug mit 50 bis 60 Prozent zu dieser Kalorienmenge bei. Getreide- und Brotkrisen gab es oft. Die Preise lassen sich am ehesten in Arbeitsstunden erfassen: eine vierköpfige Familie verbrauchte in Westeuropa etwa zwölf Doppelzentner im Jahr. Lag der Preis eines Doppelzentners unter 100 Arbeitsstunden, war die Versorgung akzeptabel. Bei mehr als 100 Stunden spitzte sich die Lage zu, bei mehr als 200 Arbeitsstunden wurde es kritisch und bei mehr als 300 Arbeitsstunden herrschte meist eine Hungersnot. Zwischen 1540/50 und 1880/90 gab es eine lang anhaltende Knappheit bzw. Teuerungsphase, der Doppelzentnerpreis lag im Schnitt über der 100-Stunden-Grenze.

«Er hat mehr Schläge erhalten als Brot.»
Deutsches Sprichwort

In der Bundesrepublik sinkt der Anteil der Lebensmittelkosten an den Gesamtlebenshaltungskosten beständig: 1950 lag er bei 47,4 Prozent, heute bei etwa 22 Prozent.
Das macht satt und zufrieden.
Der französischen Revolution ging dagegen eine lange Hungerszeit voran, es wurde von einem «Wucherverkauf von Getreide» ins Ausland gemunkelt, obwohl Getreideverkauf ins Ausland seit mehr als 100 Jahren verboten war und kaum in großem Stil praktiziert werden konnte.
Nach einer großen Dürre im August 1789 stürmten die Pariser Brot-Frauen nach Versailles und zwangen den König und die Königin, sie nach Paris zu begleiten. Nach der Revolution durfte nur noch ein Brot gebacken werden: le pain d'égalité. Auch heute noch hat die Stabilität des Brotpreises eine enorme innenpolitische Bedeutung, wie die jüngsten Ereignisse in Algerien, Peru oder Polen zeigen.

Nach wie vor ist Brot bzw. Getreidenahrung (als Brei o. ä.) das bedeutendste Lebensmittel der Welt, in manchen Ländern deckt es mehr als 80 Prozent der aufgenommenen Kalorien.
In der Bundesrepublik wurden 1980 rund 25,5 Millionen Tonnen Getreide produziert. Für die Lebensmittelerzeugung wurde davon nur ein Fünftel verwendet: 5,4 Millionen Tonnen. Der Verbrauch an Brotgetreide lag bei etwa 65 Kilogramm pro Kopf und Jahr, Weißreis spielte mit 1,7 Kilogramm eine eher exotische Rolle, und die eiweißreichen Hülsenfrüchte (wie zum Beispiel Linsen) sind mit 1,0 Kilogramm Verbrauch nahezu ganz in Vergessenheit geraten. Die Eiweißaufnahme findet hauptsächlich über tierische Produkte wie Fleisch oder Milch statt. Neben dem ungesund hohen Fleischverbrauch zogen es die Deutschen vor, weniger und schlechteres Brot zu essen. Von 1960 bis 1970 nahm der Brotverbrauch um 15 Kilogramm pro Kopf und Jahr auf etwa 65 Kilogramm ab, parallel dazu verschob sich das Weizen-Roggenverhältnis von 70:30 auf 80:20. Daran hat sich seitdem wenig geändert. 1988 wurden pro Bundesbürger 80,5 Kilogramm Backwaren verzehrt.

«Edel denken ist schwer, wenn man nur denkt, um Brot zu erwerben.»

Jean-Jacques Rousseau

Vitamin- und Mineralstoffgehalt von Weizen und Weizenmehlen

in Abhängigkeit vom Ausmahlungsgrad
(in mg pro 100 g) – (Souci u.a. 1962–1979)

	ganzes Korn	**Type 405**	**Verlust in Prozent**
Carotin	0,23	0,06	74
Thiamin (Vit. B 1)	0,48	0,06	88
Riboflavin (Vit. B 2)	0,14	0,03	79
Nicotinamid	5,1	0,7	86
Pantothensäure	1,18	0,21	82
Pyridoxin (Vit. B 6)	0,44	0,18	59
Biotin	0,006	0,0015	75
Tocopherol (Vit. E)	3,2	2,3	28
Natrium	7,8	2	74
Kalium	502	108	78
Kalzium	43,7	15	66
Eisen	3,3	1,95	41

Nach: von Koerber, Männle, Leitzmann: «Vollwerternährung», Heidelberg 1981.

Vollkornmehl hat nur einen Anteil von etwa zehn Prozent am Mehl, die restlichen 90 Prozent sind hellere und minderwertigere Mehle. Das «normale» Mehl (Typenbezeichnung 405), das wir im Supermarkt kaufen, ist weitgehend «unnormal», nämlich völlig denaturiert. Zugegebenermaßen paßt das zu unserer Lebenshaltung. Warum sollte es dem Mehl anders ergehen als uns?

Aber zurück zum Brot: Natürlich ist Vollkornbrot das beste und gesündeste Brot. Aber leider sind die gesetzlichen Bestimmungen sehr vage: Vollkornbrot muß nämlich 90 Prozent Vollkornmehl bzw. -schrot enthalten, Vollkornbrötchen gar nur 30 Prozent. Und es sind über 150 chemische Zusatzstoffe erlaubt: Farbstoffe, Säuren, Aromastoffe, Konservierungsstoffe, Stabilisatoren, Emulgatoren usw. Beim unverpackten Brot (und nur solches sollten Sie kaufen!) müssen die Zusatzstoffe aber nicht gekennzeichnet werden. Der Name «Biobrot» ist leider nicht gesetztlich geschützt. Wenn Sie Ihr Brot regelmäßig bei Ihrem Bäcker kaufen, sollten Sie ihn fragen, welche Inhaltsstoffe er verwendet hat, ob er richtiges Vollkornmehl bzw. -schrot verwendet hat (100prozentiger Ausmahlungsgrad), wann das Mehl/Schrot gemahlen wurde (möglichst frisch!) und ob das Getreide aus kontrolliert biologischem Anbau stammt. Die Produktion von Industrie-Brot entfernt sich dagegen immer mehr vom ursprünglichen Brot, man darf gerade noch staunen, daß es überhaupt Getreide enthält, wenngleich in Form von minderwertigem Mehl.

Getreide

Kurzbeschreibung	Wertvolle Inhaltsstoffe	Verwendung
Weizenkörner sind eiförmig, länglich. Von den vielen verschiedenen Weizenarten sind vor allem zwei Sorten von Bedeutung: Saatweizen und Hartweizen. Aus Hartweizen-Grieß werden vor allem die italienischen Teigwaren hergestellt (ohne Eier)	Das Weizenkorn enthält reichlich quellfähige Ballaststoffe, die die Darmfunktion günstig beeinflussen. Der hohe Gehalt an bestimmten Eiweißstoffen (Kleber) verleiht dem Weizen ideale Backeigenschaften. Weizenkörner sind reich an Vitamin A, B_1, K. Die Mineralstoffe und Vitamine sowie das Eiweiß sitzen vor allem in den Randschichten, die beim Raffinerieren weggemahlen werden.	Weizen ist das für den Frischkornbrei am häufigsten verwendete und geeignete Getreide. Zerkleinerte Weizenkörner finden Verwendung als Graupen, Grieß oder Grütze. Das Mehl dient zur Herstellung von Teigwaren. Weizen wird ferner zur Herstellung von reiner Stärke, Weizenbier und Kornbranntwein verwendet.
Roggen Die Körner sind spelzenfrei und von bläulicher Farbe.	Vitamin A und K, Kalzium und Eisen.	Roggen dient hauptsächlich als Brotgetreide. Beim Gären bildet der Roggenteig Gärblasen und lockert den Teig auf. Wegen des sauren Geschmacks wird Roggen nicht für feine Backwaren verwendet, er wird deswegen auch dunkler ausgemahlen. Roggenbrot bleibt länger frisch als Weizenbrot.
Gerste Das Korn ist mit den Spelzen fest verwachsen. Nach dem maschinellen Entfernen der Spelzen, Schleifen und Polieren erhält man runde Körner, die als Graupen bezeichnet werden. Zerkleinerte Graupen heißen Grütze. Graupen und Grütze sind im Vergleich zum Korn nicht mehr vollwertig. Eine besondere Züchtung ist die Nackt- oder Sprießkorngerste, die keine Spelzen besitzt. Wenn das Gerstenkorn zu keimen beginnt, werden Stärke und Eiweiß zu zukkerhaltigem Malz abgebaut.	Gerste ist reich an schleimenden Quellstoffen, die sich besonders bei infektiösen Darmerkrankungen bewährt haben, und an B-Vitaminen. Durch den Schälprozeß ist bei entspelzter Gerste der Eiweiß-, Fett- und Mineralstoffgehalt im Vergleich zum ganzen Korn erheblich reduziert.	Graupen und Grütze wurden früher häufig für Suppen und Breie verwendet. Als Brotgetreide eignet sich Gerste weniger gut, da es wenig Klebereiweiß enthält, es muß ein spezielles Backferment zugesetzt werden. Frisch geschrotete Sprießkorngerste eignet sich gut für Müsli, süße Malzextrakte und Malzkaffee. Gewerblich wird Gerste für die Bierbrauerei genutzt (Brauereigerste), zudem für die Herstellung von Kornbranntwein. Über die Hälfte der Welternte dient als Viehfutter. Gut geeignet für Fladenbrot, Suppen und Brei.

Kurzbeschreibung	Wertvolle Inhaltsstoffe	Verwendung
Dinkel ist eine spezielle Weizenart mit ausgeprägt nussigem Geschmack, die heute kaum noch angeboten wird, da sich die Hektarerträge durch Intensivlandwirtschaft nicht wesentlich steigern ließen.	Mineralstoffreich, vor allem Kalium und Magnesium.	Dinkel ist wenig krankheitsanfällig und auch in konventionellem Anbau wenig behandelt, ebenso lassen sich die Erträge durch Kunstdünger nicht wesentlich steigern. Verwendung als ganzes Korn, Schrot, Grieß, Flocken und Mehl, als Graupen oder Grieß, als Suppeneinlage.
Grünkern ist unreif geernteter Dinkel (eine bespelzte Weizenart). Die unreifen Körner werden gedarrt, das getrocknete Korn soll grün mit vollem Glanz sein.		Grünkern ist auch in manchen Fertigsuppen enthalten. Grünkern ist vielseitig verwendbar: Süßspeisen, Salate, als Bratling, Grünkerngemüse, Eintopf.
Buchweizen gehört botanisch nicht wie die anderen Getreidearten zu den Gräsern, sondern ist ein Knöterichgewächs. Die Früchte sind rotbraun und dreikantig, sie erinnern an Bucheckern. Buchweizen kommt aus Ostasien, wächst auch in Hochlagen, ist widerstandsfähig (wird auch im konventionellen Anbau kaum gespritzt). Überdüngung treibt das Blattwerk hoch und läßt die Körner verkümmern.	Reich an Mineralstoffen und B-Vitaminen. Biologischer Wert höher als bei allen anderen Getreidearten.	Buchweizen wird als ganzes Korn, Grütze und Mehl angeboten, er ist gut geeignet für Klöße aus Buchweizengrütze, Pfannkuchen aus Buchweizenmehl sowie zu Buchweizennudeln (Soba aus Japan).
Hafer ist ein Rispengras, die Körner bilden nicht – wie dies bei anderen Getreidearten der Fall ist, eine Ähre. Er wächst gut im Seeklima Nordeuropas.	Im Vergleich zu anderen Getreidearten enthält Hafer am meisten Fett, Eiweiß, Mineralstoffe (Kalzium, Eisen) und Vitamin B_1, Fluor. Hafer enthält ferner anregende Stoffe und ist reich an Quell- und Schleimstoffen, die sich u. a. bei der Heilung von Darminfektionen bewährt haben.	Nach Entspelzen, Schälen, Dämpfen, Dörren und Walzen erhält man Haferflokken. Infolge der Hitzebehandlung sind Haferflocken keine Rohkost mehr. Für das Müsli eignet sich spelzfreier, aber unerhitzter Hafer (Spießkornhafer). Infolge Klebermangels ist Hafer wenig geeignet zur Brotherstellung. Gut geeignet für: Müsli, Haferschleim, Hafergrütze (England: Porridge).

Kurzbeschreibung	Wertvolle Inhaltsstoffe	Verwendung
Als **Hirse** kennt man mehrere Getreidearten der Tropen und Subtropen mit relativ kleinen, meist rundlichen Körnern. Hirse ist ein Hauptnahrungsmittel in den tropischen Gebieten Asiens und Afrikas, wächst auf trockenen Böden.	Reich an Eisen, Magnesium, Fluor und Kieselsäure, Eiweiß von guter biologischer Wertigkeit. Die Hirse wird nach der Ernte geschält, im Gegensatz zum Weizen sind aber in den verdaulichen Randschichten der Hirse kaum Mineralstoffe oder Vitamine. Im Handel erhält man Hirse geschält, als Flocken und als Mehl.	Hirse ist zum Brotbacken wenig geeignet. Verzehr als ganzes Korn oder gemahlen als Brei. Gequollene Hirsekörner mit Quark, Auflauf, Süßspeisen, «Hirsotto», das Korn wird wie Reis gekocht (10–15 Min.). Flocken für Müsli und Suppen, Mehl für Pfannkuchen und Backwaren.
Reis (das «Brot Asiens») wird schon seit Jahrhunderten kultiviert, er gehört zu den Spelzgetreidearten und muß geschält werden. Beim **braunen Reis (Naturreis)** ist das unter der Spitze liegende Silberhäutchen und die darunter befindlichen eiweiß- und vitaminhaltige Aleuronschicht sowie der ölhaltige Keimling noch erhalten. Nur diesen Reis sollte man kaufen. Naturreis hält nicht so lange, weil der ölhaltige Kern ranzig wird. Der **weiße Reis** ist nicht nur geschält, sondern auch geschliffen und poliert, ohne Silberhäutchen und Keim und deren wertvolle Inhaltsstoffe. Vorsicht: *Vollreis* ist *kein* vollwertiger Reis, sondern Weißreis, bei dem Bruchkörner abgesiebt werden. Diese werden als *Bruchreis* angeboten. Beim Reis gibt es die Sorten: • Langkornreis (Patnareis): harter Reis, kocht trocken, locker und körnig.	Kohlenhydrate, Mineralsalze, Vitamine, Eiweiß; Kohlenhydrate sind gleichmäßig verteilt, dadurch leichter verdaulich. Ist natriumarm (entwässert).	Neben dem Naturreis, den Sie zum Kochen nehmen sollten, gibt es noch: • Parboiled Reis (fälschlicherweise auch Vollwertreis genannt). Der Reis wurde industriell mit Wasser, Wärme und Druck vorbehandelt, so daß wasserlösliche Vitamine und Mineralstoffe des Silberhäutchens zum Teil ins Korninnere übergehen. Dann wird er geschält und geschliffen. Der Parboiled Reis ist vitamin- und mineralstoffhaltiger als Weißer Reis, aber weniger als Naturreis. Hohe Lagerfähigkeit. • Schnellkochreis: industriell vorgegart, braucht nur 5–10 Minuten. • Fertigreis: noch mehr vorgegart, braucht nur eine Minute. • Kochbeutelreis: im Kunststoffbeutel, wird schnell gar. • Puffreis: Reiskörner, die durch eine spezielle Dampfbehandlung um ein Mehrfaches ihrer Größe aufge-

Kurzbeschreibung	Wertvolle Inhaltsstoffe	Verwendung
• Rundkornreis (Milchreis): er kocht weich und gibt beim Kochen einen Teil der Stärke an die Kochflüssigkeit ab (ca. 15 Prozent). Er ist billiger und eignet sich für Reisbrei und zu Aufläufen.		blasen wurden. Die Körner werden dann noch leicht geröstet und können ungekocht gegessen werden.

Quelle: R. Grießhammer, S. de Witt, «Der Ökokoch», Reinbek 1986

Wer Hunger pflanzt und Überschuss erntet

Getreidespekulation gibt es seit biblischen Zeiten, aber sie wird immer gekonnter. Die USA überwachen die Weltgetreideernten seit den siebziger Jahren mit Satelliten – der Informationsvorsprung gibt ihr entscheidende Vorteile im Preispoker. Wie bei allen Naturprodukten spielt die Natur wenigstens ab und zu noch eine Rolle, ansonsten wird mit Getreide spekuliert wie mit jeder anderen Ware, obwohl ihr Preis direkt mit dem Hunger und dem Überleben von Millionen Menschen verknüpft ist.

«Iß kein Brot, wenn ein anderer Mangel leidet und du ihm nicht die Hand mit dem Brote reichst.»

Lehre des Schreibers Anii, etwa 10. Jahrhundert v. Chr.

Sechs große Weizenhändler kontrollieren den Weizenmarkt: Cargill Inc., Continental Grain, Andre, Lois Dreyfus Co., Bunge Corp. und die Toepfer-Gruppe in Hamburg. Cargill verfügte beispielsweise 1979 über neun Millionen Tonnen Lagerkapazität, die Ernte der Bundesrepublik lag damals bei acht Millionen Tonnen!

Leider geht es nicht zu wie beim «Monopoly» oder «Börsenspiel», wo jeder anfangs gleich viel Geld hat oder vom Würfel- bzw. Kartenglück oder -pech abhängt. Die Weizenfarmer bzw. -bauern sind bei schlechten Ernten mit ihrem Pech allein, bei guten Ernten können sie aber auch nicht mitmischen, denn in der Regel müssen sie den Weizen innerhalb von etwa zwei Wochen nach der Ernte verkaufen. Sie haben weder ausreichend Lagerkapazität noch genug

Supergeschäft mit Supergau

«Amerikanische Börsen verzeichneten horrende Kursgewinne bei Getreidewerten unmittelbar nach Gerüchten über einen weiteren AKW-Unfall in der Sowjetunion.

Die Gerüchte um ein ‹zweites Tschernobyl› sind möglicherweise von Börsen-Spekulanten gezielt lanciert worden. Noch immer herrscht bei der Wiener IAEO Rätselraten über den falschen Alarm, von dem zumindest einige Börsenhändler profitiert haben. Wie die ‹Hannoversche Neue Presse› gestern meldete, sind an mehreren US-Börsen letzten Mittwoch die ‹Getreidepreise explodiert›. Spekulanten hätten vor und während der Katastrophenmeldung größere Mengen von Getreidewerten aufgekauft und sie nach Steigen der Kurse mit satten Gewinnen abgestoßen.»

taz vom 6.2.1988

Liquidität, um einige Monate zu überbrücken. Entsprechend sind die Weizenpreise während der Erntemonate Mai bis September im Normalfall niedrig, es sei denn, die Spekulanten könnten einen AKW-Unfall, eine Heuschreckenplage oder eine Überschwemmungskatastrophe erhoffen.

Gehandelt und spekuliert wird auf dreierlei Weise: Am sichersten, über auch am wenigsten lukrativ ist der Verkauf auf Kommission. Die Großen der Branche können bei niederem Preis aufkaufen, lagern und bei höherem Preis wieder abstoßen. Möglich ist auch die Spekulation mit «Papierweizen» und Warenterminen. Da werden Kontrakte hin- und hergeschoben und mehrmals verkauft, bevor die Weizenpflanzen das erste Spritzmittel gesehen haben (und das ist sehr früh!). Nach Großprojekten, zum Beispiel dem Verkauf von amerikanischem Weizen an die Sowjetunion, steigen die Preise, weil das Angebot verknappt wird. Entsprechende Geschäfte werden denn auch bevorzugt geheim verhandelt, sonst würden die Preise schon im voraus steigen. Neben den Farmern und Spekulanten gibt es noch

«Als ich vor Jahren bei dem
Studium der Vorgänge auf der
Weizenbörse Chicagos
Plötzlich begriff, wie sie dort das
Getreide der Welt verwalten
Und es zugleich auch nicht begriff
Und das Buch senkte
Wußte ich gleich: du bist
In eine böse Sache geraten.»
Bertolt Brecht

eine dritte Gruppe von Beteiligten: die Verbraucher. Die Hausse an der Börse wird in der Sahelzone zur Baisse. In der Zeitung wird es übersetzt: Hungerkatastrophe: (1974).

«Während in Bangla Desh eine schlimme Hungersnot Hunderttausende von Opfern forderte, behauptete der Ernährungsminister dieses Landes, es gäbe keine ernsthaften Ernährungsprobleme. Von Journalisten in die Enge getrieben, meinte er schließlich: ‹Sehen Sie, wenn ich hier eingestehe, wie groß die Not wirklich ist und wieviel Getreide wir kaufen müssen, dann schießt der Preis in Chicago gleich um einige Cent nach oben. Ein Wort von mir kann meinem Land einige Millionen Dollar mehr kosten – und die haben wir einfach nicht...›.»

Aus: Peter Krieg, «Der Mensch stirbt nicht am Brot allein», 1981

Wie die Fetten noch fetter werden

Die weltweite Produktion an Nahrungsmitteln reicht aus, um alle Menschen zu ernähren. Aber es wird nicht geteilt. Im Jahr 1983 lebten von den damals 4,6 Milliarden Menschen etwa eine Milliarde in Gebieten mit wiederkehrenden Hungersnöten, weitere 300 Millionen Menschen hatten Nahrungssorgen. Ungefähr 1,9 Milliarden Menschen waren ausreichend versorgt und 1,4 Milliarden Menschen lebten in Gebieten des Überflusses. Im «Jahr des Kindes» verhungerten 15 Millionen Kinder. Dabei wurden und werden genug Nahrungsmittel produziert: 1984 wurden weltweit 1,8 Milliarden Tonnen Getreide (Weizen, Reis, Mais, Roggen, Sorghum, Hirse, Gerste, Hafer) geerntet. Verteilt auf die nun 4,8 Milliarden Menschen hätte das 375 kg pro Kopf und Jahr ergeben oder 1,030 kg pro Kopf und Tag(!!).

**«Auch wo der Zahn fehlt,
kaut man Brot zur Not:
Das Unglück ist, wo fehlt zum
Kauen das Brot.»**
Saadi

Die Tabelle zeigt noch weitere Lebensmittel, die in diesem Jahr produziert wurden:

Lebensmittelproduktion weltweit (1984)

(alle Angaben in Millionen Tonnen)

stärkehaltige Wurzelknollen	593
Hülsenfrüchte	48
pflanzliches Öl	59
Ölkuchen (Preß- und Extraktionsrückstände)	123
Fleisch	144
Milch	497
Eier	29
Getreide (gesamt)	1 803
Weizen	523
Reis	470
Grobgetreide (Mais, Roggen, Hirse, Gerste, Hafer)	810

Aus: F. Krusen, Ernährung 2000

Aber schon kommt der dicke Haken: Fleisch konnte nur in diesem Umfang produziert werden, weil das Getreide eben nicht gleichmäßig verteilt wurde, sondern mehr als zur Hälfte(!) an Tiere verfüttert wurde, was einen riesigen Nährstoffverlust mit sich bringt.
In den «entwickelten» Ländern wurden ca. 70 Prozent verfüttert, in der Bundesrepublik 62 Prozent, in den USA 94 Prozent, in den «Entwicklungs»-ländern sieben Prozent. So also sieht «Entwicklung» aus. Mit steigendem Einkommen wächst der Anteil von tierischen Produkten, Zucker, Ölen und Fetten an der aufgenommenen Nahrungsenergie, der Anteil von Getreide und Stärkepflanzen sinkt.
In den reichen Ländern werden pro Kopf täglich Lebensmittel mit einem Energiegehalt von 3000 Kalorien verspeist, davon etwa 40 Prozent in Form tierischer Lebensmittel. Rechnet man diesen Teil in «Primärkalorien» um (Rindfleisch im Verhältnis 1:10, Milch mit 5:1, Schweinefleisch mit 3:1 usw.), so gibt das pro Bundesbürger zum Beispiel etwa 10 000 Kalorien. Damit könnten fünf Menschen nahezu ausreichend versorgt werden.
Die krassen Unterschiede in der Nahrungsmittelversorgung werden noch krasser, die Fetten bekommen immer mehr. Von 1963 bis 1986 stieg in Westeuropa die Erzeugung von Fleisch pro Einwohner von 55 auf 77 Kilogramm, die Getreideerzeugung von 330 auf 514 Kilogramm. In Afrika fiel im gleichen Zeitraum die Getreideerzeugung von 136 Kilogramm auf 108 Kilogramm, die Fleischproduktion von elf auf zehn Kilogramm.

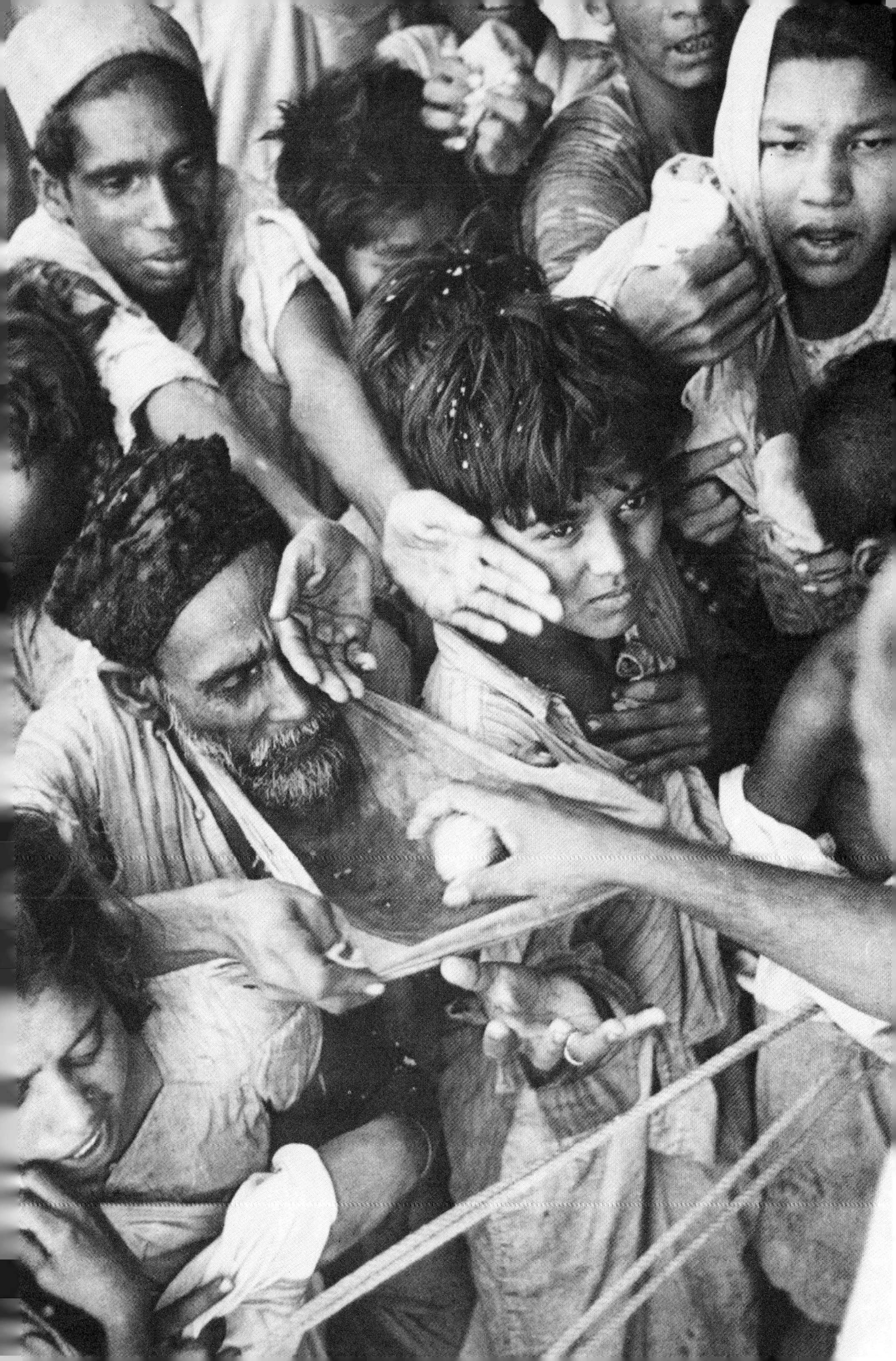

Die einfachste «Nahrungsmittelhilfe» bestünde also darin, daß die EG auf den Import von sogenannten Futtermitteln (27 Millionen Tonnen in 1987!) aus Entwicklungsländern verzichtet, denn bezogen auf Getreideeinheiten beruht die Erzeugung tierischer Nahrungsmittel in der EG zu etwa acht Prozent auf Futter aus Entwicklungsländern, bezogen auf Eiweiß gar zu elf Prozent. Einfacher ausgedrückt: jedes neunte Schnitzel ziehen wir direkt jemandem aus der Dritten Welt vom Teller. Da selbst nach offiziellen Empfehlungen der bundesdeutsche Fleischverbrauch viel zu hoch ist, sollte er doch zumindest in einem ersten Schritt um zehn Prozent reduziert werden können – sämtliche Futtermittelimporte wären dann überflüssig.

Die Nahrungsmittelhilfe der EG und der USA verliert vor diesem Hintergrund ziemlich von ihrem Charakter als Hilfsangebot an Dritte-Welt-Länder. Vom Juli 1982 bis Juni 1983 wurden von ihnen weltweit etwa neun Millionen Tonnen Getreide als Nahrungsmittelhilfe gegeben (zur Erinnerung: etwa 900 Millionen Tonnen Getreide wurden im gleichen Zeitraum an Tiere verfüttert!!!). Die sogenannte Nahrungsmittelhilfe ist dabei nur zum Teil Hilfe zur Überwindung akuter Notlagen, zum anderen Teil stellt sie – unter dem Decknamen der Humanität – eine Form der Beseitigung von Agrarüberschüssen dar. Zum Beispiel lieferte die EG 1985 rund 90000 Tonnen Magermilchpulver in Entwicklungsländer. Der Milchsee der EG – der in Wahrheit ein Butter- und Magermilchberg ist – betrug in diesem Jahr 772000 Tonnen und der Getreideberg 12880000 Tonnen – alles im Gesamtwert von etwa 27 Milliarden DM. Nicht zu vergessen, daß die Milchkühe, von denen das Magermilchpulver letztlich stammt, mit sogenannten Futtermitteln aus der Dritten Welt aufgepäppelt werden. So schließt sich der Kreis.

Der Gerechtigkeit halber muß gesagt werden, daß Nahrungsmittelhilfe immer noch besser ist als andere praktizierte Arten der Überschußbeseitigung innerhalb der EG: die Überschußvernichtung, die Verfütterung von Butter an Kälber oder die Herstellung von Seifen aus Butter. Damit nur unsere Weste weiß bleibt.

Zuweilen werden die Überschüsse auch mit Dumpingpreisen auf den Weltmarkt geworfen (die Differenz zum garantierten EG-Preis zahlt der Steuerzahler). Dabei kommt es absurderweise oft zur Verdrängung von entsprechendem Anbau in Entwicklungsländern, so etwa zur Zuckerrohrkrise durch Dumpingpreise mit Rübenzucker der EG.

Beim Schimpfen über die Subventionen der EG-Agrarpolitik (und vergleichbar der USA) werden die Bauern oft in die Kritik einbezogen: zu unrecht. Die wahren Herren des Landes sind nicht mehr die (Klein-)Bauern, sondern längst Ernährungsindustrie, Chemie- und Düngemittelindustrie. Sowohl in den USA wie in der EG gibt es das «Bauernsterben», die kleineren und unrentableren Höfe und Farmen müssen gnadenlos weichen. Seit dem Zweiten Weltkrieg sind in der Bundesrepublik mehr als die Hälfte aller Bauernhöfe eingegangen, das Einkommen ist unterdurchschnittlich, die durchschnittliche Wochenarbeitszeit liegt bei Männern bei 64,5 Stunden. Die Kapitalisierung der Betriebe ist enorm angewachsen, die Bauern entsprechend hoch verschuldet. In den USA liegt die Kapitalinvestition pro ländlicher Arbeitskraft bei rund 400000 Dollar(!), höher als in den meisten Industriezweigen. Die EG-Agrarordnung betrifft hauptsächlich *verarbeitete* Produkte (zum Beispiel Zucker, Butter oder Milchpulver), es wird geschätzt, daß nur etwa 30 Prozent der EG-Agraraufwendungen direkt den Bauern zugute kommen (die immer noch ein miserables Einkommen haben).

Die Ernährungsindustrie dagegen profitiert von den EG-Abgaben und präsentiert sich mit einem europaweiten Umsatz von 342 Milliarden DM und 2,6 Millionen Beschäftigten als die bedeutendste Industriebranche. Die cleversten Manager ernten die größten Kartoffeln.

In den USA sind die Verhältnisse ähnlich. Noch schlecht in Erinnerung sind die dramatischen Zusammenbrüche und Selbstmordserien, die sich bei den hochverschuldeten Farmern des «Cornbelts» (des Weizengürtels) nach der großen Dürre 1988 abspielten.

Bleibt festzuhalten: Die Entwicklungsländer werden zum Anbau von cash crops wie Bananen, Kaffee, Kakao, Baumwolle und Futtermittel (oft = Nahrungsmittel für den Export) gezwungen. Die westlichen Industriestaaten verfüttern den größten Teil ihres Getreides und importierte Futtermittel an die Tiere. Der hohe Fleischkonsum ist ungesund und führt zu einer enormen Zahl von Krankheiten (volkswirtschaftlich: zu Gesundheitsschäden). EG- und US-Produkte werden mit Dumpingpreisen auf den Weltmarkt geworfen. Die Subventionen dafür müssen die jeweiligen Steuerzahler aufbringen. Die subventionierten Tiefstpreise treiben die Entwicklungsländer weiter in den Ruin. Die intensivierte Landwirtschaft führt in den

USA und in der EG zu absurden Überschußproblemen, während gleichzeitig die Masse der Bauern durch die Tiefstpreise der Lebensmittel minimal verdient und um ihre Existenz kämpfen muß. Gleichzeitig führt die Intensivproduktion in den USA und in der EG zu katastrophalen Umwelt-, Boden- und Wasserschäden. Irrsinn? Einzige Erklärung: Irgend jemand muß an diesem Irrsinn ganz dick verdienen.

Der Weizenanbau ist das Paradebeispiel für die Intensivierung der Landwirtschaft. Der Anteil der Getreideflächen am Ackerland ist von 1951 bis 1982 von knapp 55 Prozent auf etwa 70 Prozent angestiegen. Die ökologischen Probleme der heutigen konventionellen Landwirtschaft sind massiv und unübersehbar und werden auch im offiziellen Landwirtschaftsgutachten des Sachverständigenrats für Umweltfragen so bezeichnet. Der Nitratgehalt im Grund- und Trinkwasser steigt schon seit Jahren kontinuierlich an. In den letzten Jahren wurden an vielen Stellen auch Pestizide im Grundwasser entdeckt – seit 1978 werden jährlich mehr als 30000 Tonnen Pestizide in der Bundesrepublik ausgebracht. Die Schädlinge werden zunehmend resistent: 1984 gab es schon 447 resistente Schädlinge – dagegen werden wieder neue Pestizide entwickelt.

Die Intensivierung der Landwirtschaft hat zu einer immer größer werdenden Bedrohung und Ausrottung von Tier- und Pflanzenarten geführt. Von den übriggebliebenen Arten sind heute 29 Prozent der Farn- und Blütenpflanzen, 36 Prozent der Vogelarten und 47 Prozent der einheimischen Säugetiere im Bestand gefährdet. Auch die Böden werden immer schlechter, die Erosion nimmt zu.

Die Multis und der Saatgutmarkt

Die meisten der heutigen Nutzpflanzen stammen aus einem Dutzend Gebieten mit hoher genetischer Vielfalt, den sogenannten «Wawilowschen Zentren», von denen die meisten in Gebieten der «Dritten Welt» liegen (zum Beispiel Amazonasgebiet, peruanische Anden, Nordindien/Himalaya usw.). Im Laufe der Jahrtausende ist die Nahrungsvielfalt immer mehr zurückgegangen: der prähistorische Mensch ernährte sich von über 1500 Wildpflanzenarten, die alten Ackerbaukulturen kannten mindestens 500 Hauptnahrungspflanzen. Heute hat man noch etwa 80 marktgängige Arten, und nur drei Nutzpflanzen (Weizen, Reis, Mais) decken über 75 Prozent unseres Getreidekonsums ab. Im Laufe der Entwicklung der Landwirtschaft hat der Mensch aus Wildpflanzen sogenannte Kulturpflanzen gezüchtet, die höhere und sicherere Erträge brachten und den jeweiligen Standortbedingungen entsprachen. Die Erfindung von Mineraldünger und Pestiziden machte aber den Anbau von empfindlichen Sorten an fast jedem Standort möglich. So wurden in der Bundesrepublik beispielsweise Dinkel oder Buchweizen fast vollständig verdrängt, obwohl diese Sorten sehr widerstandsfähig sind – allerdings ließen sich hier die Erträge auch durch weitere Düngung nicht mehr steigern. Andere verlorengegangene Sorten wiesen so vorteilhafte Eigenschaften wie Resistenz gegen Kälte, Schädlinge und Krankheiten auf oder waren früh- bzw. spätreifende Sorten. Seit dem letzten Jahrhundert verschwanden immer mehr Sorten, während die genutzten Sorten immer uniformer und anfälliger wurden. So kam es beispielsweise in den vierziger Jahren des letzten Jahrhunderts zu einer katastrophalen Kartoffelseuche in Irland und Ernteausfällen, die zu etwa zwei Millionen Hungertoten und zur Auswanderung vieler Iren führte.

«Die Landwirtschaft begann einst in der Dritten Welt. Als sich die Menschheit aus der ursprünglichen Heimat unserer wichtigsten Nahrungspflanzen nach Europa und der ‹Neuen Welt› der beiden Amerikas und Australasiens ausbreitete, nahm sie sich die Wegzehrung mit – das Saatgut der Alten Welt.»
Aus: Pat Roy Mooney, «Saat-Multis und Welthunger»

Die Gen-Erosion wurde durch die sogenannte Hybridzüchtung von Hochleistungssorten verstärkt: im Gegensatz zur ursprünglichen Züchtung durch Kreuzung und Auslese innerhalb einer Sorte werden hier auch weit entfernte Pflanzen gekreuzt, was in der Natur nicht möglich ist. Die neuen Sorten haben oft sehr gute Erträge, aber einen zentralen Nachteil: die Pflanzen sind nicht mehr fortpflanzungsfähig, das Saatgut muß immer wieder neu gekauft werden. Schlecht für die Bauern, gut für die Saatgutfirmen. Die traditionellen Sorten gerieten unter dem Produktionsdruck der wenigen importierten Sorten in Vergessenheit und verschwanden größtenteils unwiderruflich.

Als eine späte Reaktion auf diese Entwicklung wurden «Genbanken» zur Erhaltung der genetischen Ressourcen gegründet. Allerdings gab es bereits einige katastrophale Ausfälle in solchen Genbanken, ein Teil der Sammlungen wird mittlerweile von Konzernen kontrolliert.

Mit dem Hybridweizen und anderen Hybridpflanzen wurde die sogenannte «Grüne Revolution» eingeläutet. Hauptziel war die Ertragserhöhung und – bei der Anwendung in der Dritten Welt – die Lösung des Hungerproblems. Bekanntermaßen frißt die Revolution ihre Kinder: der Anbau von den Hochertragssorten hatte schwerwiegende ökologische und politische Folgen. Die Sorten waren empfindlicher und benötigten für Schädlinge und Krankheiten Pestizide und Kunstdünger zum Anbau. Der maschinelle Anbau und Monokulturen nahmen zu. Zudem kam es in der Dritten Welt beim Ersatz von traditionellen Nahrungsmitteln durch Weizen zu einer Verschiebung innerhalb der vorher vollwertigen Nahrung und zu Fehlernährung. Politisch-ökonomisch resultierte eine weitere Abhängigkeit von den Industrieländern: man benötigte nun Saatgut, Pestizide, Dünger und Maschinen. Während die Preise für die landwirtschaftlichen Produkte verfielen, stiegen die Preise für die Betriebsmittel aus den Industrieländern. Die Austauschverhältnisse (terms of trade) verschlechterten sich rapide.

Spätestens mit der Durchsetzung neuer Sortenschutzgesetze wurde auch der Saatgutmarkt selbst für die (Chemie-)Multis hochinteressant. Die bislang meist mittelständischen Saatgutfirmen wurden von den Chemiemultis aufgekauft, die nun die meisten Sorten kontrollieren. Mittlerweile bieten sie die praktische Paketlösung an: Saatgut, Dünger und Pestizide im Dreierpack, ja es gibt sogar Ent-

wicklungen, wonach das Saatgut gleich mit Dünger und Pestiziden beschichtet wird.
Die Chemiemultis haben so einen entscheidenden Zugriff auf die Sicherung der Welternährung – oder auf die nächste Katastrophe: unter Nutzung der Gentechnologie, deren ökologische Risiken nicht einmal andeutungsweise untersucht sind, werden neue Pflanzen und Tiere entwickelt und nach dem Willen der Chemiefirmen demnächst auch patentiert(!). Konsequenterweise werden hauptsächlich herbizidresistente Kulturpflanzen entwickelt (statt schädlingsresistenten Pflanzen!), die gegen die gleichzeitig eingesetzten Unkrautvernichtungsmittel (Herbizide) unempfindlich sind – die Herbizide liefert die Firma dann gleich mit. Sehr praktisch.
Der Biotechnologiemarkt wird weltweit unter weniger als 20 Firmen aufgeteilt.
Die Nutzung der Gen- und Biotechnologie wird auch den Bereich der landwirtschaftlichen Rohstoffe revolutionieren, da diese zum Teil in Fabriken in großen Fermentern und aus gentechnisch veränderten Mikroorganismen hergestellt werden können.
Für die Dritte-Welt-Länder, die seit der Kolonialzeit oft einseitig von ihren Rohstoffexporten abhängen, würde dies ein weiteres Desaster bedeuten. Interessant sind sie dann allenfalls noch als «Genpool» – das plötzliche Interesse der Industrieländer an der Erhaltung der tropischen Regenwälder ist nicht nur durch die drohende Klimakatastrophe begründet (siehe Kapitel «Baum um Baum»), befürchtet wird auch eine Vernichtung des Genpools.
Die heutige landwirtschaftliche Praxis und die Ernährung generell könnte schnell altmodisch werden: vielleicht werden auch die Rohstoffe des Brots in Fermentern erzeugt werden können. Statt Schwarzbrot, Vollkornbrot, Roggenbrot usw. gibt es dann patentiertes Hoechst-Brot oder schweizerisches Sandoz-Brot. Wohl bekomm's.

Weizen als Waffe

Was den Weizen zu einer wirksamen Waffe macht, ist, daß die einen zuviel Weizen haben, die anderen zu wenig.
Vor und während des Zweiten Weltkriegs hatten die Amerikaner

ihre Landwirtschaft durch die Mechanisierung und den Einsatz von Dünger und Pestiziden soweit entwickelt, daß sie eine Überschußproduktion und Absatzschwierigkeiten hatten. Sie drängten damit auf den Weltmarkt.

Diese Situation hat sich im Grunde bis heute erhalten: 1984/85 wurden nach Angaben der FAO 200 Millionen Tonnen Getreide (etwa zwölf Prozent der Weltproduktion) auf dem Weltmarkt gehandelt, etwa zwei Drittel davon kommen aus den USA und insgesamt etwa 90 Prozent aus den Industrieländern. Weitere Anbieter sind Kanada, Australien, Argentinien und die EG. Die Amerikaner verbanden mit ihrem Überflußweizen strategische Interessen. Wirtschaftlich gesehen ging es ihnen darum, andere Weizenländer wie Ägypten oder den Sudan davon zu «überzeugen», daß es allemal besser sei, den billigen amerikanischen Weizen zu kaufen und dafür den eigenen Anbau zu reduzieren. Ebenso wurden neue Absatzmärkte aufgebaut, indem Länder wie Japan, Taiwan und Südkorea, die bisher Reis o. ä., aber eben nicht Weizen als Grundnahrungsmittel hatten, zu «Brotländern» gedrängt wurden. Politisch gesehen ging es darum, die Überschüsse der eigenen Farmer aufzukaufen und dort verbilligt oder umsonst einzusetzen, wo die Amerikaner militärische oder andere Interessen hatten.

«Hungersnöte brechen nicht aus, sie werden vom Weizenhandel veranstaltet.»

Bertolt Brecht

1954 wurde in den USA ein entsprechendes Gesetz mit dem wunderbaren Namen «Food for Peace» erlassen, das man am besten mit «Hilfe zur Abhängigkeit» übersetzen sollte. Einer der Initiatoren des Gesetzes war der demokratische Senator Humphrey:

«Ich habe gehört, daß Leute von unseren Nahrungsmitteln abhängig werden können. Ich weiß, daß das als schlechte Nachricht galt. Für mich war das eine gute Nachricht, denn bevor jemand irgend etwas unternehmen kann, muß er erst einmal essen. Und wenn wir nach einem Weg suchen, wie man andere dazu bringen kann, sich an uns anzulehnen, von uns abhängig zu werden im Sinne einer Zusammenarbeit mit uns, dann scheint mir Abhängigkeit von Nahrungsmitteln ausgezeichnet zu sein.»

Im typischen Reisland Japan wurden unter der amerikanischen Besatzung Schulspeisungen mit Brötchen und Milch durchgeführt und auf eine generelle Veränderung der Ernährungsgewohnheiten gedrängt.

«Japanische Schulkinder, die in USA-gespendeten Schulspeisungsprogrammen Milch und Brot schätzen gelernt haben, halfen seither mit, daß Japan unser bester Dollarzahler für Landwirtschaftsprodukte wurde. Die Menschen, denen wir heute helfen, werden morgen unsere beste Kundschaft sein...»

Der ehemalige Senator McGovern (zitiert nach: Peter Krieg, «Der Mensch stirbt nicht am Brot allein»)

Das moderne Image, das der Sieger Amerika in Japan hatte, tat ein übriges. Heute ist Japan der größte zahlende Weizenkunde der USA, dafür exportiert es Reis nach ganz Südostasien...

Ägypten und der Sudan wurden gedrängt (später sehr nachhaltig über den Internationalen Währungsfond), den Weizenanbau zu reduzieren und dafür cash crops wie Baumwolle anzubauen.

Für die Kleinbauern, kapitalschwache Fellachen, war der Umstieg auf Baumwolle zu teuer, sie mußten in die Städte abwandern. Die Brotpreise sind nicht zuletzt deshalb ein Politikum. Und Ägypten ist leicht erpreßbar. Unter Sadat wurde die Zustimmung Ägyptens zum Sinai-Abkommen mit Israel durch riesige Mengen amerikanischen und westeuropäischen Weizens erkauft. Und wir saßen alle nichtsahnend vor dem Fernseher und waren überrascht und erfreut, daß es Frieden gibt. «Food for peace», heißt das Gesetz.

Unter der Regierungszeit des demokratisch gewählten Präsidenten Allende verbot die US-Regierung jeglichen Weizenexport nach Chile – selbst zu normalen Marktpreisen. Unter Diktator Pinochet floß der Weizen dafür um so reichlicher.

Besonders delikat ist der Handel mit der Sowjetunion. Die sowjetischen Weizenanbaugebiete liegen wesentlich nördlicher als die der USA und sind in hohem Maße von den klimatischen bzw. Wetterbedingungen abhängig. Zehn bis 15 Prozent Frostausfälle sind normal. Fällt kein Schnee auf den Winterweizen oder im Sommer kein Regen in Kasachstan, droht eine Erntekatastrophe (übrigens von den amerikanischen Weizen-Satelliten immer rechtzeitig registriert).

1972 kam es dann zum größten und geheimsten Weizencoup der Geschichte: 122 Millionen Tonnen Weizen (etwa ein Viertel der amerikanischen Ernte) wurden auf einen Schlag an die Sowjetunion verkauft. Da die Amerikaner etwa die Hälfte ihrer Ernte selbst verbrauchen, blieb im Gegensatz zu den Vorjahren nur noch das letzte Viertel für den Welthandel übrig. Der Weizenpreis an der Börse schnellte von 60 Dollar je Tonne auf mehr als das Dreieinhalbfache: 220 Dollar je Tonne. 1975 wurde ein langfristiges Abkommen mit der Sowjetunion geschlossen.
Die Dominanz der USA im Weizengeschäft birgt neben dieser politischen Problematik auch große Risiken für die Versorgungssicherheit. Nach der großen Dürre in den USA schnurrten die riesigen Kornreserven der USA in einem Jahr auf die Hälfte zusammen. Möglicherweise war die Dürre erstes Anzeichen des globalen Treibhauseffekts. Dann wäre der Kornspeicher USA ernsthaft und auf Dauer bedroht.

Anfang der fünziger Jahre mußte Westeuropa bzw. die spätere EG noch rund ein Fünftel ihres Weizenbedarfs aus Übersee einführen. Mitte der sechziger Jahre wurde erstmals die Eigenversorgung erreicht, ab Mitte der siebziger Jahre kam es zu regelmäßigen Überschüssen. Mittlerweile hat sich die EG zum zweitgrößten Exporteur von Getreide (und dem größten Anbieter von Milchprodukten und Zucker) entwickelt. Nach dem Weltkrieg hatten sich die einzelnen Länder national, später in der EG mit Zöllen und Abschöpfungen gegen das billige amerikanische Getreide gewehrt.

Als die USA ihrerseits mit Importrestriktionen auf Industrieprodukte drohten, verpflichteten sich die europäischen Länder 1962, keine Zölle auf den Import von Baumwolle und Futtermitteln(!) wie Soja, Leinsaat, Flachssaat und Ölkuchen zu erheben. Das wiederum begünstigte die Entwicklung der Massentierhaltung.
Um bei den Futtermitteln nicht einseitig von den USA abhängig zu werden, ermunterte die EG Thailand zur Produktion und zum Import von Tapioka als Futtermittel.

Durch Intensivierung und Industrialisierung der Landwirtschaft verdoppelte sich die Getreideproduktion der EG zwischen 1964 und 1984 auf 147 Millionen Tonnen. Obwohl die landwirtschaftliche

Fläche insgesamt abnahm, nahmen die Getreideanbauflächen zu, ebenso die Hektarerträge und natürlich der Anteil von Getreide an der landwirtschaftlichen Produktion. Entsprechend nahm die Produktion von Hülsenfrüchten und Hackfrüchten (als Tierfutter) ab.
Die Getreideproduktion wurde durch die Getreidemarktordnung der EG abgesichert, führte aber zu gewaltigen Überschüssen (1985: 12,88 Millionen Tonnen).
In den achtziger Jahren kam es zu wahren Subventionsschlachten zwischen der USA und der EG um wichtige Absatzmärkte. Beispielsweise drängte die USA 1983 die EG durch extrem hohe Exportbeihilfen aus dem ägyptischen Markt, die EG konterte durch eine entsprechende Erhöhung der Exporthilfe bei der Lieferung von 400 000 Tonnen Weizenmehl.
Natürlich läßt sich ein solcher Subventionsunsinn nicht ewig aufrechterhalten. Ab 1986/87 beschloß die EG-Kommission eine Annäherung der EG-Preise an die Weltmarktpreise und eine sogenannte «Mitverantwortungsabgabe» von drei Prozent, die über den Handel und die Verarbeitung an den Erzeuger, sprich die Bauern, abgewälzt wird. Damit werden wieder einmal mehr die Bauern und die Verbraucher für den Unsinn der EG-Beschlüsse bestraft.
Der Getreidekrieg führte auch zu starken Verschiebungen innerhalb des Verbrauchs und der Preise der verschiedenen Getreidearten.
Die von den Tapioka-Beschränkungen getroffenen thailändischen Bauern mußten auch noch erleben, wie durch die Dumpingpreise für Weizen der Reispreis fiel: von 480 US-Dollar pro Tonne (1980) auf etwa 220 US-Dollar.

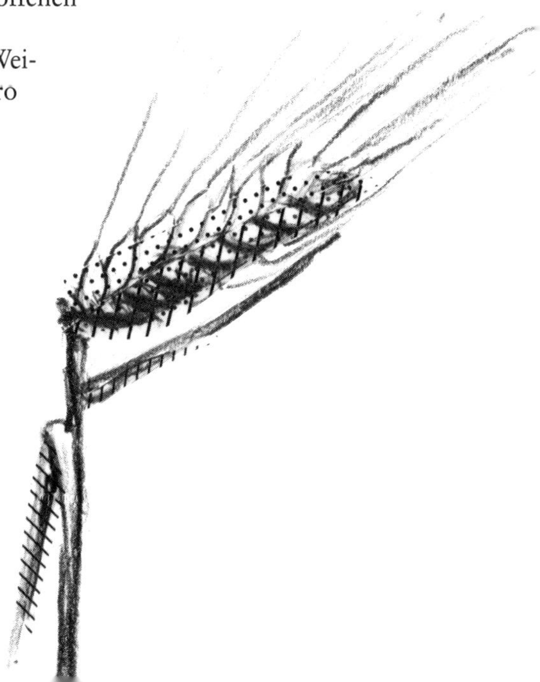

Das «Brot der frühen Jahre»

◆

«Das Brot meiner frühen Jahre war braun und glänzend und hatte an beiden Seiten des länglichen Laibes weiche, knorpelige Stellen. Eigentlich haßte ich, einkaufen geschickt zu werden, ich ging jedesmal verloren in der Menge der Erwachsenen, verlor das Gefühl, überhaupt noch vorhanden zu sein, und die gekauften Gegenstände lagen dann so fern und fremd und unberührbar in der Tasche und gingen mich nichts an. Aber wenn ich Brot kaufen sollte, entstand eine kleine, schüchterne Glückseligkeit in mir, und ich dachte an die knorpelige Rinde an den Brotenden, in die ich die Finger so tief versenken konnte, daß sie im Brot badeten; und alsbald war ich eingehüllt in einen Duft, der mich alles vergessen ließ. War das erste Bröckchen erst mal rausgebohrt und verschlungen, kam es wie ein Rausch über mich. Allein gelassen mit der Verführung des Brotes, verlor ich jedes Bewußtsein von Schuld oder Pflicht. Als ich einmal aus dem Taumel aufwachte, hielt ich drei verstümmelte Brocken in der Hand, und ein tödliches Erschrecken schlug über mir zusammen: Die Tante! Wie konnte ich ihr so gegenübertreten. Gleichzeitig schien ich fast über dem Boden zu schweben. In meinem Bäuchlein jubilierte es, ich wollte tanzen, einen ‹Brottanz›, einen Brot-Bauchtanz vollführen; all das frische, warme, duftende Brot regte sich in mir, begann durch meinen Körper zu wirbeln, ja – machte mich betrunken. Vergessen die sechs wartenden Geschwister, die strenge Tante, überhaupt all die Erwachsenen. Noch einmal die übriggebliebenen Stücke betrachtend, schob ich kurzerhand auch sie noch in den Mund. Nun war schon alles egal. Dann setzte ich mich nachdenklich auf die Steinstufen vor dem Haus. Ein Plan mußte gefaßt werden. Ein Unheil mußte abgewendet werden. Ein Glücksgefühl mußte erhalten werden. Dunkel ahnte ich damals, daß es einen Hunger jenseits des Hungers geben kann, einen Hunger, der nicht mit Brot zu befriedigen ist. Und wie einen schweren Goldklumpen spürte ich die Gewißheit in mir, daß ich einem Gesetz gefolgt war, das stärker ist als alle Angst.»

Aus: Elke Liebs, «Das Köstlichste von allem»

LITERATUR

- Braudel, Fernand: «Der Alltag», Kindler-Verlag, München 1985
- BUKO: «Wer Hunger pflanzt und Überschuß erntet», Verein zur Förderung entwicklungspädagogischer Zusammenarbeit, Hamburg 1987
- Collins, Joseph und Moore Lappe, Frances: «Vom Mythos des Hungers», Fischer alternativ, Frankfurt 1985
- Krieg, Peter: «Der Mensch stirbt nicht am Brot allein», Lesebuch zum Film «Septemberweizen», Peter Hammer-Verlag, Wuppertal 1981
- Krusen, F.: «Ernährung 2000», Otog-Verlag, München 1986
- Liebs, Elke: «Das Köstlichste von allem – Von der Lust am Essen und dem Hunger nach Liebe», Kreuz-Verlag, Zürich 1988
- Mooney, Pat Roy: «Saat-Multis und Welthunger», rororo-aktuell, Reinbek 1981

FILME

- 16 mm-Farbtonfilm «Septemberweizen», Peter Krieg, Länge: 96 Minuten, Bezug: Landesbildstellen; Landeszentralen für politische Bildung, AVZ-Basismedien (Pariser Straße 7, 8000 München 80, Tel. 05 21/6 28 02) u. a.

ADRESSEN

- BUKO-Agrokoordination, Nernstweg 32–34, 2000 Hamburg 50, Tel. 040/393156
- PAN-Pestizidaktions-Netzwerk, Nernstweg 32–34, 2000 Hamburg 50
- GEPA, Talstraße 20, 5830 Schwelm, Tel. 023 36/1 09 67

SCHOKOLADE UND HUNGER

„Bis vor kurzem noch gingen die Damen der Stadt mit einem Gefolge von Pagen und Mägden zur Messe, die außer dem samtbezogenen Betschemel auch Kohlebecken, Tiegel und Täßchen zur Schokoladenbereitung zu tragen hatten. Wegen ihres schwachen Magens konnten die Damen ohne das heiße Lebenselexier nicht die Gebete der stillen Messe und erst recht nicht das Hochamt durchhalten. So war es jedenfalls, bis Bischof Bernardo de Salazar ihnen die Sitte zu verbieten entschied, weil sie damit solchen Lärm und Wirrwarr in die Kirche brachten. Die Damen rächten sich. Eines Morgens lag der Bischof tot in der Kurie. Zu seinen Füßen fand man Scherben einer Schokoladentasse, die ihm jemand serviert hatte."

Aus: Eduardo Galeano. „Geburten. Erinnerung an das Feuer"

Fasten mit Schokolade

Wenn man fasten soll, kann man soviel Schokolade essen, wie man will. Dieser beneidenswerten Auffassung waren zumindest die Katholiken Mexikos im 16. Jahrhundert, als an den kirchlichen Fast- und Bußtagen wahre Schokoladenorgien stattfanden. Der Papst und das Konzil kannten den Kakao und (die damals sehr fettreiche) Trinkschokolade nicht. Das Konzil schickte zwar hochnotpeinliche Fasten-Verordnungen über Fleisch, Fisch und Eier, aber keine über «Xocoath» (so der Maya-Name für Schokolade).

In der mexikanischen Provinz Chiapas nahm die fromme Schokoladensucht ungeheure Ausmaße an. Nach Schluß der Messe ließen sich die Damen der gehobenen Gesellschaft von ihren Dienern in der Kirche dampfende Schokolade servieren – das gemeine Volk knabberte derweil Schokolade. Als der Bischof von Chiapas – Bernardo de Salazar – dagegen einschreiten wollte, wurde er meuchlings vergiftet. 1569 schickten die mexikanischen Bischöfe einen Gesandten zu Papst Pius V. und baten um eine Entscheidung im mexikanischen Schokoladenstreit. Aber der Papst kannte Kakao und Schokolade gar nicht. Damit freilich hatte der listige Gesandte Fra Girolamo di San Vincenzo aus Mexiko auch gerechnet. Aus mitgebrachtem Kakao ließ er dem Papst eine Tasse Schokolade bereiten, wobei er vermutlich unfermentierten – also sehr bitteren – Kakao nahm und auf die übliche Zucker- oder Honigbeigabe verzichtete. Der Großinquisitor Papst Pius V. schüttelte sich nämlich vor Ekel und sprach die historischen Worte «Potus iste non frangit jejunium» – die Schokolade brach also das Fasten nicht. Ganz im Gegenteil, meinte der Papst, ein derart scheußliches Getränk könne er allen als Bußgetränk zur Fastenzeit empfehlen.

Der Kakaobaum

Die Heimat des Kakaobaumes ist wahrscheinlich das tropische Südamerika, kultiviert wurde er aber zuerst von den mexikanischen Mayas, später von den Azteken, die den Kakao «cacahuetl» nannten und ihn auch als Zahlungsmittel und Handelsgut verwendeten. Der Kakaobaum ist ein empfindliches Gewächs mit hohen Ansprüchen. Er gedeiht im tropischen Tiefland (etwa zwischen 15 Grad nördlicher und südlicher Breite), bei einer mittleren Jahrestemperatur von 24 bis 28 °C, gleichmäßigen Niederschlägen von etwa 1500 bis 2000 Millimetern, guten Böden und einer Bedeckung mit Schattenbäumen. Der Baum wird bis zu 15 Meter hoch, in den Plantagen vier bis acht Meter, er trägt das ganze Jahr hindurch Blätter, Knospen, Blüten und Früchte. Die etwa 25 Zentimeter langen, gurkenähnlichen Früchte sitzen direkt am Stamm oder an den Hauptästen. Im Innern der gelben, orangen oder roten Schoten liegen die Kakaobohnen in fünf Reihen zu je etwa zehn braunen Samen, eingebettet in weißliches Fruchtfleisch.

Die Bäume brauchen nach der Anpflanzung fünf bis sechs Jahre, bis sie die ersten brauchbaren Früchte tragen, und zehn Jahre bis zum Höhepunkt ihrer Tragkraft – auf kurzfristige Schwankungen der Kakaopreise können die Kakaopflanzer deshalb überhaupt nicht reagieren. Nach etwa dreißig Jahren läßt der Ertrag stark nach, die Bäume werden aber 60 bis 70 Jahre alt.
Unter den tropischen Kulturpflanzen ist Kakao die bodenschonendste: die Nährstoffentnahme ist vergleichsweise gering (200 bis 400 Kilogramm Bohnen/Hektar), wenn die Fruchtschalen wieder als Mulch eingebracht werden. Der Boden ist beschattet, und bei Mischpflanzung ist die Kakaopflanze wenig anfällig für Pflanzenkrankheiten – wohl aber bei Monokulturen. Geerntet wird von Hand, die Früchte werden in zwei Ernteperioden vorsichtig mit Hakenmessern von den Bäumen geschnitten, die Schoten dann aufgebrochen und herausgelöst.
Anbau und Ernte sind sehr arbeitsintensiv, eine Mechanisierung kaum möglich. Konsequenterweise haben die großen Konzerne diesen Teil der «Schokoladenlinie» den kleinen Pflanzern überlassen, die damit das Risiko von Ernteeinbrüchen und schwankenden Preisen tragen und ihre Arbeit miserabel bezahlt bekommen. In Westafrika liegt der Arbeitseinsatz bei etwa 30 bis 95 Tagen pro Hektar.
Die abgetrennten Bohnen werden abschließend einem Gärungsprozeß bei etwa 40 bis 50 °C unterworfen, wobei die bitteren Gerbstoffe in mildere Stoffe umgewandelt werden. Danach werden die

DAS KAKAOGELD

«Der Spanier Cortez schrieb in einem seiner Berichte 1520 an den spanischen Kaiser Karl V. über den Kakao: ‹Er hat großen Wert, da die Bohnen auch als Münze gelten und man alles damit kaufen kann, was man braucht.› Daß man im Reich Montezumas, wo Cortez damals weilte, den Kakao auch zu einem Getränk bereitete, würdigte der spanische Eroberer vorerst nicht weiter, wohl aber die merkwürdige Rolle der Kakaobohne als Zahlungsmittel und Handelsgegenstand. Und er hatte auch sogleich eine Pflanzung anlegen lassen, um immer gut bei Kasse zu sein. In der Tat hatten Kakaobohnen den einstigen Völkern Mittelamerikas seit undenklichen Zeiten als Zahlungsmittel gedient, wie viele Zeugnisse beweisen.
Dieses Kakaogeld hatte zugleich die schöne Eigenschaft, daß es sich nicht ewig aufbewahren ließ, da es mit zunehmender Lagerung an Wert verlor. Es mußte also im wahrsten Sinne des Wortes verbraucht werden. Das Kakaogeld besaß damit Schwundgeldcharakter mit ‹eingebautem› Anti-Inflationsmechanismus. Allerdings sind die Zeiten, in denen man Geld nur anzupflanzen brauchte, in allen Kulturen vorbei, heute ist der Kakao nur noch Nahrungsmittel.»

aus: Kakao-Dokumentation, «Brot für die Brüder», Basel 1984

Kakaobohnen an der Sonne getrocknet, bei ungünstigen Klimabedingungen in speziellen Trockenhäusern: fertig ist der Rohkakao. Jetzt beginnt das gute Geschäft – für die Konzerne. Die Verarbeitung zu Kakaopulver und zu Schokolade erfolgt natürlich weitgehend in den Industrieländern. Dort werden die Kakaobohnen geschält, zerkleinert und geröstet, wobei die «Kakaomasse» entsteht, ein Brei, der beim Abkühlen erstarrt.
Zur Herstellung von *Schokolade* wird der Brei mit Zucker und Gewürzen, bei Milchschokolade auch mit Trockenmilchpulver, versetzt, ausgewalzt und in Formen gegossen und dann gekühlt.

Zur Herstellung von *Kakaopulver* wird dem Brei durch Erhitzen auf 70 bis 80 °C und Pressen etwa die Hälfte des Fettes entzogen. Der entstandene «Kakaokuchen» wird zum Kakaopulver gemahlen oder in weiteren Arbeitsgängen zu Instant-Getränken verarbeitet.
Die Fruchtschale des Kakao wird als Viehfutter, zur Düngung oder für Heizzwecke verwendet, aus dem Fruchtfleisch kann nach Gärung Alkohol oder Essig hergestellt werden. Die abgetrennte Kakaobutter findet Verwendung als Schokoladenzusatz bei Konfitüren oder dient als Grundmasse für Salben (kosmetische Industrie) oder Zäpfchen (pharmazeutische Industrie).
Die *Kakaomasse* besteht aus etwa 53 Prozent Fett, 14 Prozent Eiweiß, neun bis zehn Prozent Stärke, fünf bis sechs Prozent bitteren Gerbstoffen, fünf bis sechs Prozent Wasser, zwei bis drei Prozent organischen Säuren, 0,7 Prozent Coffein, ein bis 2,5 Prozent Theobromin sowie Mineralstoffen, Rohfasern u. a. Das «Kakaoaroma» besteht aus mindestens 450 verschiedenen Stoffen. Das *Theobromin* (Dimethylxanthin) ist ein dem Coffein (Trimethylxanthin) ähnliches Alkaloid, das anregend auf das Nervensystem wirkt und somit auch gegen Müdigkeit hilft (aber deutlich weniger als Coffein).
Schokolade besteht im wesentlichen aus 50 bis 60 Prozent Kakao, Zucker und Milchanteilen. Kakaopulver enthält zehn bis 16 Prozent Fett (stark entölt) oder 20 bis 24 Prozent Fett (schwach entölt). Das bei der Kakaopulverherstellung abgetrennte Fett – die sogenannte Kakaobutter – ist gut haltbar, hat einen milden aromatischen Geschmack und schmilzt knapp unterhalb der menschlichen Körpertemperatur (bei 33 bis 35 °C) – idealer Rohstoff für die kosmetische und pharmazeutische Industrie.
Schon die Azteken benutzten die glycerid- und fetthaltige Kakaobutter als Schönheitscreme.

Süsse Phantasien

Wenn mich heute Freunde dabei ertappen, daß ich eine Tasse Kaffee trinke und dazu eine halbe Schokolade knabbere, können sie meinem glücklichen Gesichtsausdruck entnehmen, daß ich dabei weniger an Karies denke als an erfüllte Jugendträume. Von den Nachkriegsjahren bekam ich glück-

licherweise nur noch die letzten Auswirkungen zu spüren. Besonders eklatant war aber der «Schokoladenmangel».
Wir wohnten im südbadischen Lörrach, an der Grenze zum schweizerischen Basel mit seinem Vorort Riehen. Ein- oder zweimal im Monat fuhren wir über die Grenze zum Einkaufen: Kaffee, Zigaretten und Schokolade waren in der Schweiz billiger und besser. Gleich hinter dem Zollhaus gab es einen großen Kiosk, den man auch betreten konnte. Im Halbdunkel roch man den Bohnenkaffee und verschiedene Süßigkeiten besonders gut. In die Augen stachen mir der silbrig glänzende «Bertschi-Silber»-Kaffee und die lachsrosa «Rayon-Schokolade». Von der konnte immer nur eine Pakkung gekauft werden, nach dem gerechten Aufteilen in der großen Familie blieben für jeden vier Rippchen. Von «Schokolade essen» konnte keine Rede sein, die dafür besonders gut geeignete, schaumige Rayon wurde von mir Rippchen für Rippchen mit dem Alu-Papier eingewickelt und langsam gelutscht. Das konnte durchaus Stunden dauern. Am Schluß gab es noch einen Nachschlag: das Alu-Papier konnte noch sorgfältig abgeschleckt werden und schlußendlich blieben noch die klebrigen Finger und der Traum von der nächsten Fahrt über die Grenze. Ohne den Mangel hochheben zu wollen: So gut schmeckt mir heute keine Schokolade mehr.

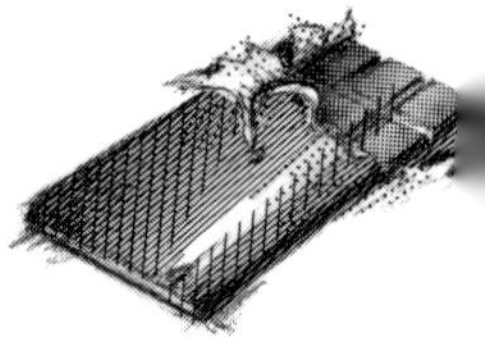

Vor einigen Jahren entdeckte man beim Kakao den Inhaltsstoff 2-Phenylethylamin, der angeblich gemütsaufhellende Wirkung haben soll – deshalb wurde Schokolade auch bei «Liebeskummer» empfohlen. Dem verklemmten Klima der sechziger Jahre entsprach die Werbung: *«Mit Schoki bekommt man kleine Mädchen ins Bett.»* Interessanterweise wurde Schokolade sowohl von den Mayas und Azteken, wie auch später von den Spaniern und den Europäern des Mittelalters für ein Aphrodisiakum gehalten, wie zahlreiche Bilder und Gedichte aus dem Rokoko zeigen. Schokolade wurde zum Modegetränk der europäischen Aristokratie und galt als Sinnbild für Sinnesfreude und gepflegtes Nichtstun – ganz im Gegensatz zum Muntermacher Kaffee, dem Getränk des aufsteigenden Bürgertums: barock-körperliche Sinnlichkeit gegen protestantische Askese. Oft wurden zum Schokoladentrinken orientalische Gewänder angezogen oder ein «Mohr» (ein Sklavenkind) mußte das Getränk reichen (auch wir kennen noch aus der Werbung den Sarotti-Mohr). Die Inszenierung des Genusses war mindestens so wichtig wie der Genuß selbst.

Nur Muth

Hier hast du ein Getränk aus dem so fernen Westen /
Wiewohl der nahen Lieb gewiß zum allerbesten /
Es reißet deinen Muth erneuert deine Jahr. /
Du kostest es, mein Schatz, drauff werd ichs auch genießen /
Ich reiche dirs zugleich mit meinem Herzen dar, /
Weil wir der späten Welt noch Enkel geben müssen.
Aus: Elke Liebs, «Das Köstlichste von Allem»

Ausgerechnet die erzprotestantischen und geschäftstüchtigen Länder Schweiz und Holland beendeten die spanisch-katholische Handelsvormacht beim Kaffee und etablierten eine eigene «Schokoladenkultur» – die Schweizer Schokolade gilt noch heute als eine der besten. Und noch immer schwebt Schokolade zwischen Sinnlichkeit («Die zarteste Versuchung...») und asketisch-effektivem fast-food («quadratisch, praktisch, gut»).

1820 entwickelte der Holländer van Houten die Kakaopulverherstellung durch Entölung. Parallel begann in der Schweiz der Siegeszug der Schokolade, die industrielle Schokoladenfertigung wurde durch F. C. Cailler und Philippe Suchard begründet. Der Schweizer Daniel Peters erfand die Milchschokolade, ihr damaliger Markenname war: «Gala-Peters». Noch heute gibt es in der Schweiz überraschend viele Schokoladen- und Lebensmittelkonzerne (zum Beispiel Nestle) mit Tochterfirmen und Fabriken in der ganzen Welt.

EIN EHRENDES ZEUGNIS FÜR DIE TOBLER-UNTERNEHMUNG

«Milch-Schokolade und andere feine Sorten finden mannigfache Verwendung als geschätzte Lebensmittel in der Betätigung von Sport und militärischen Übungen, ja im Kriege selbst. Tobler-Chocolade ist in den letzten Kriegen zwischen Italien und der Türkei sowie zwischen den Balkanstaaten in großen Mengen bezogen und konsumiert worden. Das Kriegsgeschwader einer Großmacht verproviantierte sich wiederholt bei entsprechenden Anlässen mit Tobler-Milch-Chocolade, und auch Ihre Majestät die Königin von Bulgarien bestellte davon mehrmals Posten zwecks Abgabe an die in den Militärhospitälern untergebrachten tapferen Verwundeten. Gewiß ein ehrendes Zeugnis für die weltumspannenden Produkte der Tobler-Unternehmung.»

Theodor Tobler, Bern 1914

KAKAO, DAS BRAUNE GOLD

Da Kakao bei den Mayas und Azteken als Zahlungsmittel diente, können wir die Kostenverteilung bei der Tafel Milchschokolade in Stückchen angeben. Wieviel bleiben davon den Bauern? Die Tafel Schokolade enthält 40 Stückchen (100 Prozent), davon schluckt der Handel zwölf Stückchen (30 Prozent), die Schokoladenfirma gar 16 Stückchen (40 Prozent). Für Verpackungsmaterial und Rohstoffe (Milch, Kakao etc.) bleiben nur zwölf Stückchen übrig (30 Prozent), davon acht Stückchen für den Kakao-Einkauf. Von diesem erhält aber ein Kakaoanbauer etwa 2,5 Stückchen – sozusagen die Restsüße (die Krümel).

In Westafrika (s. u.) gibt es darüber hinaus noch ein besonderes Pachtsystem und Saisonarbeiter – die 2,5 Stückchen werden also nochmals unterteilt!

Die Zahlen wurden für Schweizer Schokolade und Kakao aus Ghana errechnet. In harten Schweizer Franken bleibt dem afrikanischen Bauern genausowenig: Ein Bauer in Ghana, der 1980 über ein Hektar Kakaobäume verfügte, produzierte etwa 210 Kilogramm und erlöste 1,56 Franken/Kilogramm, also rund 320 Franken (pro Jahr!). Will er dafür irgendwelche Produkte aus Industrieländern kaufen (Pestizide, ein Fahrrad, ein Radio o. ä.), so wird er im Laufe der Jahre erstaunt feststellen müssen, daß diese relativ gesehen im-

mer teurer werden oder umgekehrt: er immer weniger für seinen Kakao erhält. Für diese ungeheure Tatsache gibt es auch einen vornehmen Namen: die «terms of trade», die Austauschverhältnisse ändern sich eben.
So zeigt sich im Kleinen, wer die Macht im Großen hat. Die Industrieländer zahlen immer weniger für den Kakao und verlangen immer mehr für ihre eigenen (Industrie-)Produkte. Die Kakaoproduktion befindet sich auf Grund ihrer klimatischen Ansprüche praktisch zu 100 Prozent in Ländern, die als Entwicklungsländer gelten. Abnehmerländer sind die Industrieländer (meist die ehemaligen Kolonialländer, die als Kolonialherren den Kakaoanbau unter Vernachlässigung des Anbaus von Grundnahrungsmitteln hochgezogen hatten).
Auch in anderen Ländern sind die Einnahmen für die Kakaopflanzer vergleichsweise miserabel. In Brasilien, wo der Kaffee im Bundesstaat Bahia in großen Plantagen kultiviert wird, wird die Ungerechtigkeit noch eine Stufe weitergegeben: auf abhängige Plantagenarbeiter, die umgerechnet etwa 3,50 DM/Tag verdienen – Kinder die Hälfte. Sie können von Schokolade nur träumen.
Kakao ist eine klassische Kolonialware, rund vier Fünftel der gesamten Produktion geht in den Export. Produziert wird auf der Südhalbkugel, geschluckt «oben» im Norden.
Die jährliche Produktion liegt bei ca. zwei Milliarden Kilogramm, die fünf wichtigsten Erzeugerländer mit zusammen 75 Prozent der Produktion sind die Elfenbeinküste (30 Prozent), Brasilien (19 Prozent), Ghana (elf Prozent), Nigeria (sieben Prozent), und Malaysia (sieben Prozent) (Zahlen für 1985/86). Allein fünf Industrieländer importieren etwa 70 Prozent der Exporte (oder 55 Prozent der Welternte): die USA (28 Prozent), UdSSR (15 Prozent), Bundesrepublik (zwölf Prozent, Großbritannien (neun Prozent), und Frankreich (sieben Prozent).
Nur zwei Firmen kontrollieren etwa 75 Prozent des gesamten Kakaohandels an den internationalen Warenterminbörsen in New York, London und Amsterdam: S. W. Berisford und Gill & Duffus. Kakao ist ein begehrtes Spekulationsobjekt. In der Hochpreis-Saison 1982/83 wurde die Kakaoernte der Welt etwa 16mal(!) verkauft, bevor sie an die Verarbeiterfirmen ging. Sie können sich gut vorstellen, wie oft der kleine Kakaobauer aus Ghana mitgeboten und mitspekuliert hat.

Das Land der goldenen Früchte

Eines Morgens, nach langen Monaten des Aufenthalts auf der Pflanzung, in denen Joaquim, ihr erstes Kind, geboren war und Antônio Vítor Raimunda bei den Gängen auf den Markt von Itabuna zum Verkauf von Mehl, Mais und Bananen vertreten hatte, erwachten sie und erlebten das Fest der blühenden Kakaobäume. Antônio rief nach seiner Frau, sie kam, und beide standen mit Tränen in den Augen vor den ersten Blüten ihrer Kakaobäume. Die *Safra* (Ernte) brachte 25 Arrobas[1] Kakao.

Er entsinnt sich noch gut des Tages, an dem er die Firma Gebrüder Zude & Co. aufsuchte, um die 25 Arrobas zu verkaufen. Er mußte ohnehin nach Ilhéus, und so nutzte er die Gelegenheit, die Erstlinge seiner Pflanzung bei Zude loszuwerden, der die höchsten Preise zahlte. Maximiliano Campos legte Wert darauf, ihn persönlich in seinem Büro zu empfangen, er behandelte ihn höchst liebenswürdig, Antônio Vítor kam sich vor wie ein Oberst. Diese ganze Liebenswürdigkeit beunruhigte ihn, regte ihn auf. Ein Mann wie Maximiliano Campos, Geschäftsführer einer Exportfirma, der ihm in seinem Büro Getränke anbot. Antônio Vítor leerte sein Likörglas auf einen Zug, er hatte nicht die geringste Ahnung, daß man langsam, mit genießerischen kleinen Schlucken und mit Zungenschnalzen trinken mußte. Er fand die Art, wie der alte Maximiliano trank, ulkig, und er stellte sich vor, daß er auf diese raffinierte Weise *Cachaça* trank, sich an dem starken Alkohol verschluckte und sich die Zunge verbrannte. Antônio Vítor lächelte schüchtern, sah Maximiliano an und fürchtete, Zudes Geschäftsführer könne seine Gedanken erraten. Aber der Alte unterhielt sich liebenswürdig mit ihm.

Als Antônio Vítor kam, um diesen Verkauf zu tätigen – jämmerliche 25 Arrobas Kakao –, zitterte er fast vor Angst. Es war möglich, daß eine so bedeutende Firma wie Gebrüder Zude & Co. an einer so winzigen Menge wie der angebotenen gar nicht interessiert war. Er betrat die Büros der Firma völlig verwirrt, mit hängenden Armen, den Hut auf dem Kopf. Der Angestellte, der ihn ansprach und dem er sein Anliegen vortrug, verließ ihn – er hatte ihn im Kontor abgefertigt – ohne ein weiteres Wort, und Antônio Vítor blieb unschlüssig stehen. Er sah in dem Verhalten des Angestellten einen Beweis, daß der Firma an diesem Geschäft so wenig lag, daß die Angestellten sich nicht einmal herabließen, ihm eine abschlägige Antwort zu erteilen, sie ließen ihn einfach am Kontortisch stehen. Er hatte gerade noch die Zeit und die Eingebung, mit bebender Stimme zu sagen: «Weil es doch mein erster Kakao ist...»

Der Angestellte wandte sich um und lächelte, Antônio Vítor dachte, der Bursche wolle ihn zum besten haben. In höchster Verlegenheit war er schon drauf und dran, zu gehen, als der junge Mann mit Maximiliano Campos zurückkam. Antônio Vítor kannte ihn

vom Sehen, er hatte ihn vor Jahren mehrmals in Gesellschaft Sinhô Badarós getroffen. Maximiliano Campos drückte ihm die Hand, sprach ihn mit *Senhor* an, bat ihn einzutreten.
Erst als er schon mitten im Büro stand, fiel ihm ein, daß er den Hut noch aufhatte, und er nahm ihn unter großer Verwirrung ab. Ein junges Mädchen, das an einem Schreibpult arbeitete, lächelte, und Antônio Vítor wußte nichts Besseres zu tun, als seinerseits zu lächeln, wobei er den Hut in der Hand drehte.
Sie waren nun in Maximiliano Campos' Büro, der Geschäftsführer öffnete einen Schrank und nahm eine Flasche Likör und zwei Gläser heraus. Er schenkte ein.
«Auf Ihr Wohl!»
Antônio Vítor stürzte den Likör hinunter, Maximiliano fragte ihn, wer er sei, wo seine *Fazenda* liege.
«Es ist eine ganz kleine Pflanzung, nicht der Rede wert. Seu Maximiliano... Ein Stückchen Land, das mir Sinhô Badaró gegeben hat, als ich heiratete.»
«Sie haben für Sinhô gearbeitet?»
Er erzählte sein ganzes Leben. Die Kämpfe auf der Seite Jucas, Sinhôs und auch des Hauptmanns am Ende der Wirren um den Sequeiro Grande. Als er fertig war, machte Maximiliano eine Bemerkung über den gegenwärtigen Niedergang der Badarós: «Ein trauriger Fall, Seu Antônio. Ein trauriger Fall.»
Dann versicherte er, Antônio Vítor werde zweifellos zu Wohlstand gelangen, eines Tages werde er ein reicher Oberst sein, wie viele hatten nicht angefangen wie er? Antônio Vítor fühlte sich überwältigt von Glück. Maximiliano machte eine große Geste. Der Kakao stand an diesem Tag auf 12,9 und Maximiliano ordnete an, 13 Milréis[2] pro Arroba zu bezahlen, da es die ersten Arrobas von einer neuen Pflanzung waren.
«Damit Sie unser Kunde bleiben, Seu Antônio. Damit Sie den Kakao nicht einer anderen Firma verkaufen.»
Mit zitternden Händen nahm er das Geld entgegen. Er trat hinaus auf die Straße und sah nichts, weder den blauen Himmel noch die vorbeigehenden Leute, die über ihn lächelten, diesen Mann, der mit ein paar Banknoten in der einen Hand, dem Hut in der anderen und einem schwachsinnigen Lächeln im Gesicht umhertorkelte.

1 Arroba ist eine alte Gewichtseinheit. Eine Arroba wiegt 15 Kilogramm.

2 Milréis, umgangssprachliche Bezeichnung für Escudo, die portugiesische Währung, die während der Kolonialzeit auch in Brasilien Gültigkeit besaß.

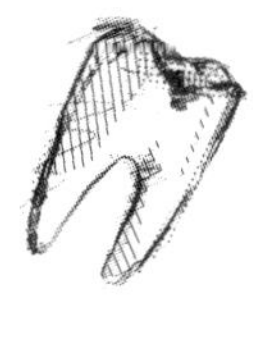

Aus: Jorge Amado, «Das Land der goldenen Früchte»

Der Kakaomarkt ist einer der instabilsten Märkte der Welt mit großen Preisschwankungen, die zyklisch ablaufen und von den jährlichen Schwankungen überlagert werden. Von 1954 bis 1956 nahmen die Preise auf ein Drittel ab, von 1965 bis 1968 vervierfachte sich der Preis, um dann bis 1971 wieder auf die Hälfte zu fallen.
Die zyklischen Schwankungen von sieben bis acht Jahren lassen sich leicht erklären: bei hohen Kakaopreisen werden vermehrt Kakaobäume angepflanzt, die aber erst nach etwa sieben bis acht Jahren (s. o.) zu einer entsprechenden Mehr- bzw. Überproduktion führen, die dann ihrerseits wieder einen Preisverfall provoziert. So haben die hohen Preise des Zeitraums 1977 bis 79 mit etwa fünf Dollar pro Kilogramm einen verstärkten Neuanbau von Kakaobäumen hervorgerufen, was ab Mitte der achtziger Jahre zur Überproduktion und zum Preisverfall auf etwa zwei Dollar pro Kilogramm führte. Nach Ernteausfällen in 1982 und 1983 zogen die Preise wieder an, um nach der guten Ernte 1986/87 wieder zu fallen. Eine schnelle Anpassung des Angebots an die Nachfrage ist also aus biologischen Gründen nicht möglich.
Die Entwicklungsländer selbst haben kaum eine Chance, den Preis aktiv zu gestalten: sie sind abhängig von den natürlichen Schwankungen der Ernte auf Grund von Klimaeinflüssen und Schädlingsepidemien und müssen den Kakao nach der Ernte gleich verkaufen und verschiffen, da er im feuchtwarmen Klima schnell verdirbt und die geeigneten Lagermöglichkeiten fehlen.

«Die Warenbörsen in New York, London, Paris und Amsterdam haben die Funktion, preisausgleichend und damit besonders für den Händler und Fabrikanten risikomindernd zu wirken.»
Jahresbericht 1970 der Chocosuisse

Die Verbraucherländer (bzw. die beteiligten Firmen) andererseits können den verarbeiteten Kakao durchaus länger lagern, zudem schlagen die Preisschwankungen nur geringfügig auf den Endverkaufspreis durch: für den Kakaobauer bedeutet beispielsweise ein 50prozentiges Sinken des Kakaopreises auch 50 Prozent weniger Einnahmen, und diese liegen nun wirklich am Existenzminimum oder darunter. Eine 50prozentige Verteuerung der Kakaopreise würde eine Tafel Schokolade aber nur um zehn Prozent verteuern (vgl. obiges Beispiel).
In Lateinamerika gibt es – im Gegensatz zu Afrika – einen Binnenmarkt für Schokolade und entsprechend Schokoladefabriken, die aber meist ausländischen Unternehmen gehören.
Um allzugroße Preissprünge zu vermeiden, haben Verbraucher- und

Anbieterländer verschiedene Kakao-Abkommen (1972, 1975, 1980 und 1986) geschlossen. Ein ausgeklügeltes System von Exportkontingentierungen, Richtpreisen (mit Mindest- und Maximalpreisen) sowie ein Ausgleichslager sollen stabilere Preise sichern. Bei Preisverfall werden die Ausfuhrquoten verringert und ein Teil der Kakaoernte vom Markt-Ausgleichslager übernommen, beim Erreichen des Höchstpreises entsprechend umgekehrt. Die Kakaoabkommen konnten aber weder die Preisschwankungen noch den Preisverfall verhindern, u. a. weil die USA als wichtigstes Abnehmerland dem Abkommen nicht beitrat und weil die Produktion schneller zunahm als der Verbrauch.
Nach dem Bekanntwerden der guten Ernte in der Elfenbeinküste im Jahr 1987/88 mit etwa 620000 Tonnen fiel der Kakaopreis an der Londoner Börse auf den tiefsten Stand seit sechs Jahren.

Ritter-Sport zurück nach Ghana?

In der Kampagne *«Deutsche Schokoladenqualität mit besten Zutaten aus aller Welt»* warb Ritter-Sport u. a. damit, daß die Firma

jedes Jahr ca. 1,3 Millionen Kilogramm Kakao aus Ghana importierte. Tausende Ghanaesen fanden das weder praktisch noch gut: sie verhungerten. 1983 schickte Ghana einen Hilferuf an die Weltöffentlichkeit, weil das Land seine Bevölkerung nicht mehr ernähren konnte. Ob Ritter-Sport reagierte?
1970 produzierte Ghana auf etwa zwei Drittel seines kultivierbaren Landes(!) Kakao – praktisch nur für den Export. Dabei ist Kakao kein ursprüngliches Anbauprodukt, der Kakaoanbau wurde erst um 1890 von den Kolonialherren initiiert.

ÜBERALL MUSS DER WEISSE NACH DEM RECHTEN SEHEN

«Niemals wäre der Neger von sich aus imstande, eine Pflanzung anzulegen. Es gehört dazu die Planung auf weite Sicht und die wissenschaftliche Arbeit des weißen Mannes... Die körperliche Arbeit... kann er in dem feuchtheißen tropischen Klima nicht leisten. Das muß er dem Neger überlassen. Der Weiße leistet die geistige Arbeit. Er hat die Aufsicht und Leitung. Überall muß er nach dem Rechten sehen.»

W. Grotelueschen in: Hinrichs «Erdkundebuch für höhere Schulen», 1958

Mit dem steigenden Kakaokonsum in Europa im 18. und 19. Jahrhundert wurde der Kakaoanbau über sein Ursprungsgebiet Mittel- und Südamerika hinaus ausgeweitet: auch auf Ceylon und den Philippinen, in Indonesien und Neu-Guinea wurden große Pflanzungen angelegt, in Afrika erst gegen Ende des 19. Jahrhunderts, dort aber setzten sich Kleinbetriebe durch.
Die Gründe waren vielschichtig: Pflanzenkrankheiten in den bisherigen großen Monokulturen, Beendigung der Sklavenhaltung und koloniale Auseinandersetzungen, aber auch das erfolgreiche Bemühen der einheimischen Stämme, den Kakaoanbau in das traditionelle Anbauschema einzupassen. 1911 war Ghana mit 40000 Tonnen Produktion schon größter Kakaoproduzent. Von Anfang an stand der Kakaoanbau in Konkurrenz zur Selbstversorgung.
Zur Einführung der Kakaokulturen, die erst nach mehreren Jahren Ertrag liefern, mußte das traditionelle Bodenrecht geändert werden. Bis dahin gehörte der Boden der Allgemeinheit, durch den Wanderhackfeldbau erwarben sich die Bauern nur ein zeitweiliges Nutzungsrecht, aber kein Eigentum. Durch den Kakaoanbau und das neue Bodenrecht entwickelte sich in Ghana und ganz Westafrika eine kleine, aber einflußreiche «Pflanzerbourgeoisie» sowie ein Pachtsystem, teilweise mit Fremdarbeitern aus anderen Ländern. Heute gibt es daneben sowohl landbesitzende Bauern wie eine breite landlose Schicht mit unterschiedlichen Arbeitsverhältnissen – die Einführung der Exportfrucht Kakao hat zu einer beträchtlichen sozialen Differenzierung geführt.
Der sogenannte «Abusa-Pächter» bekommt etwa zwei Hektar Ka-

kaoland zugeteilt, das er mit seiner Familie bewirtschaften muß. Er erhält ein Drittel der Erträge, muß aber alle Arbeiten wie ein Angestellter ausführen – ist also kein wirklicher Pächter.
Noch schlechter geht es Saisonarbeitern, die nur während der Arbeitsspitzen beschäftigt werden und meist nach Akkord bezahlt werden.
Seit 1947 gibt es in Ghana den staatlichen Cocoa Marketing Board, der den Zwischenhandel ausschließen sollte und für Transport, Lagerung, Export, Bekämpfung von Pflanzenkrankheiten usw. zuständig ist. Mittlerweile wird damit auch kräftig der Staatshaushalt finanziert: von den Exporterlösen erhält heute der Cocoa Marketing Board etwa 45 Prozent, der Staat Ghana direkt etwa 15 Prozent und der Kakaobauer 30 Prozent – der Rest entfällt auf Transportkosten etc. Durch diese Entwicklung (und den Verfall der Weltmarktpreise) sank die Kakaoproduktion Ghanas von etwa 430000 Tonnen (1969 bis 1971) auf heute etwa 230000 Tonnen, außerdem entwikkelte sich ein reger Schmuggel in die Nachbarländer.
Mit dem Kakao-Verkauf steht und fällt Ghanas Wirtschaft. Biotechnologische Entwicklungen in den Industrieländern können ihr möglicherweise bald den Todesstoß geben. Größere Schokoladenhersteller wie zum Beispiel Nestle erforschen die Erzeugung von künstlichem Kakao aus Zellkulturen mit gentechnisch veränderten Pflanzenzellen. Andere Unternehmen wie zum Beispiel der japanische Lebensmittelkonzern Ajimoto versuchen, billige pflanzliche Fette und Öle so zu verändern, daß sie die vergleichsweise teure Kakaobutter als Rohstoff für die pharmazeutische und kosmetische Industrie ersetzen können. Sollten diese Entwicklungen schnell zum Tragen kommen, wird Ghana als Rohstoffland für Kakao uninteressant oder muß mit einem weiteren drastischen Preisverfall rechnen.

Von Nach-Speisen und Bonbonpädagogik

In der Bundesrepublik wurden 1988 1,9 Milliarden Kilogramm Süßigkeiten verspeist, davon über 400 Millionen Kilogramm Schokolade. Der Produktionswert lag bei 13,8 Milliarden DM.

Süßigkeiten wie Schokolade, Mars, Bounty usw. sind die Nach-Speise, die man eigentlich gar nicht bräuchte. Aber Kinder (und Erwachsene) «naschen nun mal gern» und die Leckerei «macht Kinder froh» oder bringt «verbrauchte Energie sofort wieder zurück».

«Der Bundesdeutsche Schokoladenverbrauch lag 1988 bei 405 Millionen Kilogramm. Davon könnte man eine zehn Meter breite Straße von der Bundesrepublik bis Ghana mit Schokoladentafeln bepflastern – für die nächste Hungerkrise.»

Davon können Millionen Kinder in der Dritten Welt nicht einmal träumen. Sie müssen schwer arbeiten, sie hungern und verhungern. Kurze Bilder in der Tagesschau zeigen ihr schweres Leben. In der Werbesendung davor knuspert man Balisto – «da ist was Leichtes dran». In den USA sitzen Kinder durchschnittlich vier Stunden pro Tag vor dem Fernseher und konsumieren jährlich rund 20000 Werbespots, von denen sich etwa zwei Drittel auf Süßwaren beziehen. Meist werden die Süßigkeiten gleich während des Fernsehschauens genascht.

Für die alleingelassenen Kinder bringen Fernsehen und Süßigkeiten den Schein von Zuwendung. Als Ersatz für Bewegung und Spielen dient der Konsum, der durch gezieltes Produktdesign (Perlen, Gummibärchen usw.) und Zugabe von Sammelbildchen, Aufklebern oder Comic-Figuren (meist wieder vom Fernsehen bekannt!) unterstützt wird.

Damit das Marketing vollends stimmt, die Kassen klingeln und die kariösen Kinderzähnchen den letzten Rest bekommen, werden Süßigkeiten in Warenhäusern, Supermärkten, Bäckereien Tankstellen usw. so zentral plaziert, daß die Kinderhände nur zupacken müssen. Die stressgeplagten Eltern lassen es zu. Bonbonpädagogik.

Einsam zwischen den ganzen Süßigkeiten steht auf der Ladentheke für die lästigen Pfennige des Wechselgeldes ein Sammelkästchen: «Brot für die Welt».

In Dritte-Welt-Läden kann man den Kakao «El Ceibo» aus Bolivien beziehen. Dort haben sich etwa 10 000 Bauern zu der Genossenschaft «El Ceibo» zusammengeschlossen, die den Rohkakao in einer genossenschaftseigenen Fabrik in La Paz selbst verarbeitet. Die schweizerische Organisation OS 3 (rue de la Gare, 2605 Sonceboz) importiert den Kakao direkt und ohne Börsengeschäfte.

LITERATUR

- Amado, Jorge: «Das Land der goldenen Früchte», Peter Hammer-Verlag, Wuppertal 1978
- BUKO: «Wer Hunger pflanzt und Überschuß erntet», Verein zur Förderung entwicklungspädagogischer Zusammenarbeit, Hamburg 1987
- Hobbelink, Henk: «Bio-Industrie gegen die Hungernden – Die Gen-Multis und die Lebensmittel der Dritten Welt», Rowohlt Verlag, Reinbek 1989
- Kakao-Dokumentation (Hg.): «Brot für die Welt» u. a., zusammengestellt von Ruth Rauch, Basel 1984
- Kakao-Dokumentation (Hg.): «Kommission für Entwicklungsländer beider Hochschulen Zürichs, Rämistraße 66, CH-8032 Zürich», Zürich 1972
- Liebs, Elke: «Das Köstlichste von allem – Von der Lust am Essen und dem Hunger nach Liebe», Kreuz-Verlag, Zürich 1988

KAFFEE – VON BRAUNEN BOHNEN UND GOLDENEN BILANZEN

„Bei den Türken hat man eine Art von Gewächsen, welche sie abdörren und zu Pulver stoßen. Hernach in warmes Wasser tun, damit ein Trank daraus werde. Hiervon gedenken sie einen Mut und scharfe Sinne zu bekommen. ...“

Aus einem Reisebericht Anfang des 17. Jahrhunderts

Wenn die Sage stimmt, waren es Ziegen, die den Kaffeegenuß erfunden haben. Im Jahre 1671 wird berichtet, ein Hirte habe beobachtet, wie seine Ziegen immer dann nachts munter herumsprangen und «nicht schlafen konnten», wenn sie ihren Weideplatz in der Nähe eines Klosters hatten. Die darauf aufmerksam gemachten Mönche schlossen messerscharf, daß das nur an der Nahrung liegen könne, nämlich an den Beeren eines beim Kloster wildwachsenden (Kaffee-)Baums. Um dies zu überprüfen, kochten sie die rohen Kaffeebohnen und tranken den entstandenen Aufguß. Seit dem Tag vertrieben sie die Müdigkeit während ihrer nächtlichen Gebetsübungen durch ein Täßchen Kaffee.

Im zehnten Jahrhundert war Kaffee in der arabischen Welt als Medizin bekannt, im 15. Jahrhundert galt es als Volksgetränk. Erst zwei Jahrhunderte später verbreitete sich das Kaffeetrinken über die Karawanenstraße nach Europa.

C.A.F.F.E.E.
Trink nicht so viel Caffee
Nicht für Kinder ist der Türkentrank
schwächt die Nerven, macht dich blaß und krank
Sei doch kein Muselmann
der das nicht lassen kann...
Altes Kinderlied

Kaffee wurde dort zum Luxusgetränk des Adels, da er als ein exotisches Getränk galt. Oft wurden zum Kaffeetrinken sogar orientalische Gewänder angezogen.

Durchschlagenden Erfolg aber hatte der Kaffee erst beim aufkommenden Bürgertum. In verschiedenen Städten wurden Kaffeehäuser errichtet, die zu beliebten Orten für Geschäftsgespräche und zu Informationsbörsen wurden. Ein Kaffeehaus in London, das «Lloyd's Coffeehouse» wurde zum Treffpunkt für alle, die mit Schiffahrt zu tun hatten: Schiffseigner, Kaufleute, Kapitäne, Versicherungsagenten.

Später wurde sogar eine Art Nachrichtendienst herausgegeben, die «Lloyd's News», und im 18. Jahrhundert bildete sich aus dem Kreis der dort verkehrenden Versicherungsagenten die heute noch größte Versicherung der Welt: Lloyd's.
Vom Bürgertum wurde das Kaffeetrinken als Gegenbewegung zu dem damals weit verbreiteten exzessiven Genuß von Bier gesehen, das auch als Grundnahrungsmittel diente, aber eher benebelnd und einschläfernd wirkt. Im 17. Jahrhundert verbrauchte eine englische Familie täglich etwa drei Liter Bier pro Kopf – die Kinder eingeschlossen! Das Frühstück bestand in der Regel aus einer Biersuppe.

«Nachdem das süße Gift des tückischen Weins
die Welt geschändet hatte
und unsere Vernunft und unsere Seele
in überschäumenden Pokalen ertränkte...
Als das trübe Ale unreine Dünste
in unser Hirn steigen ließ
schickte uns der Himmel
diese heilsame Frucht...
Der Kaffee erreicht uns, dies bedeutende und heilsame Getränk
dem Magen wohltuend, den Geist erquickend
das Gedächtnis stärkend, den Traurigen aufheiternd
die Lebensgeister erweckend, ohne übermütig zu machen.»
Anonym erschienenes Gedicht, 1674

Der Kaffee hielt die Bürger dagegen nüchtern und in Hochspannung, so daß sie ihre Geschäfte mit hoher Effektivität tätigen konnten. Während der Kaffee in den protestantischen bzw. schon bürgerlich-kapitalistischen Ländern eine dominierende Rolle spielte, wurde in den katholischen Ländern der Kakao vorgezogen, dem damals nicht das Fett entzogen wurde, so daß er – nahrhaft wie flüssige Schokolade – bestens dazu geeignet war, die Fastenzeit zu überbrücken. Während der Kaffee gleichsam ruckartig wach machte, verführte der Kakao zum gepflegten Nichtstun, galt sogar als Aphrodisiakum und repräsentierte barock-katholische Körperlichkeit gegen protestantische Askese, die durch Aufputschen den geschäftigen Bürger körperunabhängig machen sollte. Gleichzeitig war der Kaffee die pharmakologisch-stimulierende Antwort auf die zunehmende sitzende und bewegungsarme Tätigkeit des Bürgers in seinem Kontor.

ENTSCHLÄFERUNG

«In den ersten Augenblicken oder Viertelstunden des Erwachens, vorzüglich wenn es früher als gewöhnlich geschieht, hat wohl jedermann, wenn er nicht ganz im Stande der rohen Natur lebt, eine unangenehme Empfindung von nicht völlig erwachtem Bewußtsein, von Düsterheit, von Trägheit und Ungefügigkeit in den Gliedern; die schnelle Bewegung ist beschwerlich, das Nachdenken mühsam. Aber, siehe, der Kaffee verscheucht dies naturgemäße unangenehme Gefühl, die Unbehaglichkeit des Geistes und Körpers fast augenblicklich; wir leben urplötzlich auf. Nach vollbrachter Tagesarbeit müssen wir, dem Laufe der Natur gemäß, lässig werden; eine widrige Empfindung von Schwere und Ermattung in unseren Körper- und Geisteskräften macht uns mißmutig, verdrießlich und zwingt uns, der nötigen Ruhe und dem Schlafe uns zu überlassen. Diese Verdrossenheit und Trägheit, diese unangenehme Ermattung des Geistes und Körpers beim natürlich herannahenden Schlafe verschwindet schnell vor diesem arzneilichen Tranke, und eine Entschläferung, eine künstliche Munterkeit, ein der Natur abgetrotztes Wachen tritt ein.»

Samuel Hahnemann, Homöopath, 1803

Nur wenige Zeitgenossen warnten vor dem Kaffee mit dem durchaus modernen Argument, daß er durch künstliche Anregung die Körperfunktionen verändere, was auf Dauer ungesund sei.

Im 18. und 19. Jahrhundert wurde Kaffee auch zu Hause und von den einfachen Leuten getrunken, teilweise als Kaffeesuppe gegessen, in die Brot getunkt wurde.

Zu dieser Zeit entstanden auch die geselligen «Kaffeekränzchen» der Frauen, denen der Zutritt in die Kaffeehäuser verwehrt war. Kaffeetrinken hat bis heute diese zwei Funktionen erhalten: einerseits Muntermacher und Aufputschmittel, andererseits Kommunikationsmittel beim «Kaffee und Kuchen» oder beim «Kaffeetrinken-gehen». Nach den Mangelzeiten der (Nach-)Kriegsjahre verzehnfachte sich der Kaffeeverbrauch zwischen 1950 und 1981 und lag 1982 bei rund 200 Liter pro Jahr (und damit über dem Bierverbrauch!!) oder täglich etwa vier Tassen pro Bundesbürger über 15 Jahren. Begünstigt wurde die Ausweitung durch vergleichsweise niedrige Preise, neuen reizarmen oder coffeinfreien Kaffee, der auch von Personen mit Herz- und Kreislaufbeschwerden getrunken werden konnte, und durch den Pulverkaffee, mit dem man noch zeitsparender Kaffee trinken konnte.

DER 1:3-KAFFEE

«Es war ein sehr kalter Tag, Ende Dezember 1943 oder Anfang Januar 1944, und es hatte sich so eingespielt, daß die Ilse Kremer Kaffeeköchin geworden war. Sie war nämlich die Vertrauenswürdigste, wenn Sie mich fragen, und dieser doofe Kremp hätte sich mal fragen sollen, wieso eine alte Kommunistin die Vertrauenswürdigste für so eine Tätigkeit war. Da brachte doch jeder sein eignes Kaffeepulver mit, in einer Tüte, und im Kaffeepulver lag schon Provokation genug. Manche hatten nur Kaffee-Ersatz, manche hatten 1:10, 1:8, die Leni immer 1:3 gemischt, und ich hab mir manchmal den Luxus 1:1 erlaubt, sogar gelegentlich puren Bohnenkaffee: das waren also zehn verschiedene Kaffeepulvertüten, zehn verschiedene Kaffeekännchen – angesichts der Kaffeeversorgungslage eine extreme Vertrauensstellung für die Ilse, denn wer hätte schon was gemerkt oder angenommen, sie hätte je auch nur ein Viertel Lot aus einer guten in ihre manchmal schlechte Tüte getan? Nie. Das nannte man bei den Kommunisten Solidarität, und davon haben die Nazis Kremp und Wanft und Schelf ganz nett Gebrauch gemacht. Niemals wäre auch nur einer auf die Idee gekommen, der Wanft oder der Schelf oder gar diesem Vollidioten Kremp das Kaffeekochen zu

überlassen: die hätten sich doch gegenseitig das Kaffeepulver vertauscht. Dazu muß man noch sagen, daß bei dem Kremp meistens nichts zu vertauschen gewesen wäre, der war viel zu doof und zu korrekt und trank meistens Ersatz pur – und dann die Gerüche, wenn der Kaffee ausgeschenkt wurde: damals rochen Sie doch sofort, welcher Kaffee auch nur 'ne Spur echten enthielt – und da war Lenis Kaffeekanne eben die, die am schönsten roch – nun, gut. Was glauben Sie, was da alles an Neid, Mißgunst, Eifersucht, ja an Haß und Rachegedanken fällig war, wenn schon nur um Viertel nach neun die Kaffeepötte verteilt wurden? Und meinen Sie, Anfang 44 hätte die Polizei oder die Partei es sich noch leisten können, jeden einzelnen wegen – was weiß ich, wie das hieß, ‹Verstoß gegen die Kriegswirtschaft› – zu verhören und anklagen zu können? Die waren doch froh, wenn die Leute, egal woher, ihr bißchen Kaffee bekamen. Nun gut – und was tut unsere Leni am ersten Tag, wo der Russe bei uns auftaucht? Sie schenkt dem Russen eine Tasse von ihrem Kaffee ein – 1:3 müssen Sie wissen, während der Kremp seine flaue Plempe schlürfte –, schenkt dem Russen aus ihrer Kanne Kaffee in ihre Tasse ein und bringt sie ihm rüber an den Tisch, wo er in den ersten Tagen mit Kremp zusammen im Kranzkörperkommando arbeitete. Das war für die Leni eine Selbstverständlichkeit, jemand, der weder 'ne Tasse noch Kaffee hatte, eine Tasse Kaffee anzubieten – aber glauben Sie, die hat geahnt, wie politisch das war. Ich habe gesehen, daß sogar die Ilse Kremer blaß wurde – die wußte nämlich, wie politisch das war: einem Russen eine Tasse 1:3-Kaffee bringen, der mit seinem Duft alle anderen Plempegemische sowieso totschlug.»

Aus: Heinrich Böll, «Gruppenbild mit Dame»

Die Kaffeepflanze

Es gibt etwa 60 verschiedene Arten von Kaffeebäumen, aber nur zwei von ihnen haben wirtschaftliche Bedeutung. Nummer eins ist der geschmacklich am meisten geschätzte Arabica-Kaffee, der einen Marktanteil von 70 bis 75 Prozent hat. Die Arabica-Pflanzen gedeihen am besten in den tropischen Hochlandgebieten Mittel- und Südamerikas in 600 bis 1800 m Höhe, aber auch in Ostafrika und In-

dien. Der Robusta-Kaffee wird in Äquatorialafrika angebaut und hat einen Marktanteil von etwa 25 Prozent. Er hat einen erdigen und etwas rauhen Geschmack, läßt sich aber auch in tieferen Gebieten anbauen, ist schnellwüchsiger, ertragreicher und widerstandsfähiger als der Arabica.
Neben den hohen Durchschnittstemperaturen und reichlichen Niederschlägen benötigt der Kaffeebaum einen sehr guten Boden. Anbau und Ernte sind zeit- und arbeitsintensiv. Fröste in Brasilien oder zu lange Trockenperioden in Afrika führen oft zu gewaltigen Mißernten.
Die Setzlinge müssen etwa ein halbes Jahr in Saatbeeten vorgezogen werden, bis sie 30 bis 50 cm hoch sind. Dann werden sie – meist zu Beginn der Regenzeit – in den Plantagen in einem Abstand von zwei bis vier Zentimentern angepflanzt. Anfangs werden die Kaffeepflänzchen durch andere größere Pflanzen vor Wind und Sonne geschützt, zum Beispiel durch Bananenstauden oder Mais. Wildwachsend können die Kaffeebäume zehn bis 15 Meter hoch werden, in den Plantagen werden sie durch ständigen Beschnitt auf zweieinhalb bis drei Meter Höhe gehalten.
Nach drei bis fünf Jahren intensiver Pflege und Bearbeitung ist die erste Ernte möglich. In den Blattachseln der Seitenzweige entstehen gedrängte Blütenbüschel, aus deren Fruchtknoten sich nach acht bis elf Monaten Reife die rote, etwa zwei Zentimeter lange Kaffeekirsche entwickelt, die je zwei Samen – die Kaffeebohnen – enthält.
Außer in Brasilien wird fast ausschließlich von Hand geerntet. Da es Vor-, Haupt- und Nachblüte gibt, dauert die Ernte mehrere Monate. Dafür werden Saisonarbeiter angestellt.
Die erste Aufarbeitung erfolgt im Anbauland: die Kaffeebohnen werden von ihrer Hülle, dem Fruchtfleisch, befreit. Die höherwertige und arbeitsaufwendigere Methode ist das *Naßverfahren.* Bei diesem werden die Kaffeekirschen zuerst gewaschen, dann wird das Fruchtfleisch maschinell abgequetscht. Übrig bleiben die Bohnen, an denen aber immer noch Reste von Fruchtfleisch haften. Sie werden in große Bottiche gebracht, wo die Fruchtfleischreste zum Gären gebracht werden, so daß sie sich abschließend leicht entfernen lassen. Die Bohnen werden dann noch einmal gewaschen, getrocknet und von ihrer letzten Hülle, der Pergamenthülse und dem Silberhäutchen befreit. Beim trockenen Verfahren werden die Bohnen über zwei bis drei Wochen getrocknet und dann in Spezialmaschi-

nen geschält. Die Kaffeebohnen sind dann noch grün und fast unbegrenzt lagerfähig.
Eine Kaffeeplantage bleibt etwa 20 bis 40 Jahre lang rentabel, danach gehen die Erträge stark zurück, weil der Boden ausgelaugt ist. Der Ertrag ist unterschiedlich und liegt bei 2500 bis 4000 kg pro Hektar.
Kaffeeanbau und -ernte sind arbeitsintensiv und wurden lange Zeit mit Sklaven betrieben. In Brasilien wurde die Sklaverei erst 1888 abgeschafft, als die Plantagenbesitzer mit spitzer Feder errechneten, daß inzwischen Kauf und Unterhalt von Sklaven teurer geworden war als die Hungerlöhne für Saisonarbeiter.
Die grünen Kaffeebohnen werden erst in den Verbrauchsländern geröstet, da sie nach dem Rösten schnell ihr Aroma verlieren (in ein bis zwei Wochen). Vor der Verschiffung werden sie nach Größe, Gewicht und Farbe sortiert, auch müssen unbedingt schlechte Bohnen entfernt werden. Das Rösten erfolgt bei 180 bis 240 °C und dauert heute nur noch wenige Minuten. Die Bohnen verlieren dabei etwa 16 Prozent an Gewicht und dehnen sich um 30 bis 40 Prozent im Volumen aus. Erst beim Rösten entwickelt der Kaffee durch Freisetzung der ätherischen Öle sein spezielles Aroma, seine typische kaffeebraune Farbe und seinen speziellen Geschmack. Das Kaffeearoma wird durch 730 verschiedene Stoffe bewirkt!

Da gerösteter Kaffee nicht lange lagerfähig ist, konnten die Dritte-Welt-Länder den Kaffee nicht selbst verarbeiten. Durch Pulverkaffee und durch neue Verpackungstechnologien wie etwa die Vakuumverpackung wurde die Haltbarkeit aber entscheidend gesteigert, und dennoch wird der Kaffee nach wie vor in den Industrieländern geröstet, denn diese haben den Vertrieb in der Hand und können die Dritte-Welt-Länder durch hohe Zölle auf importierten Röstkaffee blockieren – eine geschickte wirtschaftspolitische Maßnahme auf Kosten der Entwicklungsländer. Umgekehrt ist dies der Grund, warum die entwicklungspolitische Organisation GEPA (s. u.) den Vertrieb des Pulverkaffees «Africafé» aus Tansania fördert.

Seit den sechziger Jahren haben die Kaffeefirmen versucht, den Kreis der Kaffeetrinker zu erweitern und die Lagerfähigkeit des Kaffees zu erhöhen. Löslicher Kaffee wurde ursprünglich entwickelt, um Überschußjahre abzupuffern, erst später wurde die Bequemlichkeit für den Verbraucher entdeckt bzw. hervorgehoben. Bei der Herstellung von Pulverkaffee werden die gerösteten Kaffeebohnen sofort abgekühlt, gemahlen und mit wenig heißem Wasser zu einem Flüssigextrakt aufbereitet. Nach dem älteren Verfahren der Sprühtrocknung wird die Flüssigkeit dann in einem heißen Luftstrom zerstäubt, wobei das Wasser entzogen wird. Das so gewonnene sehr feine Kaffeepulver verklumpt aber leicht beim Aufgießen von kochendem Wasser. Das neuere Verfahren der Gefriertrocknung ist teurer und energieaufwendiger, allerdings werden mehr Aromastoffe bewahrt. Der Flüssigextrakt wird hierbei auf mindestens minus 40 °C gefroren und gemahlen, dann wird das Wasser durch sogenannte Vakuumsublimation entzogen. 1986 wurden 22 000 Tonnen Pulverkaffee verbraucht.

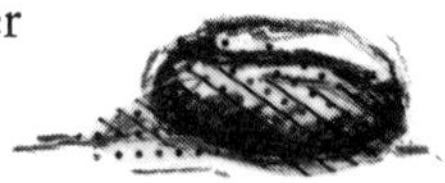

Nicht für jeden ist Kaffeetrinken ein Genuß: viele Verbraucher bekommen Sodbrennen oder andere Probleme mit Magen, Darm und Galle. Für sie wurde reizstoffarmer bekömmlicherer Kaffee entwikkelt (Marktanteil 1986 = elf Prozent). Herz- und kreislaufempfindliche Personen vertragen den Coffeingehalt nicht, für sie wurde der entcoffeinierte Kaffee entwickelt, der nur noch 0,02 bis 0,05 Prozent Coffein enthält (Marktanteil 1986 = 13 Prozent). Die Entfer-

nung der Reizstoffe und des Coffeins erfolgt vor dem Rösten durch Behandlung mit Wasserdampf und organischen Lösemitteln. Das entfernte Koffein wird übrigens in der pharmazeutischen und chemischen Industrie weiterverwendet.
Eine neue Methode der Kurzzeitröstung sorgte für viel Wirbel auf den Kaffeemärkten, da durch eine höhere Ergiebigkeit der Rohstoffeinsatz etwa um 20 Prozent vermindert werden würde – neue Sorge für die Anbauländer.
Jacobs und Tschibo fielen 1984 mit der 400-g-Packung (erinnern Sie sich?) auf die Nase. Die kurzzeitgerösteten Bohnen sind großvolumiger, so daß die 400-g-Packung exakt so groß war wie die alte Pfundpackung. Sie sollte – so die Firmen – die gleiche Ergiebigkeit haben wie die alten 500-g-Packungen. Die Verbraucher glaubten es nicht und kauften bei der Konkurrenz. Nach einigen Wochen mußten Tschibo und Jacobs die Einführung der 400-g-Packung zurücknehmen.

BRAUNE BOHNEN – GOLDENE BILANZEN

1970 mußte ein Industriefacharbeiter etwa 80 Minuten arbeiten, um netto den Gegenwert von einem Pfund Kaffee zu verdienen, Anfang 1987 lag der Zeitaufwand nur noch bei 45 Minuten. Der Ladenpreis betrug durchschnittlich 6,25 DM pro Pfund, der Produzent im Anbauland erhielt nur etwa 25 bis 30 Prozent davon, für die Lohnarbeit wurden im Anbauland rund fünf Prozent bezahlt. Den Rest sackten der Staat (über die Kaffeesteuer und Zoll) Handel, Röstereien, Transportunternehmen und Spekulanten ein. Zeitweise fiel der Weltmarktpreis bis auf einen US-Dollar pro Pfund, während gleichzeitig die bundesdeutsche Kaffeesteuer bei etwa 2 DM pro Pfund lag!
Der Kaffeepreis liegt damit für die Anbauländer immer noch extrem niedrig, im *Vergleich* zu Industrieprodukten sinkt er seit Jahren beständig ab. So konnte beispielsweise ein 16-Tonnen-Lkw im Jahr 1969 mit dem Gegenwert von 66 Sack (à 60 kg) Kaffee bezahlt werden; zehn Jahre später mußten schon 123 Säcke hingestellt werden.

Vom Kaffee-
pflanzen

«Auf meiner Farm (in Kenia) wurde Kaffee angebaut. Die Gegend lag eigentlich etwas zu hoch für Kaffee, man mußte sich mühselig durchschlagen; wir sind nie reich gewesen auf der Farm. Aber eine Kaffeepflanzung ist etwas, das einen festhält und nicht losläßt, es gibt immer etwas auf ihr zu tun, und meistens hinkt man mit seiner Arbeit ein wenig hintennach. Mitten in einem wilden, ungepflegten Lande ist ein Stück Boden, das bearbeitet und regelrecht bepflanzt ist, ein schöner Anblick. Später, als ich Gelegenheit hatte zu fliegen und meine Farm aus der Vogelschau kennenlernte, war ich sehr stolz auf meine Kaffeeplantage, die hellgrün in der graugrünen Landschaft dalag, und fühlte so recht, wie der Mensch ein tief eingewurzeltes Verlangen nach geometrischen Figuren hat. Das ganze Gebiet rings um Nairobi, besonders im Norden der Stadt, ist ähnlich bebaut; der Siedler, der da lebt, denkt und spricht unausgesetzt vom Pflanzen, Beschneiden oder Ernten des Kaffees und sinnt und grübelt nachts über Verbesserungen seiner Kaffeeaufbereitung.

Kaffeeanbau ist eine langwierige Arbeit. Sie geht durchaus nicht so glatt, wie man sich's vorstellt, wenn man jung und hoffnungsvoll bei strömendem Regen die Kisten mit den zarten jungen Kaffeepflänzchen von der Baumschule holt und mit allem Gesinde aufs Feld zieht und darüber wacht, daß die Pflänzchen in die ordentlich gereihten Löcher ins nasse Erdreich gesetzt werden, in dem sie wachsen sollen, dicht beschattet gegen den Sonnenbrand durch Zweige aus dem Walde – denn Dämmerung ist die Zuflucht allen zarten Lebens. Es währt vier oder fünf Jahre, ehe die Sträucher Frucht tragen, und derweil können dürre Jahre über das Land kommen oder Krankheiten – die frechen wilden Unkräuter schießen in

den Feldern dick empor, die Schwarzeiche mit ihren langen, kratzigen Samenhülsen, die sich einem an die Kleider und Strümpfe heften. Einige Bäumchen sind schlecht gepflanzt, ihre Hauptwurzel ist verbogen, und sie sterben, sowie sie zu blühen beginnen. Man setzt über 600 Bäume auf einen Morgen, und ich hatte sechshunderte Morgen Land mit Kaffee bepflanzt. Meine Ochsen zogen Pflüge und Eggen durch die Felder, auf und nieder, viele tausend Meilen zwischen den Baumreihen, geduldig in Erwartung künftigen Lohnes.

Zuzeiten ist es sehr schön auf einer Kaffeepflanzung. Zu Beginn der Regenzeit, wenn die Pflanzung in Blüte stand, bot sich ein leuchtendes Bild, eine Wolke von Kreide schien im Nebel und Geriesel 600 Morgen weit übers Land gebreitet. Die Kaffeeblüten haben einen zarten bitterlichen Duft, ähnlich wie Schwarzdornblüten. Wenn das Feld sich von den reifen Kirschen rötete, wurden die Weiber und die Kinder – die Watoto – mit hinausgenommen, um mit den Männern den Kaffee von den Bäumen zu pflücken. Auf Wagen und Karren wurde er dann hinuntergeschafft zur Aufbereitung am Fluß. Unsere technischen Einrichtungen waren nie so auf der Höhe, wie sich's gehört hätte, aber wir hatten unsere Anlage selbst entworfen und gebaut und waren stolz auf sie. Einmal brannte sie gänzlich ab und mußte neu aufgebaut werden. Die große Trockentrommel drehte und drehte sich ohne Unterlaß, und die Bohnen rauschten in ihrem eisernen Bauch wie Kies, der am Strande unter der Brandung knirscht. Zuweilen wurde der Kaffee mitten in der Nacht getrocknet und mußte aus der Trockentrommel herausgeholt werden. Das war ein malerisches Schauspiel, wenn die vielen Windlichter den riesigen dunklen Raum voller Spinnweben und Kaffeeschalen erleuchteten und die glänzenden schwarzen Gesichter in ihrem Schein sich um die Trockenmaschine scharten – man hatte das Gefühl, als hinge das Anwesen in der Schwärze der afrikanischen Nacht wie ein heller Edelstein im Ohr eines Äthiopiers. Dann wurde der Kaffee geschält und gesichtet, mit der Hand sortiert und in Säcke verstaut, die mit Packnadeln vernäht wurden. Wenn alles vorüber war, konnte ich in der Frühe, noch ehe es tagte, von meinem Bett aus hören, wie die Wagen, mit Kaffeesäcken hoch beladen – zwölf Säcke die Tonne –, von je 16 Ochsen gezogen, unter großem Gebrüll und Lärm der nebenherlaufenden Treiber den langen Hügel von der Aufbereitung herauf auf dem Weg nach dem Bahnhof Nairobi davonzogen. Es war angenehm zu wissen, daß dieser Berg der einzige auf ihrem Wege war, denn die Farm lag 1000 Fuß höher als die Stadt Nairobi. Abends ging ich dann dem heimkehrenden Zug entgegen; die müden Ochsen schritten vor den leeren Wagen mit hängenden Köpfen einher, von einem müden kleinen Toto gelenkt, und die Treiber ließen ihre Peitschen matt im Staub der Straße schleifen. Wir hatten alles getan, was wir konnten. Morgen oder übermorgen schwamm der Kaffee auf dem Meere, und wir durften nur hoffen, daß uns bei den großen Versteigerungen in London das Glück hold war.»

Aus: Tania Blixen, «Afrika – dunkel lockende Welt»

Für die Kaffeeanbauländer, die allesamt Entwicklungsländer oder wie Brasilien bestenfalls Schwellenländer sind, bedeutet dies eine beständige Verschlechterung ihrer Lage. Sie sind damit gezwungen, immer mehr zu produzieren, um sich das Gleiche kaufen zu können. Damit aber steigt die Überschußproduktion, und der Kaffeepreis verfällt weiter. Um dieser dramatischen Entwicklung zu begegnen, gibt es seit 1962 ein Welt-Kaffee-Abkommen, das mehrmals erneuert wurde. Heute sind diesem Kaffee-Abkommen 50 Anbauländer angeschlossen, die etwa 99 Prozent des Weltangebots an Kaffee repräsentieren, sowie 26 Verbraucherländer mit etwa 90 Prozent des Verbrauchs. Verwaltet wird das Abkommen durch die Internationale Kaffee-Organisation ICO, die scherzhaft auch die Kaffee-Uno genannt wird.

«Die Verbraucherländer leisten über einen angemessenen Kaffeepreis Entwicklungshilfe.»

Aus der Verbandszeitschrift Kaffee-Magazin

Das Kaffee-Abkommen soll stabile Preise und ein ausgewogenes Verhältnis von Angebot und Nachfrage garantieren, zusätzlich wird eine Erhöhung des Kaffeekonsums angestrebt. Von stabilen und gerechten Preisen kann aber keine Rede sein. So schwankte etwa der Kilo-Preis an der New Yorker Börse im ersten Halbjahr 1986 zwischen 276 Cents/Pound und 168 Cents/Pound. Das ICO-Abkommen hilft hier nur bedingt, der einzige Vorteil ist: ohne das Abkommen wären die Erlöse für die Anbauländer noch schlechter!

Jedem Land wird ein Exportkontingent zugewiesen und ein ICO-Kaffeepreis mit einer oberen und unteren Interventionsgrenze festgelegt. Wird der Kaffeepreis an der Börse zu niedrig, werden auch die jeweiligen Kontingente verkürzt und damit das Angebot künstlich verknappt (sprich: die Dritte-Welt-Länder bleiben auf ihrer Ernte sitzen), um den Preis wieder zu heben. Allerdings gibt es viele seben. Allerdings gibt es viele Verbraucherländer, die dem ICO-Abkommen nicht beigetreten sind, diese zahlen für den Kaffee nur 50 bis 60 Prozent des ICO-Preises. Aber auch innerhalb der ICO gibt es (legal) sogenannte «special deals» mit Preisnachlässen, wenn ein Großabnehmer für regelmäßige Direktabnahme garantiert. An den Kaffeebörsen wird darüber hinaus mit sogenannten Warentermingeschäften spekuliert. Drei bis sechs Monate vor der Ernte werden Fixpreise ausgemacht und zehn Prozent der Kaufsumme angezahlt.

Der Kontrakt kann dann weiterverkauft werden – meist mit Gewinn. Die Verlierer sind fast immer die Kaffeeländer.
1979 wurden weltweit rund 231 Millionen Sack Kaffee gehandelt, letztlich aber nur 63 Millionen Sack exportiert: jeder Sack wechselte also schon *vor* der Ernte viermal den Besitzer. Die Börse wird zu 60 bis 70 Prozent von acht multinationalen Konzernen kontrolliert (zum Beispiel General Foods und Coca-Cola). Der Direktor des mexikanischen Kaffeeinstituts, M. A. Gomez, schätzte, daß die Anbauländer durch solche Spekulationen rund 600 Millionen Dollar verloren. Viele der ärmsten Länder sind aber völlig von ihren Kaffeeexporten und dem Kaffeepreis abhängig, zum Beispiel Uganda (96 Prozent der Exporterlöse), Burundi (90 Prozent), Äthiopien (66 Prozent) oder Kolumbien (62 Prozent). Hier wirken die ständige Verschlechterung der terms of trade, die Spekulationen und der ungerecht-niedrige Kaffeepreis besonders katastrophal.
Im Gegensatz zu den Industrieländern, die vergleichsweise verläßlich und planbar Einnahmen aus der Industrieproduktion haben, sind die Anbauländer darüber hinaus von Naturereignissen und Mißernten abhängig. So hatte Brasilien 1975 und 1979 riesige Verluste durch Frost, 1986 durch Trockenheit.
Wegen der brasilianischen Mißernte wurde 1986 die ICO-Quotenregelung ausgesetzt, 1987 kam es dadurch zu einem Preisverfall bei Kaffee. 1983/84 wurden rund 90 Millionen Sack Kaffee produziert, davon 65 Millionen Sack exportiert, zu 90 Prozent an die ICO. Der Rest wurde in den Anbauländern selbst verbraucht oder ging auf Lager. Heute werden jährlich fast 100 Millionen Sack Kaffee (etwa sechs Millionen Tonnen) erzeugt, für 1987/88 wurde von der ICO eine Quote von 58 Millionen Sack festgelegt.
1986 nahm die Bundesrepublik 9,45 Millionen Sack, entsprechend 410000 Tonnen Rohkaffee ab, hauptsächlich aus Brasilien, Kolumbien und Ostafrika. Nach dem üblichen Schwund beim Rösten blieben 340000 Tonnen Röstkaffee übrig. Elf Prozent davon wurden als reizarmer Kaffee angeboten, 13 Prozent als entkoffeinierter Kaffee. Der Verbrauch von Pulverkaffee lag bei 22000 Tonnen. Etwa ein Drittel des Kaffees stammte aus Kolumbien. Der brasilianische Anteil, der normal etwa bei 20 Prozent liegt,

Kolumbien hängt vom Kaffee und seiner Notierung im Ausland in solchem Grade ab, daß «in Antioquia die Kurve der Eheschließungen prompt der Kurve des Kaffeepreises folgt. Es ist eine typische Erscheinung für eine abhängige Wirtschaftsstruktur: Sogar der geeignete Moment für eine Liebeserklärung auf einem Bergkamm Antioquias wird in der New Yorker Börse entschieden.»
Eduardo Galeano

sank wegen der dortigen Mißernte auf 6,5 Prozent. Aus Nicaragua wurden nur noch 91 500 Sack Kaffee importiert, rund ein Viertel weniger als im Vorjahr. Die Solidarität sackt ab.

Der Kaffeemarkt wird in der Bundesrepublik von sechs Konzernen dominiert (Zahlen für 1985), dem Marktführer Jacobs (20 Prozent), Tschibo (18,5 Prozent), Aldi (18 Prozent), Eduscho (14,5 Prozent), Kaffee HAG (5,5 Prozent) und Melitta (vier Prozent). Es gibt drei verschiedene Vertriebswege: Das traditionelle «Abpackersystem» (Jacobs, Melitta, Kaffee HAG u. a.), bei dem der Einzelhandel beliefert wird, das Filialistensystem mit eigenen Läden oder Depots (Tschibo, Eduscho, arko bzw. Rothfos u. a.) und sogenannte Discounter, also Handelsunternehmen wie Aldi und Co op, die ihre eigene Kaffeemarke verkaufen.
Im Kaffeegeschäft läßt sich gut Geld verdienen. Bei Tschibo lag etwa der Gewinn des Jahres 1979 mit ca. 70 Millionen DM fast so hoch wie die gezahlten Löhne und Gehälter (ca. 86 Millionen DM) für die rund 3600 Beschäftigten des Hauses. Pro Kilo Kaffee (Ladenpreis DM 21,–) lag der Reingewinn bei stolzen 0,77 DM. Die Anbauländer können von solchen Zahlen nur das Aroma riechen, geröstet wird in der Bundesrepublik.

Brasilien: Kaffeebraunes Elend

Bei «Kaffee und Kuchen» steigt die Gemütlichkeit in den bundesdeutschen Wohnstuben. Kaum zu denken, daß andernorts Kaffeeanbau zu Hunger und Elend führt. Aber schon die landwirtschaftlichen und klimatischen Voraussetzungen für Kaffeeanbau, nämlich gute Böden, warme und wenig schwankende Temperaturen sowie ausreichende Niederschläge, lassen vermuten, daß man statt Kaffee auch etwas anderes anbauen könnte: Grundnahrungsmittel für die Bevölkerung. Tatsächlich gibt und gab es ganz direkte Verknüpfungen zwischen Hungerkatastrophen und Kaffeeanbau. So wurden etwa von der Holländisch-Ostindischen Company riesige Kaffeeplantagen auf Java hochgezogen, wobei der traditionelle Reisanbau

zurückging. Daraufhin kam es zu mehreren Hungerkatastrophen, die die Bevölkerung deutlich dezimierten.
Jedoch – möchte man meinen – sollten die Anbauländer, allesamt Entwicklungsländer oder sogenannte Schwellenländer wie Brasilien, von der Möglichkeit profitieren, viel Geld und Devisen mit dem Kaffee zu verdienen. Schließlich ist Kaffee nach Erdöl das zweitwichtigste Exportgeschäft der Welt (wertmäßig!) und erzielte 1985/86 einen Jahresexportwert von 14,4 Milliarden DM. So ist es aber nicht: Die eigentlichen Profite kommen den internationalen Handelsgesellschaften und Röstereien zugute sowie den Abnehmerländern (Steuern, Abgaben). Seit Jahren verfallen die Preise relativ zu Industrieprodukten, und alle Risiken des Anbaus (Mißernten, ökologische Schäden) liegen bei den Anbauländern. Den Plantagenarbeitern werden nur minimale Löhne gezahlt.
Bedeutendstes Kaffeeland der Welt ist Brasilien. An Hand einer überschlägigen Kalkulation, gestützt auf Zahlen von 1980, werden die Kosten- und Gewinnverhältnisse deutlich:

Idealtypische Kalkulation

Plantagenarbeiter	5,1 %
Plantagenbesitzer	8,5 %
Exporteur/Zwischenhändler	3,7 %
Exportsteuer	17,2 %
Seefracht	1,4 %
Zoll	1,8 %
Kaffeesteuer	18,4 %
Mehrwertsteuer	6,1 %
Importeur	7,6 %
Röstkosten	6,5 %
Einzelhändler	23,7 %
	100 %

Aus: Peter Hadwiger u. a., Kaffee – Gewohnheit und Konsequenz, 1984

Obwohl der Kaffeeanbau außerordentlich aufwendig und arbeitsintensiv ist, werden nur etwa fünf Prozent des Endpreises für Löhne verwendet. In der Regel liegen diese am Existenzminimum und werden für Saisonarbeit gezahlt. Außerhalb der Saison gibt es keinen Lohn, natürlich auch keinen bei Mißernten, die – nicht zuletzt wegen ökologischer Destabilisierung – häufiger werden. Prozentual mehr am Kilo-Preis verdienen die Plantagenbesitzer, wobei dies pro Kopf kräftige Gewinne sind, da die Kaffeeplantagen in der Regel Großgrundbesitzern gehören. Etwa ein Prozent der Landbevölkerung, eben die Großgrundbesitzer, erhalten 30 Prozent des ländlichen Einkommens. Die Zweiteilung der Gesellschaft wird immer krasser: Der Anteil am Volkseinkommen der oberen reichen zehn Prozent der Bevölkerung stieg im Zeitraum 1960 bis 1980 von 39 Prozent auf 51 Prozent, entsprechend fiel der Anteil der 50 Prozent Ärmsten von 17 Prozent auf zwölf Prozent.

Zusammen mit der Exportsteuer, die der Staat Brasilien einnimmt, bleiben nur etwa 30 Prozent der eigentlichen Kaffeerlöse in Brasilien, fast gleich viel nimmt das Abnehmerland durch Zoll, Kaffeesteuer und Mehrwertsteuer ein – ohne auch nur einen Strich getan zu haben! Importeur, Rösterei und Einzelhandel im Abnehmerland sind oft in einer Hand und nehmen fast 40 Prozent ein.

In schlechten (Ernte-)Jahren sieht es in Brasilien noch dramatischer aus. Von 1974 auf 1975 fiel die Jahresernte von 28 Millionen Sack Kaffee auf sechs Millionen Sack.

1954, RIO DE JANEIRO

GETULIO

«Am liebsten möchte er die Erinnerung an seine eigene Diktatur auslöschen, diese alten düsteren Zeiten der Verfolgung, und in diesen letzten Jahren regiert er Brasilien, wie es noch nie zuvor jemand getan hat.

Er stellt sich auf die Seite der Löhne, nicht auf die der Gewinne. Sofort erklären ihm die Unternehmer den Krieg.
Damit Brasilien nicht länger ein Sieb ist, stoppt er das Ausbluten der Naturschätze. Sofort beginnt das Auslandskapital mit Sabotage. Er gewinnt Erdöl und Energievorräte zurück, die ebensosehr oder noch mehr nationale Würde verkörpern wie Fahne und Hymne. Sofort antworten ihm die beleidigten Monopole mit einer wütenden Attacke. Er verteidigt den Kaffeepreis, ohne wie bisher üblich die halbe Ernte ins Feuer zu werfen. Sofort setzen die Vereinigten Staaten die Abnahmequoten um die Hälfte herab.
In Brasilien fallen Presseleute und Politiker aller Gruppen und Gegenden in das empörte Geschrei ein.
Getulio Vargas hat aufrecht regiert. Als sie ihn zwingen wollen, sich zu beugen, wählt er die Würde des Todes. Er hebt den Revolver, richtet ihn auf sein eigenes Herz und drückt ab.»
Eduardo Galeano, «Das Jahrhundert des Sturms»

Sandino Dröhnung statt Jacobs Krönung

Schon seit einigen Jahren kann man in der Bundesrepublik «Solidaritätskaffee» kaufen. Bei diesem kommt auf den Kaffeepreis ein zehnprozentiger Solidaritätszuschlag, der dann Organisationen in den Dritte-Welt-Ländern zufließt. Verkauft wird hauptsächlich Nicaraguakaffee, der gleich von zwei Seiten vertrieben wird: von Direktimportgruppen wie der Berliner Kaffeegenossenschaft, dem Dritte-Welt-Laden Coesfeld und der GEPA (Gesellschaft zur Förderung der Partnerschaft mit der Dritten Welt), einer nicht gewinnorientierten Organisation von kirchlichen Entwicklungsdiensten und Jugendverbänden sowie Dritte-Welt-Gruppen. Sie importiert seit 1980 den Kaffee direkt von der staatlichen nicaraguanischen Vertriebsorganisation und führt den Zehn-Prozent-Aufschlag auf den Rohkaffee (allerdings unter Abzug der Verwaltungskosten) an den nicaraguanischen Bauernverband UNAG (Nationale Union der Landwirte und Viehzüchter) ab und konnte seit 1980 schon mehrere Hunderttausend Dollar überweisen. Kaffee (ca. 30 Prozent der

Exporterlöse), Baumwolle (ca. 40 Prozent) und Zucker (ca. zwölf Prozent) stellen die wichtigsten Exporteinnahmen Nicaraguas dar. Die GEPA vertreibt bzw. vertrieb aber auch Kaffee aus Guatemala (Fedecocagua-Kaffee, angebaut von indianischen Kleinbauern im Hochland), aus Mexiko (ökologisch angebauten «Café Orgánico», angebaut von Kleinbauern-Kooperativen im Süden Mexikos) und aus Tansania (den Pulverkaffee Africafé, der direkt in Tansania verarbeitet wird). Der von der GEPA zeitweilig geförderte Verkauf von Fedecocagua-Kaffee (angebaut von indianischen Kleinbauern im Hochland Guatemalas) wurde inzwischen eingestellt, da sich die Partnerorganisation Fedecocagua zu einem großen, stark marktorientierten Unternehmen entwickelte und nicht mehr den Richtlinien der GEPA entsprach.

Adresse siehe Anhang.

Preiskalkulation

Alle folgenden Angaben beziehen sich auf ein Kilogramm Röstkaffee

Einkaufspreis FOB Corinto	DM 14,08 = 46,93 %
Solidaritätsbeitrag für die UNAG	DM 1,41 = 4,70 %
Transportkosten Corinto → GEPA / Schwelm	DM 0,44 = 1,47 %
Kaffee-Verbrauchssteuer	DM 4,29 = 14,30 %
Einfuhrzoll	DM 0,78 = 2,60 %
Röst- und Verpackungskosten	DM 1,29 = 4,30 %
Kapital- und Versicherungskosten	DM 1,49 = 4,97 %
GEPA-Kostendeckungsbeitrag	DM 1,45 = 4,83 %
Rabatte für Aktionsgruppen und 3. Welt-Läden	DM 3,00 = 10,00 %
Mehrwertsteuer	DM 1,77 = 5,90 %
Endverkaufspreis	DM 30,00 = 100,00 %

Preiskalkulation der GEPA bei Nicaragua-Kaffee (ein Kilogramm) vom Mai 1986

Die «Gesellschaft zur Förderung der Partnerschaft mit der Dritten Welt» mbH (kurz: GEPA) ist eine Handelsorganisation für einen gerechteren Dritte-Welt-Handel. Gegründet wurde die GEPA, um die wirtschaftliche und soziale Entwicklung ihrer Projektpartner in der Dritten Welt durch alternativen Handel (zum Beispiel höhere Preise für die Produzenten) zu fördern und um das «entwicklungs- und weltwirtschaftspolitische Bewußtsein» in der Bevölkerung durch verschiedene «Informations-, Aktions- und Bildungsangebote» zu verbessern. Gesellschafter der Träger-GmbH sind neben

kleineren Organisationen wie etwa der «Arbeitsgemeinschaft Dritter-Welt-Läden (AG3WL) die großen kirchlichen Organisationen wie zum Beispiel Misereor oder Brot für die Welt. Gefördert werden die Projekte von Selbsthilfegruppen, Genossenschaften von Kleinbauern oder Handwerkern, in Ausnahmefällen auch von (halb-)staatlichen Organisationen. Bezogen und verkauft werden verschiedene Produkte, zum Beispiel Kaffee (Nicaragua-Kaffee, der mexikanische Café Orgánico und der Pulverkaffee Africafé aus Tansania), das Kakaopulver «El Ceibo» aus Bolivien, Cashewnüsse aus Mozambique und vieles andere mehr.
Die GEPA ist als die größte Organisation «marktorientiert» und versucht, den Abnehmerkreis ständig zu erweitern, oft auf Kosten der Informationsweitergabe und Bewußtseinsbildung. Die Direktimportgruppen und viele Dritte-Welt-Läden kritisieren den zu hohen Verwaltungsaufwand bzw. -zuschlag der GEPA und die immer zurückhaltendere Information für die Käufer. Im Gegensatz zur GEPA leiten sie den jeweiligen Solidaritätszuschlag voll und an ausgesuchte Projekte weiter.
In den Niederlanden wird seit 1986 «sauberer Kaffee» («zuivere Koffie») verkauft. Die Aktion wurde von der Interkirchlichen Aktionsgruppe für Lateinamerika «Solidaridad» gestartet und richtet sich an den durchschnittlichen Kaffeetrinker. Konsequent wurden von Anfang an Gespräche mit dem Einzelhandel und dem Verband der niederländischen Kaffeeröster geführt. Mittlerweile wird der Alternativkaffee (namens «Max Havelaar») in rund der Hälfte(!) aller niederländischen Lebensmittelläden und Supermärkte geführt. «Max Havelaar» war die Hauptfigur eines in den Niederlanden sehr populären Buchs, das sich im letzten Jahrhundert kritisch mit der Rolle der Niederländischen Handelsgesellschaft in ihren überseeischen Kaffeeplantagen auseinandersetzte.
Doch auch hier gibt es Kritik. Der Verband der Kaffeeröster vereinbarte mit den Kirchen, einen kleinen Teil der Kaffeebohnen direkt bei Bauernkooperativen zum Weltmarktpreis einzukaufen: so enthält der normale Kaffee einige «reine» Bohnen und damit quasi einen Schuß des notwendigen «guten Gewissens». Gleichzeitig wird damit der bisher überraschende Verkaufserfolg von «Max-Havelaar»-Kaffee gefährdet. Weiterer Kritikpunkt von Dritte-Welt-Läden: der mit den Kaffeeröstern ausgehandelte Werbetext für den Kaffee ist sehr moderat. Von Ausbeutung ist keine Rede mehr.

Die Auseinandersetzungen um den «zuivere Koffie», um den GEPA-Kaffee und auch die Einstellung des Verkaufs des Fedecocagua-Kaffees durch die GEPA zeigen, wie schwer es fällt, die Richtlinien möglichst scharf zu fassen und gleichzeitig einen sinnvollen Marktanteil zu erlangen (was ja gleichermaßen die Idee verbreitet). Darüber hinaus entbehrt es nicht einer gewissen Pikanterie, daß (zweifellos wohlmeinende) Organisationen der Industrieländer Ideal-Richtlinien für die Produkte aus den Entwicklungsländern aufstellen, während gleichzeitig die interne Produktion der Industrieländer ungehemmt und ohne ernstliche Auflagen weiterrauscht.
Trotzdem bleibt es sinnvoll, beim Kaffeekauf zumindest auf einen der beiden Alternativkaffees zu achten: der Kauf ist mit Abstand sinnvoller als der von normalem Röstkaffee.

Café sano

Der massive Aufbau von Plantagenwirtschaft und die Ausweitung des Kaffeeanbaus hatte in vielen Ländern negative soziale und ökologische Auswirkungen. Das Vordringen von Großgrundbesitz wurde zum Teil staatlich gefördert, so etwa in Zentralamerika, wo um 1880 die Gemeinschaftsländereien von Indianern und Kleinbauern per Diktat abgeschafft wurden.
Der Kaffeeanbau verdrängte gleichzeitig den Anbau von Grundnahrungsmitteln: Zum einen, weil Kaffee ebenfalls fruchtbaren Boden benötigt, zum anderen, weil den Kleinbauern oft die Existenzgrundlage genommen wurde und sie sich als Tagelöhner oder – noch schlimmer – Wanderfeldarbeiter – auf verschiedenen Plantagen verdingen mußten. Dies wurde noch verschärft: Da die Böden der Kaffeeplantagen oft nach ein oder zwei Jahrzehnten ausgelaugt sind, «wandern» auch die Plantagen weiter und mit ihnen die davon abhängigen Arbeiter. Ein besonders hoher Arbeitsbedarf besteht bei der Ernte (die mehrere Monate dauert) und der Verarbeitung der Kaffeebohnen zum Rohkaffee (siehe oben). Als Folge davon gibt es Saisonarbeit. Diese erschwert zusätzlich die gewerkschaftliche Organisation, so daß oft nur Hungerlöhne gezahlt werden. In Brasilien bekommen so ein Prozent der Landbevölkerung (die Großgrundbesitzer) 30 Prozent des landwirtschaftlichen Einkommens.

Am Beispiel Brasilien lassen sich auch die ökologischen Auswirkungen zeigen. Generell sind große Kaffeeplantagen durch verschiedene Schädlinge bedroht: Würmer, Käfer, Borkenkäfer, Heuschrecken und Blattläuse, vor allem aber durch den «Kaffeerost», eine Pilzkrankheit. Ist diese erst einmal ausgebrochen, muß die Plantage in der Regel aufgegeben werden. In den Plantagen werden entsprechend viel Pestizide und Kunstdünger ausgebracht, erstere oft unter gesundheitsbedrohenden Umständen. Der Endverbraucher ist von den Kaffeepestiziden allerdings kaum bedroht, da die Pestizide von den Kaffeebohnen schwer aufgenommen werden und/oder beim Rösten zerstört werden.

«Die Existenz von Ländereien im Besitze von Gemeinden behindert die landwirtschaftliche Entwicklung, stört die Zirkulation des Reichtums, lockert die familiären Bande und schwächt die Unabhängigkeit des Individuums. Ihre Existenz widerspricht den wirtschaftlichen und sozialen Prinzipien, welche die Republik sich zu eigen gemacht hat.»
Aus dem Gesetz zur Abschaffung der Gemeindeländereien in El Salvador von 1881

Für den Kaffeeanbau werden in der Regel Primärwälder abgeholzt, da der Kaffee auf den gerodeten Waldflächen gut wächst – allerdings nur für einen begrenzten Zeitraum. Dann ist der Boden ausgelaugt und im besten Fall noch für Weidewirtschaft nutzbar. Allein im Bundesstaat São Paulo gingen zwischen 1854 und 1973 rund 18 Millionen Hektar Wald vorwiegend für den Kaffeeanbau verloren.

Die großflächige Zerstörung des Primärwaldes hat weitere Auswirkungen:

- Die Niederschläge verändern sich: es gibt mehr Starkregen (Überschwemmungen) und mehr Trockenperioden. Beides erschwert zusätzlich den Anbau von Grundnahrungsmitteln, der Starkregen führt darüber hinaus zur Erosion der nur dünnen Bodenauflage.
- Durch das Fehlen der schützenden Vegetation und die veränderten Niederschläge kommt es zu einem Absinken des Grundwasserspiegels.
- In den klimatischen Randgebieten der Kaffeeanbauzonen kommt es infolge der Waldvernichtung zu häufigeren Kälteeinbrüchen. Dies tritt noch verstärkt auf, weil der Kaffeeanbau insgesamt schon in klimatisch ungünstigere Gebiete (in Brasilien in den Süden) vorgedrungen ist, wo es häufiger zu Frösten und damit zu Mißernten kommt. Hunger, schlechte Löhne, zerstörte Natur – der bittere Beigeschmack «unseres» Kaffees.

Die GEPA (s. o.) fördert (als Antwort auf solche Entwicklungen) einen ökologisch und sozial vertretbaren Kaffeeanbau mit ihrem Café sano-Vertrieb:
Im mexikanischen Bundesstaat Oaxaca haben sich 1500 meist indianische Kleinbauernfamilien aus 23 Ortschaften zur UCIRI (Union de Communidades Indigenas de la Region del Istmo) zusammengeschlossen, u. a. um den Zwischenhandel auszuschalten und gerechtere Preise zu bekommen. Der ökologische Kaffeeanbau findet dabei auf nur fünf Prozent der landwirtschaftlichen Fläche statt: der Anbau von Grundnahrungsmitteln hat Vorrang. Der landwirtschaftliche Boden ist traditionsgemäß im Eigentum der Dorfgemeinschaft.
Die GEPA hat mit der UCIRI eine feste Abnahmemenge vereinbart, bezahlt wird der Weltmarktpreis (aber gleichzeitig ein Mindestpreis, falls der Weltmarktpreis darunter fällt) mit einem zehnprozentigen Aufschlag.
So schmeckt der Kaffee.

Leben auf der Kaffee-Finca

Im folgenden Text schildert Rigoberta Menchú, eine India aus dem Stamm der Quinche, das Leben der indianischen Saisonarbeiter/innen auf den Kaffeeplantagen Guatemalas.

An die Lastwagen kann ich mich noch erinnern. Erst hatte ich überhaupt keine Vorstellung davon, aber dann war es für mich so schrecklich, weil ich den Gestank und das alles nicht vertragen konnte. Die Lastwagen waren für je eine Gruppe von 40 Personen. Zu den 40 Personen kamen noch Hunde, Katzen und Hühner hinzu, all die Tiere, die die Leute aus dem Hochland mit zur Küste nehmen, wenn sie zur Arbeit auf die Fincas fahren. Manchmal dauerte die Fahrt zwei Nächte und einen Tag und länger. Die Tiere und die Kinder fingen zuerst an, den Wagen zu beschmutzen, und der Gestank von dem ganzen Dreck, von Tieren und Menschen, war nicht auszuhalten. Die Leute bekommen fünf Quetzales als Vorschuß, der ihnen hinterher vom Lohn wieder abgezogen wird. Und die Fröhlichen wie die Traurigen fangen an zu trinken, weil sie die heimatliche Erde des Altiplano verlassen müssen, um in nächster Zeit ohne Pause und bis zur Erschöpfung zu arbeiten. Schon im Dorf fangen sie an, Schnaps zu trinken. Ich kann mich erinnern, daß meine Eltern das auch taten. Während der Fahrt müssen dann einige erbrechen. Alles, was sie tagsüber gegessen haben, kommt ihnen heraus. Dieser ganze Gestank vermischt sich, und am Ende der Fahrt ist man ganz stumpfsinnig und dumm im Kopf.

Während der ganzen Fahrt bleibt die Plane des Lastwagens geschlossen, so daß wir weder die Landschaft sehen können noch die Orte, durch die wir fahren. Die meiste Zeit schläft man, weil man es anders nicht aushält. Durch den Gestank, der sich in dem abgedeckten Lastwagen sammelt, fängt man schließlich selbst an, sich zu übergeben, so daß wir auf der Finca ankamen wie ein Haufen Mist, wie ein Haufen eng zusammengepferchter Hühner, die kaum noch einen Fuß vor den anderen setzen konnten. Der Lastwagen fährt und fährt, und wenn man mal muß, kann man gar nichts machen, weil man uns nie aussteigen läßt. Manchmal waren die Fahrer auch betrunken. Dann hielten sie unterwegs dauernd an und tranken weiter, aber uns haben sie nie vom Lastwagen heruntergelassen. All das machte mich manchmal so zornig, daß ich meine Mutter fragte: «Warum fahren wir überhaupt auf die Finca?» Und meine Mutter sagte: «Die Not zwingt uns, auf der Finca zu arbeiten. Wenn du einmal groß bist, wirst du unsere Not verstehen.» Aber was ich damals verstand, war, daß mich alles anekelte. Später habe ich dann gesehen, wie alles war.

Mit acht Jahren verdiente ich mein erstes Geld auf der Finca. Ich hatte täglich 35 Pfund Kaffee zu pflücken und bekam dafür 20 Centavos. Wenn ich die Menge nicht schaffte, mußte ich am nächsten Tag für dieselben 20 Centavos weiterarbeiten. Wenn man einmal sein Tagessoll nicht schaffte, blieb man unweigerlich mit seiner Arbeit zurück, bis man zum Schluß vielleicht zwei ganze Tage unentgeltlich nacharbeiten mußte, um das Gesamtsoll zu erfüllen.

Meine Brüder hatten ihre Arbeit so gegen sieben oder acht Uhr abends beendet und boten sich an, mir zu helfen. Ich sagte, daß ich selbst damit fertigwerden müsse, denn wie sollte ich es sonst jemals lernen. An manchen Tagen schaffte ich kaum 28 Pfund. Besonders wenn es so heiß war. Da bekam ich Kopfschmerzen und war oft so erschöpft, daß ich mich unter einen Kaffeestrauch legte und schlief, und da fanden mich dann meine Brüder.

Zum Verrichten unserer Bedürfnisse mußten wir uns in kleinen Gruppen abwechseln. Es gab keine Klos oder Latrinen auf der Finca, und so gingen die Leute in den Wald. Es gab eine Stelle, wo das Strauchwerk sehr dicht war. Dorthin gingen alle; das war unser Klo. Damals arbeiteten 400 Leute auf der Finca, und immer wenn eine Gruppe zurückkam, ging die nächste. Immer alle ins gleiche Gebüsch. Es wimmelte dort von Fliegen.

In unserer Baracke gab es nur einen Bottich mit Wasser, und der reichte nicht einmal zum Händewaschen für alle. Weiter weg gab es Brunnen, aus denen das Wasser für die Bewässerung der Plantagen kam. Zu diesen Brunnen mußten wir laufen, um uns Wasser in Flaschen abzufüllen, damit wir bei der Arbeit auf dem Feld etwas zu trinken hatten.

Die Kaffeebohnen werden von den Sträuchern gepflückt, aber manchmal, wenn sie schon sehr reif sind und von selbst von den Sträuchern fallen, müssen sie aufgesammelt werden. Das ist schwieriger als pflücken. Bei der Arbeit mußte man sehr behutsam sein, damit kein Strauch beschädigt wurde. Die Aufseher beobachteten uns scharf, und jeder kleine Schaden

wurde Bohne für Bohne vom Lohn abgezogen. So lernten wir schon als Kind, besonders achtsam und vorsichtig zu sein: Kaffeepflücken war wie das Behandeln einer Verletzung.
Baumwolle zu pflücken war noch schwieriger. Besonders die Nachernte der Baumwollreste, die in den Zweigen hängengeblieben waren. Das war eine sehr beschwerliche Arbeit, die nicht besser bezahlt wurde als die reguläre Arbeit.
Zwei Jahre lang arbeitete ich für 20 Centavos, obwohl ich oft mehr als 35 Pfund pflückte. Ich schaffte immer mehr und steigerte mich um ein, zwei, drei Pfund. Als ich 70 Pfund pro Tag schaffte, zahlten sie mir dafür 35 Centavos. Ich war stolz, daß ich jetzt merklich zum Lebensunterhalt der Familie beisteuern konnte, und fühlte mich wie ein erwachsener Mensch. Ich plagte mich jeden Tag aufs neue, um meinen Eltern das Leben ein wenig zu erleichtern.
Aber die Arbeit auf den Fincas war nicht nur hart, die Arbeiter wurden auch betrogen. Es gibt ein Büro auf der Finca, in dem die Menge, die jeder Arbeiter tagsüber geerntet hat, gewogen und notiert wird. Meine Brüder – gescheit wie sie waren – hatten einmal herausgefunden, daß alle Gewichte gefälscht waren. Sie zeigten viel weniger an, als tatsächlich gepflückt worden war. Das passiert überall. Die Señores, die unsere Arbeit kontrollieren, bereichern sich an uns. Vom ersten Tag an, wenn die Agenten in die Dörfer kommen und die Leute anheuern, werden wir wie Vieh behandelt. Auf den Lastwagen oder auf der Finca – jede Kleinigkeit, jede Handreichung muß bezahlt werden. Bis zum letzten Tag, wenn die Rechnung in der Cantina beglichen wird, bestehlen sie die Arbeiter.

Aus: Elisabeth Burgos, «Rigoberta Menchú – Leben in Guatemala»

LITERATUR

- Arbeitsgemeinschaft Dritte-Welt-Läden e. V., Andreas Seeberg und Georg May: «Braune Bohnen – Goldene Bilanzen»
- Böll, Heinrich: Gruppenbild mit Dame. Kiepenheuer & Witsch, Köln 1971
- Burgos, Elisabeth, «Rigoberta Menchú – Leben in Guatemala», aus dem Spanischen von Willi Zurbrüggen, Lamuv-Verlag, Bornheim 1984
- Clos, Rainer: «Sauberer Kaffee». epd-Entwicklungspolitik 17/87, S. 21 f und Dokumentationsteil
- Galeano, Eduardo: Die offenen Adern Lateinamerikas. Peter Hammer Verlag, Wuppertal 1973
- Galeano, Eduardo: Das Jahrhundert des Sturms. Peter Hammer Verlag, Wuppertal 1988
- GEPA (Hg., Adresse s. u.): «Café Orgánico». November 1986
  GEPA-Informationsdienst «Kaffeebohne & Teeblatt» (erscheint vierteljährlich)
- Hadwiger, Peter, Hippler, Jochen, Lotz, Helmut: «Kaffee – Gewohnheit und Konsequenz». Edition día, St. Gallen, Berlin, São Paulo 1984. 3., abermals überarbeitete Auflage
- GEPA (Hg.): «Kaffeezeitung». Wuppertal (o. J.)
- Hahnemann, Samuel: Der Kaffee in seinen Wirkungen. Leipzig 1803, zitiert nach Schivelbusch
- ila-info Nr. 92 (Adresse s. u.), S. 10ff: «Kaffee aus Nicaragua» Koordination der Kaffeekampagne (Hg.): «Gegen die Macht der Kaffeekonzerne. Aktionsbroschüre zur Kaffeekampagne (Bezug: ila, Adresse s. u.)
- Schivelbusch, Wolfgang: Das Paradies, der Geschmack und die Vernunft. Ullstein Sachbuch, Berlin 1983

DIAS & FILME

DIASERIE
Kaffeeanbau am Beispiel einer Kaffeefarm in Matagalpa/Nicaragua.
Inhalt: Kaffee-Ernte, Verarbeitung und Vertrieb, Tauschwert des Kaffees im Vergleich zu Industriegütern, Handel und alternativer Handel, 21 Dias, 1985.
Zu bestellen bei GEPA (Adresse s. S. 237)

TON-DIA-SERIE
Kaffee oder Wie aus Unterdrückung und Ausbeutung ein anregender Morgentrunk wird.
Inhalt: Einführung in die Rohstoffproblematik am Beispiel Kaffee – 50 Dias.
Zu bestellen bei: Informationsladen Dritte Welt e. V., Thomasstraße 11–13, 1000 Berlin 44, Tel.: 030/6811948.

TON-DIA-SERIE
Kaffee – Der wichtigste Agrar-(Export)Rohstoff.
Inhalt: Anbau und Pflege, Lebensbedingungen der Kaffee-Arbeiter, Weltmarkt und Börse, Deutsche Kaffeekonzerne – 50 Dias, 25 Min.
Zu bestellen bei: Dritte-Welt-Laden, Aachen e. V., Jacobsstraße 61–63, 5100 Aachen, Tel.: 0241/21694.

VIDEOFILM ZU KAFFEE
Inhalt: Kaffeekonzerne in Bremen, Kaffeebörse, Situation in den Anbauländern, Aktionsbeispiele.
Zu bestellen bei: Bremer Video-Gruppe, c/o Dritte-Welt-Haus, Buchtstraße 14/15, 2800 Bremen, Tel.: 0421/326046.

ADRESSEN

- Berliner Kaffeegemeinschaft/Ökotopia, Gneisenaustraße 2a, 1000 Berlin 61, Tel.: 030/6913064 (Kaffeebestellungen: Sandino Dröhnung)
- Dritte-Welt-Laden Coesfeld, Pfauengasse 6, 4420 Coesfeld
- GEPA, Talstraße 20, 5830 Schwelm, Tel.: 02336/10967
- ila-Informationsstelle Lateinamerika e. V., Römerstraße 88, 5300 Bonn, Tel.: 0228/658613
- Informationsbüro Nicaragua e. V., Katernberger Schulweg 123, 5600 Wuppertal

ZUCKER – KEINE WEISSE WESTE

„Die Geschichte eines einzigen Zuckerkorns ist eine ganze Lektion in Wirtschaftspolitik, Politik und auch Ethik."

Auguste Cochin

Wir hatten es gelesen, aber nicht wirklich begriffen. Seit 1977 waren die internationalen Privatbanken nicht mehr bereit, Peru weitere Kredite zu gewähren. Die Exporteinnahmen mußten in steigendem Maße für Zins und Tilgung der Schulden verwandt werden: 1968 waren es noch 15 Prozent, 1973 schon 39 Prozent, 1978 gar 53 Prozent, und 1985 lag der Schuldendienst bei 112 Prozent und damit über den Exporteinnahmen. Peru kam unter die Knute des Internationalen Währungsfonds. Dieser hatte – wie üblich – eine Reihe von Auflagen vereinbart, damit Peru wieder kreditfähig wurde. Im Wirtschaftsteil der Zeitung hieß es in dürren Worten: Reduzierung und Streichung von Subventionen, Verteuerung der öffentlichen Leistungen, Abwertung der peruanischen Währung usw.

Perus Präsident Alan García kam mit dem Wahlversprechen an die Macht, daß er nur zehn Prozent der Exporteinnahmen zum Schuldendienst verwenden würde. Heimlich ließ er dann doch mehr zahlen, weil das Land auf weitere Kredite angewiesen war. All das hatten wir gelesen, aber nicht wirklich begriffen.

Nun saßen wir in einem der Elendsviertel Limas, sahen und hörten die Folgen. Verteuerung der Grundnahrungsmittel: kaum etwas zu essen. Verteuerung der öffentlichen Leistungen: Strom und Wasser sind zu teuer, viele der Slums haben keinen Stromanschluß und nur wenige zentrale Wasserstellen. Abwertung um 100 Prozent: gestern ein Brot, heute ein halbes. Zwei Drittel der Bevölkerung leben unter dem offiziellen Existenzminimum. In Lima sterben 100 von 1000 Kindern während des ersten Lebensjahres, in den Anden 300 von 1000.

Rationalisierung im öffentlichen Dienst: neue Arbeitslose, noch mehr Kinderarbeit. Nur noch ein Drittel der erwerbstätigen Bevölkerung hat ein festes Einkommen und eine feste Arbeit. Ohne Kinderarbeit könnten die meisten Familien nicht existieren. Man sieht die Kinder überall: als Schuhputzer auf dem Markt, als Schaffner in den überfüllten Stadtbussen, als Verkäufer von Zigaretten, Süßigkeiten, Obst auf den Märkten, beim Viehhüten, in den Minen. Und zu jeder Tageszeit: morgens, mittags, abends, nachts. Als wir im Bus von Trujillo nach Huaraz in die Anden fahren, hält der Bus um drei Uhr nachts, um einen fahrenden Verkäufer aufzunehmen. Er ist etwa acht Jahre alt und bietet stumm Orangen und Süßigkeiten an: Mars und Milky Way. Er hat viel Zeit, denn der Bus hält erst wieder nach einer Stunde. Der Junge steigt aus und wartet frierend in der eiskalten Anden-Nacht auf den Gegenbus, um wieder heimfahren zu können. Kein Milky Way.

Peru exportiert: Fische (bzw. Fischmehl für unsere Tierzucht), Südfrüchte, Zucker, Baumwolle, Kupfer, Eisen. Die importierten Produkte sind teuer, die Erlöse für die exportierten Agrarprodukte und Rohstoffe minimal.

Tagsüber waren wir in der Zuckerplantage Laredo, einer der 15 Zucker-Kooperativen Perus. Carlos, der Organisationssekretär, zeigte uns die Plantage und die Zuckerfabrik. Er ließ sich dabei viel Zeit, denn die Produktion mußte wieder abgeschaltet werden, weil wichtige Ersatzteile nicht zu beschaffen waren.

Das Pflanzen von Zuckerrohr ist einfach. Beim Anpflanzen werden nur Stückchen von Zuckerrohr in den Boden gelegt, dazu wird das Feld zehn Monate lang bewässert, weitere vier Monate nicht mehr, so daß sich der Zucker konzentriert. Durch das tropische Klima kann das Zuckerrohr auf verschiedenen Feldern in verschiedenen Reifestadien gehalten werden. Die Feldarbeiter schlagen das reife Zuckerrohr mit Macheten ab und verladen es auf Lastwagen. In der Fabrik wird es dann auf einem langen Produktionsband gewaschen, zerkleinert und mit Heißwasser extrahiert. Das Umkristallisieren des Rohsafts und die Reinigung mit Kalkmilch führt zum Rohzukker. Ein riesiger Kessel mit der heißen Melasse hat schon mehrere Flickstellen und kleinere Löcher, aus denen es gefährlich dampft. «*Kein Geld für einen neuen Kessel*», sagt Carlos. Die abgetrennte Streu wird getrocknet und im Heizkraftwerk der Kooperative verbrannt. Schwarze Schwaden ziehen über die Fabrik und die Felder – auch das Heizkraftwerk ist veraltet.

Da die Kooperativen ehemals Vorzeigeprodukte der Regierung waren, bekamen sie leichter Subventionen und Kredite und konnten auch höhere Löhne zahlen. Damit ist es aus: die Kooperative produziert seit Jahren den Zucker mit Kosten über(!) dem Weltmarktpreis, bisweilen mehr als 50 Prozent darüber. Die Differenz muß der Staat zuschießen, allein von der Produktion von Laredo gehen 40 Prozent in den Export. «*Wir müßten eine Süßwarenfabrik haben und Schokolade statt Zucker exportieren*», sagte Carlos zum Abschied, «*aber dafür haben wir kein Geld mehr, und der Süßwarenmarkt wird sowieso von den ausländischen Konzernen beherrscht.*»

Bei der nächtlichen Busfahrt fällt mir ein, wie ich als Jugendlicher einen «Chemiebaukasten» hatte, dessen Anleitungsbuch auch das Produktionsschema einer Zucker*rüben*fabrik enthielt. Der Ablauf ist der Zuckerrohrverarbeitung analog: Entladen und Wäsche der Rüben, Zerschneiden, Extraktion und Reinigung des Rübensafts im Kalkofen, Entfernung des Kalks durch Carbonation, Filtrieren, Eindicken und Trocknen. Die entzuckerten Rübenschnitzel werden als hochwertiges Viehfutter geschätzt.
Kaum vorstellbar, dachten wir, daß in Europa der Zucker bei den schlechteren klimatischen Bedingungen und höheren Löhnen billiger produziert werden kann. Aber hatte Carlos nicht gesagt: *«Euer Zucker ist billiger»*?

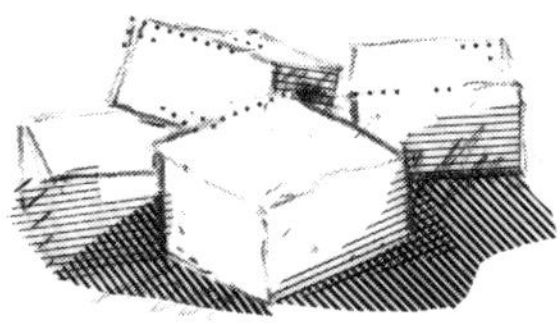

Das süsse Gift

Es ist wirklich kaum zu glauben: Neben dem Butterberg und dem Milchsee produziert die EG seit einigen Jahren auch einen Zuckerberg. Rund vier Millionen Tonnen beträgt inzwischen der jährliche Überschuß. Damit ist die EG vom Zuckerimporteur zu einem der größten Zuckerexporteure der Welt aufgestiegen. Die Bundesrepublik und Frankreich produzieren zusammen etwa soviel (Rüben-) Zucker wie die Zuckerinsel Kuba!
Der Zuckerberg lastet schwer auf dem EG-Haushalt, denn zur Exportsubventionierung dieses Zuckers werden jährlich etwa 600 Millionen DM ausgegeben. Gleichzeitig werden die traditionellen Zuckerrohrländer in den Ruin gedrückt, denn die Überschußproduktion der EG und der USA führen – gekoppelt mit der Einführung von Zuckerersatzstoffen – zum Verfall des sowieso viel zu niedrigen Zuckerpreises.
Weltweit werden jährlich rund 100 Millionen Tonnen Zucker produziert, etwa 60 Prozent aus Zuckerrohr, 40 Prozent aus Zuckerrüben. Die Anbaufläche des Zuckerrohrs liegt bei etwa 13,5 Millionen Hektar und zu 90 Prozent in Dritte-Welt-Ländern, die Zuckerrübenfläche umfaßt etwa 8,6 Millionen Hektar und liegt zu 95 Prozent in den Industrieländern. In der Bundesrepublik liegt der Hektarertrag bei etwa 530 Tonnen. Der Großteil des produzierten

Zuckers wird in den jeweiligen Produktionsländern selbst verbraucht oder zwischen einzelnen Ländern zu festen Preisen gehandelt (zum Beispiel zwischen Kuba und der Sowjetunion). Der Rest – nur etwa 15 Millionen Tonnen – wird an den Zuckerbörsen in New York, Paris oder London «frei» gehandelt. Durch Veränderungen in der jährlich geernteten Menge oder durch Ausstieg wichtiger Abnehmer (zum Beispiel Coca-Cola) kommt es leicht zu großen Schwankungen der frei handelbaren Menge und damit auch zu extremen Preisschwankungen. Absurderweise dient der Börsenpreis für den frei gehandelten Zucker auch als Richtpreis für die gesamte Zuckermenge. Einzelne Länder sind extrem abhängig vom Zuckerexport, so etwa die «Zuckerinsel» Kuba, die 80 Prozent ihrer Ernte exportiert.

Das Schaubild zeigt den Verfall der Weltmarktpreise seit 1980 und den EWG-Interventionspreis. 1985/86 lag der Weltmarktpreis bei ca. drei bis fünf Cents/Pound und damit noch unter den extrem niedrigen Produktionskosten in den Ländern der Dritten Welt, wie zum Beispiel in Peru. In den USA und der EG werden die Rohstoffpreise aber künstlich durch Subventionen auf einem etwa dreifach höheren Niveau gehalten. Der Verfall der Weltmarktpreise bedeutet Hunger und wird entscheidend durch die Preisdrückerei durch die EG- und US-Subventionen verursacht.

Das Zuckerabkommen

Schon seit den fünfziger Jahren gibt es internationale Zuckerabkommen zwischen Export- und Importländern mit den Zielen, die Preise zu stabilisieren, den Zuckerverbrauch zu erhöhen, die Entwicklung von Zuckerersatzstoffen zu verhindern sowie die Produktion dem Verbrauch von Zucker anzugleichen. Da sich die USA und die EG an diesen Abkommen nicht beteiligten, waren die Ziele nicht zu erreichen. Seit 1984 laufen in Genf Verhandlungen zur Einbeziehung der EG, bisher ohne nennenswerten Erfolg.

Darüber hinaus gab es eine Reihe von bilateralen Abkommen, die meist von einseitigen Interessen der Importländer geprägt waren. Besonders deutlich war dies beim «US Sugar Quota Scheme», das von den USA mit einer Reihe von lateinamerikanischen Ländern und mit den Philippinen geschlossen wurde. Um den Preis politischen Wohlverhaltens *(«Zuckerbrot»)* erhielten diese Länder fixe Abnahmekontingente und zugesicherte Preise, die über denen des Internationalen Zuckerabkommens lagen. Wer ausscherte, wie Kuba oder heute Nicaragua, mußte mit wirtschaftlichen Sanktionen rechnen *(«...und Peitsche»)* und hatte vielleicht – wie Kuba – den etwas zweifelhaften Genuß einer nun anderen (wirtschafts-)politischen Förderung – diesmal durch entsprechende bilaterale Abkommen mit den Ostblockstaaten.

Von den westeuropäischen Ländern besaß die alte Kolonialmacht Großbritannien bis zum Eintritt in die Europäische Gemeinschaft ein eigenes Abkommen mit den Commonwealth-Staaten, alle – außer Australien – arme Entwicklungsländer mit einer kolonialen Zuckerlast.

Die EG hat mit den früheren Kolonien in Afrika, der Karibik und des Pazifiks 1975 das sogenannte AKP-Abkommen geschlossen, in dem jeweils bestimmte Zuckerabnahmemengen («Quoten») zu bestimmten Preisen zugesichert wurden, insgesamt über eine Million Tonnen, einzelnen Ländern davon recht hohe Anteile, Mauritius beispielsweise allein fast 500000 Tonnen (1982). Mit dem AKP-Abkommen erkannten die ehemaligen Kolonialherren zumindest einen Teil ihrer Verantwortung für die koloniale Erblast an. Heute wird dagegen schon vorbereitend von AKP-*Privilegien* gesprochen – man ahnt, was kommen wird. Wenn die AKP-Staaten über längere Zeit nur weniger liefern können, wird die Quote reduziert. Das war für die betroffenen Länder Grund genug, den Zucker (auf Kosten der Grundnahrungsmittel) sogar noch auszudehnen, um der Quote nicht verlustig zu gehen. Die AKP-Staaten blieben also buchstäblich am Zucker kleben und sind nach wie vor davon abhängig.

Die subventionierten Zuckerpreise führten dazu, daß sich die EG vom Zuckerimporteur zum Zuckerexporteur wandelte. 1985/86 betrug die Überschußproduktion 34 Prozent, der Verbrauch etwa 9,5 Millionen Tonnen, der Export in Drittländer lag bei etwa vier Millionen Tonnen Zucker. Noch immer liegt der EG-Rübenzuckerpreis erheblich höher als der Weltmarktpreis. Die höhere Produktion war – wie auch bei anderen landwirtschaftlichen Produkten – gleichzeitig verknüpft mit einer Intensivierung und Spezialisierung:

- Die Anbauflächen nehmen ab (in der Bundesrepublik von 1981/82 bis 1985/86 um ca. zehn Prozent), während der Ertrag pro Hektar und insgesamt anstieg.
- Hochmechanisierte Großbetriebe setzen sich durch, während kleinere Bauern aufgeben müssen. In der Bundesrepublik verringerte sich die Zahl der Rübenbauern von 187000 im Jahr 1960 auf 78000 im Jahr 1986.
- Vergleichbares gilt für die Konzentration der Zuckerfabriken bzw. Unternehmen. Deren Zahlen sanken im gleichen Zeitraum von 71 bzw. 61 auf 46 bzw. 20, die Tagesverarbeitungskapazität pro Fabrik stieg von 1082 Tonnen Rüben auf 5281 Tonnen.
- Zuckerproduzenten und -verarbeiter versuchen sowohl den Zukkerkonsum trotz gesundheitlicher Bedenken zu steigern, wie auch in die industrielle Verwertung von Zucker einzusteigen. In der Bundesrepublik gibt es drei Pilotanlagen zur Erzeugung von «Bioethanol» bzw. «Biogas» (in Dormagen, Ochsenfurt und Ahausen-Eversen).

Auch die USA betreiben eine ähnliche Subventionspolitik wie die EG, so daß auch von dieser Seite die Dritte-Welt-Länder bedroht sind.

Damit gibt es vier Ursachen, die zu der für die Entwicklungsländer katastrophalen Zuckerkrise führen:

- die Produktion liegt höher als der Verbrauch.
- Die USA und die EG haben ihre Produktion durch Subventionen ausgeweitet und verdrängen traditionelle Zuckerrohrländer.
- Der Verbrauch stagniert weltweit, in den Industrieländern sinkt er durch steigendes Gesundheitsbewußtsein und durch die Einführung von künstlichen Süßstoffen (zum Beispiel Aspartame). In den USA ist der Zuckerkonsum pro Person und Jahr von 89 Pfund (1979) auf 68 Pfund (1984) gesunken, der Verbrauch künstlicher Süßstoffe im letzten Jahrzehnt von sechs auf 16 Pfund gestiegen.
- Die großen amerikanischen Getränkefirmen Coca-Cola und Pepsicola sind auf die Produktion des «Kornzuckers» (Isoglykose) umgestiegen – bedingt durch den niedrigen Getreidepreis. Welche Bedeutung dies hat, läßt sich daran ermessen, daß allein schon Coca-Cola einen Anteil von zehn Prozent am amerikanischen Zuckerverbrauch hatte.

- Versuche, den Zucker industriell zu verwerten, sind zumindest vorläufig gescheitert.

EG-Überschüsse und sinkender Zucker-Verbrauch, zunehmende Einführung von Cornsugar, die ohnehin schon katastrophalen Bedingungen für die Zuckeranbauländer der Dritten Welt werden sich noch weiter verschlechtern.

Staatssekretär Florian (nomen est omen) äußerte für die EG die Befürchtung, *«daß von Ende 1987 an entweder eine Quotensenkung oder neue Abgabeerhöhungen ins Auge gefaßt werden müßten, wenn sich die Lage auf dem Weltzuckermarkt nicht durch Mißernten in anderen Weltteilen verbessere».*

BZ vom 11.12.1985

«Wenn Coca-Cola spricht, zittern die Zuckerproduzenten. Der Gigant unter den Erfrischungsgetränken ist der größte Zuckerkonsument, und für die verschuldeten Zuckerproduzenten könnte es nichts Schlimmeres geben, als die Treue ihres besten Kunden zu verlieren.»

The Guardian vom 27.04.1983

Hungersnot auf Negros

Am Beispiel der fruchtbaren und bodenschatzreichen Insel Negros (Philippinen) läßt sich zeigen, wohin koloniale Abhängigkeit und subventionierter Zuckermarkt geführt haben.

Negros, die viertgrößte Insel des philippinischen Archipels, war früher eine spanische Kolonie. Die Kolonialherren wurden abgelöst durch die legendäre Schicht der Zuckerbarone und ausländisches, vor allem amerikanisches Kapital, das von der «Schutzmacht» USA gestützt wurde. Ein Handelsabkommen im Rahmen des «US Sugar Quota Scheme» belohnte das Wohlverhalten mit gesicherten Preisen und stützte den Diktator Marcos. Mitte der siebziger Jahre lief das Handelsabkommen aus, die Vorzugsbedingungen fielen weg und stürzten das Land in eine dramatische Wirtschaftskrise, da auf zwei Drittel der landwirtschaftlichen Nutzfläche Zuckerrohr in Monokultur angebaut wurde und der Zuckerpreis auf dem Weltmarkt verfiel. Die Produktion – in normalen Zeiten etwa 3,6 Millionen Tonnen – sank drastisch ab: auf 2,3 Millionen Tonnen im Jahr 1984 und auf 1,6 Millionen Tonnen im Jahr 1985. Gleichzeitig fiel der vorher gestützte Zuckerpreis: von 65 Cents/Pfund im Jahr 1974 auf 3 Cents im Jahr 1985! Die Produktionskosten hingegen schätzt man auf 14 Cents. Die Zuckerkrise führte zu einem erheblichen Anstieg der Arbeitslosigkeit: mehrere Hunderttausend Zuckerarbeiterinnen sind arbeitslos, 1985 herrschte in Negros eine akute Hungersnot.

Mittlerweile sind die Produktionskosten etwa doppelt so hoch wie der Weltmarktpreis. Die Zuckermühlen nehmen nur noch beschränkte Mengen Zucker ab, viele Zuckerrohrfelder werden gar nicht mehr geerntet. Die Großgrundbesitzer kleben allerdings an ihren Feldern und lassen die arbeitslosen Zuckerarbeiterinnen nicht einmal vorübergehend Kartoffeln oder Mais anpflanzen, da sie fürchten, im Rahmen der Bodenreform die Besitzrechte zu verlieren.

Die Großgrundbesitzerclique hat den Sturz von Marcos gut überlebt. Das 1987 frei gewählte Parlament besteht zu zwei Drittel aus Großgrundbesitzern – sie allein konnten sich auf dem Land den Wahlkampf leisten. Auch die sieben Abgeordneten der Insel Negros sind allesamt Besitzer ausgedehnter Ländereien. Sie sind es, die über die Landreform entscheiden werden.

Zahn um Zahn

Immer wieder staunen wir über das ausgelassene und fröhliche Treiben im Wartezimmer des Zahnarztes. Ob es an Haribo liegt, («Haribo macht Kinder froh und Erwachsene ebenso»), an Toffifee («Es steckt viel Spaß in Toffifee») oder an den vielen, vielen bunten Smarties, sei dahingestellt. Kinder und Erwachsene scheinen gut ernährt zu sein, ist doch immer auch gesunde Milch dabei, sei es in der «lek-

keren Milchschokolade» oder in der «Milchschnitte», die gar als Pausenbrot-Ersatz dient. Ernährung und Feeling sind «locker, leicht und cremig», «Balisto, das steckt zum Knuspern an». Kein Zweifel, die Besucher im Wartezimmer gehören zur aktiven Generation, die «bei Arbeit, Sport und Spiel» mobil ist. Dann aber geht die Tür auf und die zweitzarteste «Versuchung, seit es Schokolade gibt» winkt: der Zahnarzt. Jäh kippt die Stimmung, die Kinder erblassen, die Erwachsenen drücken sich in den Sessel, und das schreiende Kleinkind kann nur mit Mühe und einem Zuckertee beruhigt werden. Der Herr Doktor eröffnet uns eine ganz andere Welt, die von Karies und Mundfäule. Will man der Zucker- und Süßwarenindustrie glauben, so haben diese zwei Welten wenig miteinander zu tun, besteht kein ursächlicher Zusammenhang zwischen Karies und dem Konsum von Zucker und Süßwaren.
Die Barmer Ersatzkasse hingegen brachte den Zusammenhang auf die einfache Formel: «Zahn + Bakterien + Kohlenhydrate (Zucker) = Karies». Da es naturgegeben ist, daß wir Zähne haben und der Mund mit Billionen von Bakterien besiedelt ist, können wir offensichtlich nur zwei Faktoren *aktiv* beeinflussen: die *Aufnahme von Zucker* und den Kontakt der Zähne mit Zucker und Bakterienplaque, also: *weniger Süßigkeiten und häufiges Zähneputzen.* Sozialmediziner beziffern die Folgekosten des zu hohen Zuckerkonsums auf über 15 Milliarden DM jährlich.

Es gibt noch eine Reihe weiterer Krankheiten, die möglicherweise durch zu hohen Zuckerkonsum ausgelöst oder mitausgelöst werden, u. a. Fettsucht, Arteriosklerose, Kreislauferkrankungen und Verdauungsbeschwerden. Hier herrscht ein großer Expertenstreit, der nicht so schnell gelöst werden dürfte, da es zweifelsohne keine einfachen und direkten Zusammenhänge gibt. In allen Fällen aber gilt Zucker als *einer* von mehreren Risikofaktoren. Aber das wenige, das man wirklich sicher weiß, ist mehr als ausreichend, um von einem hohen Zuckerkonsum abzuraten.
Ernährungsabhängige Krankheiten sind die Ursache für einen großen Teil derzeitiger Todesfälle – dazu zählen zum Beispiel Kreislaufkrankheiten, Krebs, Leberzirrhose, Zuckerkrankheit, Fettsucht, Verdauungsbeschwerden, Arteriosklerose, Gallensteine usw. Diese Zivilisationskrankheiten sind fast immer durch mehrere Einflußgrößen bedingt, die sich kaum voneinander trennen lassen, es ist

Die Schultüte

Später wiederholt sich derselbe Ritus beim Beginn der anderen großen Veränderung im Kinderleben: dem Schulbeginn. Wieder gibt es eine große Zuckertüte, die eine andere und doch ähnliche Art des «Abschieds» verzuckern soll. Eltern wollen Verständnis für die «Bitterkeit» bekunden, die für viele Kinder der Wechsel aus der familiären, organischen hinüber in eine künstliche Gemeinschaft von Gleichaltrigen bedeutet. Von jetzt an kommt es darauf an, sich zu behaupten oder zu bewähren. Liebe gibt's nicht mehr «gratis» wie von den Eltern (im optimistisch angenommenen Normalfall), sondern will erworben sein. Freundschaften zu schließen, muß gelernt werden wie das Tragen der Konsequenzen eigener Versäumnisse. All dies und mehr liegt in der Schultüte verborgen, auch wenn über die Trivialisierung des alten Brauchs, vor allem über seiner Kommerzialisierung, die zugrundeliegende Idee weitgehend verlorengegangen ist.

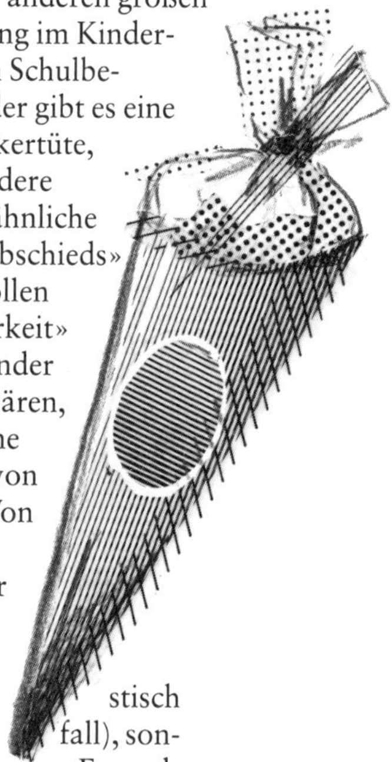

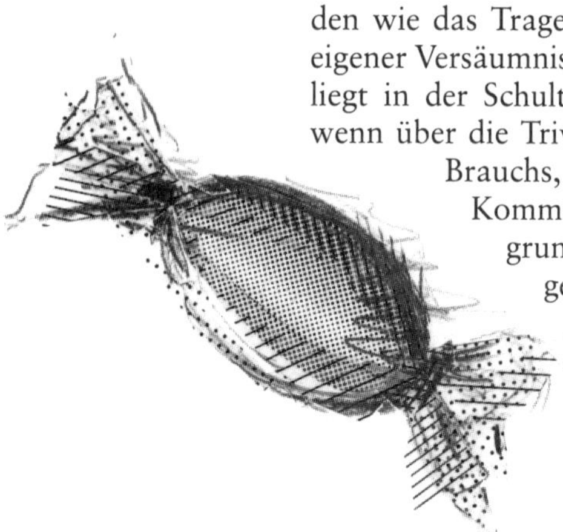

aus: Elke Liebs, «Das Köstlichste von Allem»

also fast unmöglich, *die* eine Ursache zu finden – es gibt eben mehrere.
Beispielsweise wird *Diabetes* begünstigt durch vererbte Faktoren, geringe körperliche Aktivität und Überernährung, insbesondere mit Zucker.
Zweifelsohne wird in der Bundesrepublik zuviel und in einer einseitigen Zusammensetzung gegessen: zuviel Fleisch, zuviel Zucker, zuwenig Gemüse und Obst. Zucker enthält nur Kalorien und keine Nährstoffe und Vitamine. Außerdem erfolgt die Speicherung im Körper als Fett schneller als bei anderen Kohlenhydraten (zum Beispiel Stärke aus Brot). Ein hoher Zucker- und Süßigkeitskonsum geht meist zu Lasten des Anteils an Ballaststoffen in der Ernährung.

«Der Zahn der Zeit nagt an allem; am Zahn selbst nagt jedoch am meisten der Zucker.»
Al Imfeld

In der Bundesrepublik sind etwa 90 Prozent der Bevölkerung von Karies befallen. Auch die Schweizer sind ein Volk von Zahnkranken, der Weltgesundheitsorganisation zufolge litten 1977 von sechs Millionen Einwohnern der Schweiz rund 5,99 Millionen an faulen Zähnen, krankem Zahnfleisch oder Schädigungen am Zahnhalteapparat.

Um das besser zu verstehen, müssen wir der Sache etwas näher auf den Zahn fühlen: Ein Zahn besteht aus Zahnbein, einer Art harten Knochenmaterials (Dentin), das von noch härterem Zahnschmelz überzogen ist. Im Innern des Zahnbeins befindet sich die sogenannte Pulpahöhle, in welche Blutgefäße und – wir erinnern uns schmerzlich – höchst empfindliche Nervenenden einmünden. Der Zahnverfall beginnt damit, daß sich weißliches Material (Plaques) auf den Zähnen ablagert (Nahrungsmittel- und Speichelrückstände sowie Bakterien). Die Bakterien «essen» am liebsten Kohlenhydrate und vor allem Zucker. Ungünstigerweise entstehen dabei als Stoffwechselprodukte organische Säuren, die den Zahn angreifen und durch feine Haarrisse schließlich in die empfindliche Pulpahöhle gelangen. Den Rest kennen wir...
Hinzu kommt, daß die Mundbakterien aus Zucker sogenannte Polysaccharide produzieren, den zähklebrigen Grundstoff des Zahnbelags, der bewirkt, daß sich die Bakterien genau da festsetzen, wo die Säure am schädlichsten ist – am Zahn.

Andere Kohlenhydrate als Zucker, zum Beispiel die in Brot enthaltene Stärke, müssen im Mund erst von Speichelfermenten zerlegt werden, bevor es zur Säurebildung kommt. Sie sind deshalb viel weniger gefährlich.
Karies entsteht also aus dem länger dauernden Zusammentreffen von Bakterien und Kohlenhydraten, besonders Zucker, am Zahn. Der Ratschlag für zahngesunde Ernährung lautet deshalb ganz einfach: Möglichst selten zuckerhaltige Speisen und Getränke zu sich nehmen, vor allem aber keine Süßigkeiten zwischen den Mahlzeiten. Denn: Nicht die Menge des verzehrten Zuckers ist wichtig, sondern die Häufigkeit und Dauer des Kontakts zwischen Zucker, Bakterien und Zähnen. Hinzu kommt, daß harte natürliche Nahrung (zum Beispiel Vollkornbrot) das Gebiß «trainiert» und den Zahnhalteapparat widerstandsfähiger macht, wohingegen die wabbelnde Cremetorte das genaue Gegenteil bewirkt.

«Mit einem Jahr können die meisten Kinder laufen. Mit fünf viele schwimmen. Mit sieben haben 90 Prozent Karies.»
Aus einer Anzeige der Firma Braun-dental

Genauso wichtig ist das Zähneputzen nach jeder Mahlzeit, also drei- oder viermal am Tag. Der Pro-Kopf-Verbrauch an Zahnpasta lag aber 1985 bei nur vier Tuben im Jahr – das entspricht einmal Zähneputzen alle drei Tage! Natürlich nur im Durchschnitt. Klar, daß Sie, lieber Leser...

Der Zuckerverbrauch

Weltmeister im Zuckerverbrauch ist die Zuckerrohrinsel Kuba (mit 64,1 kg pro Kopf und Jahr), in den USA liegt der Verbrauch bei 47,1 kg, in der Bundesrepublik bei 33,1 kg (jeweils für 1984).
Um 1900 lag der weltweite Zuckerverbrauch bei 8,1 Millionen Tonnen, 1985 bei 100,4 Millionen. 1986 wurden in der Bundesrepublik fast 2,3 Millionen Tonnen Zucker verbraucht, pro Bundesbürger im Schnitt rund 100 g pro Tag und damit weit über den Maximalempfehlungen des Bundesgesundheitsamtes.
Hierbei muß man den Unterschied von Zucker zu anderen Kohlen-

hydraten berücksichtigen. Die Kohlenhydrate, zu denen auch Stärke oder nicht verdauliche Ballaststoffe zählen, sind neben den Fetten die wichtigsten «Energielieferanten». Der Anteil der Kohlenhydrate insgesamt an der Gesamtenergiezufuhr sollte bei 50 bis 60 Prozent liegen, der Anteil von Zucker bei nicht mehr als zehn Prozent – umgerechnet rund 60 Gramm. Allerdings gibt es nicht nur den «normalen» Haushaltszucker (Saccharose), sondern auch Traubenzucker (Glucose), Fruchtzucker (Fructose) und Milchzucker (Lactose), die in verschiedenen Lebensmitteln ja schon natürlich enthalten sind. Ernährungswissenschaftler haben ausgerechnet, daß ein Mensch mit einem Körpergewicht von 70 Kilogramm mit der Energie eines Stükkes Würfelzucker (drei Gramm) etwa 3,6 Minuten tanzen oder 2,2 Minuten rudern, schwimmen oder radfahren kann. Danach müßten die Deutschen ja wahre Energiebündel sein! Das untenstehende Bild zeigt die prozentuale Verteilung der Zuckermengen – 100 g im Durchschnitt!, die wir täglich konsumieren, und wahrscheinlich denken Sie spontan dasselbe wie wir: «Soviel? Die anderen vielleicht,

Zuckerlieferanten unserer Kost

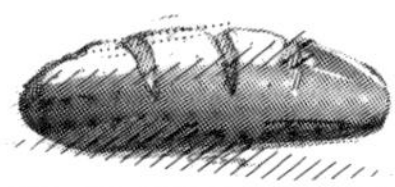

Nahrungsmittel	Anteil des Zuckerkonsums in %
Haushaltszucker	27
Erfrischungsgetränke	21
Süßwaren	16
Brot und Backwaren	6
Obst	6
Marmelade	2
Andere	22

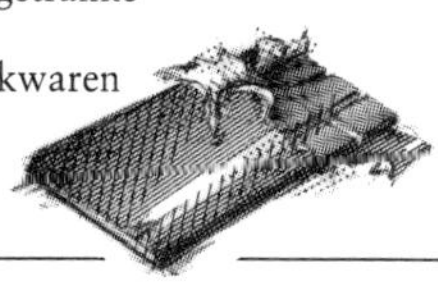

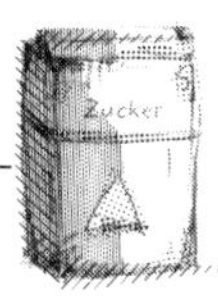

Aus: Arbeitsgemeinschaft der Verbraucher, «Schadstoff Zucker», 1985

ich doch nicht!» Weit gefehlt. Der größte Teil des Zuckers wird als sogenannter «versteckter» Zucker geschluckt. Nur 28,8 Prozent wandern als «echter» und sichtbarer Haushaltszucker in der Einkaufstasche nach Hause, und auch dieser «verschwindet» ja größtenteils unsichtbar im Kuchen, im Nachtisch, beim Marmeladekochen usw.

Natürlich weiß jeder, daß Schokolade oder Cremetorten Zucker

enthalten, aber wer ahnt schon oder macht sich Gedanken darüber, daß Zucker auch in Getränken, im Brot, im Senf, in Konserven, im Ketchup, in der Kondensmilch usw. steckt?
Der überraschend hohe Zuckeranteil in den Lebensmitteln hat verschiedene Gründe. In wenigen Fällen kann Zucker als Konservierungsmittel wirken, zum Beispiel in Marmelade, ansonsten wird mit zu hohem Zuckeranteil ein intensiver Geschmack vorgegaukelt oder eine schlechte Lebensmittelqualität kaschiert. Die starke Zuckerdisposition (um nicht zu sagen: Zuckersucht) der Verbraucher wird ausgenutzt und mit einem billigen Rohstoff viel Geld verdient.

Einige Zahlen mögen dies belegen. «Leicht gezuckerte» Obstkonserven enthalten 14 bis 15 Prozent Zucker, «gezuckerte» Obstkonserven 17 bis 18 Prozent und «stark gezuckerte» Obstkonserven 20 bis 24 Prozent. Fruchtnektar darf bis zu 20 Prozent Zucker enthalten, Fruchtsaftgetränke noch weit mehr. Die Hersteller scheinen es auch vor allem auf die Sugar-Babies abgesehen zu haben, um hier eine frühzeitige Konditionierung auf Zucker zu erreichen: so konnte vor einigen Jahren eine Elterninitiative nachweisen, daß der so praktische «Kindertee» im Granulat im Schnitt 95 Prozent Zucker (nebst Kräuterextrakten und Aromastoffen) enthielt und von den Herstellern gar noch als Schlaftrunk empfohlen wurde. Und die Zeitschrift «Natur» fand in Fruchtsäften, die für Kinder bestimmt waren, erhebliche Mengen an künstlichem zugesetzten Kristallzukker, beim «Spitzenreiter» Alete-Aprikosen-Trunk waren umgerechnet rund 100 g Zucker pro Liter Saft zugesetzt worden – umgerechnet etwa 30 Zuckerwürfel!
Von Herstellern und Handel sind Kinder offensichtlich als besondere Zielgruppe auserwählt worden. Werbung und die unvermeidliche süßigkeitsstrotzende Supermarktkasse zeigen, wie bedenkenlos dies geschieht.
Eine Schweizer Studie hat die zuckersüße Realität einmal wissenschaftlich erfaßt: Danach nahmen 81 Prozent der schulpflichtigen Kinder ein oder mehrere Male *zwischen* den regulären Tagesmahlzeiten Süßigkeiten zu sich, und das nicht zu knapp.
Eine Umfrage (1987) zeigte, welches die meistkonsumierten Süßigkeiten sind, die die Kinder «gestern mal» und «zwischendurch» (also besonders kariesfördernd) (zum Teil mehrmals) genommen hatten: Kaugummis (34 Prozent der Kinder), Schokolade (21 Pro-

zent), Bonbons aller Art (18 Prozent), Eis(creme) (13 Prozent), Kekse (zehn Prozent), gezuckertes Mineralwasser (30 Prozent).
Kein Zweifel: es werden zu viel Süßigkeiten und zu viel Zucker verzehrt, und es wird kräftig daran verdient. Um dies abzusichern, hat die Zucker- und Süßwarenindustrie verschiedene Lobbyaktivitäten entfaltet. Unter anderem klebt ihr Geld am selbstverständlich «wissenschaftlichen» «Informationskreis Mundhygiene und Ernährungsverhalten» (IME), der 1977 von der zuckererzeugenden und zuckerverarbeitenden Lebensmittelwirtschaft gegründet wurde, u. a. vom «Bundesverband der Deutschen Süßwarenindustrie», der «Centralen Marketinggesellschaft der deutschen Agrarwirtschaft» und der «Wirtschaftlichen Vereinigung Zucker». Dabei wird mit den üblichen Mitteln gearbeitet, wie etwa Anzeigenserien, «wissenschaftliche» Pressedienste, Seminare für Journalisten, Hintergrundgespräche. «Wie so oft in der Werbung scheut sich auch die Zuckerwirtschaft nicht, besonders Kinder anzusprechen. Für Jugendliche wurden zum Beispiel Kettcar-Rennen unter dem Motto ‹Komm in Schwung mit Zucker› veranstaltet. Unglaublich, aber wahr: die Werbung wird teilweise aus öffentlichen Mitteln finanziert – zum Beispiel aus denen der Centralen Marketinggesellschaft der deutschen Agrarwirtschaft (CMA):

KLARHEIT ÜBER ZUCKER!

Die oberste amerikanische Gesundheitsbehörde, die Food and Drug Administration (FDA), hat jetzt Klarheit geschaffen:

Auf der Grundlage von weltweit über tausend wissenschaftlichen Untersuchungen hat die FDA festgestellt:

Es liegen keine Beweise dafür vor, daß Zucker bei Verzehr in den heute üblichen Mengen eine Gefahr für die Gesundheit darstellt.

Das Ergebnis im einzelnen:

- Zucker ist kein eigenständiger Risiko-Faktor
- Zucker verursacht nicht Übergewicht
- Zucker steht in keinem ursächlichen Verhältnis zur Erkrankung an Diabetes
- Zucker beeinträchtigt nicht die Wirksamkeit von Vitaminen, Mineralien und Spurenelementen
- Zucker ist einer der Faktoren, die Karies begünstigen

Eine gründliche Zahnpflege ist die beste Voraussetzung für gesunde Zähne. Ein sauberer Zahn wird nicht krank.

Wir können also mit Beruhigung feststellen:

Auf den guten Geschmack mit Zucker brauchen wir nicht zu verzichten.

Mehr Informationen schickt Ihnen gern und kostenlos:

Wirtschaftliche Vereinigung Zucker e.V., Postfach 2545, 5300 Bonn 1.

Die Aufklärungskampagnen von Zahnärzten (wobei zu bedenken ist: sie verdienen ja am Zahn*ersatz*), Bundesgesundheitsamt und Krankenkassen sind dagegen bescheiden und betulich. Namen werden nicht genannt, Hintergründe auch nicht. Die politische Zahnbürste fehlt. Was bleibt, sind Plaque und Zahnstein.

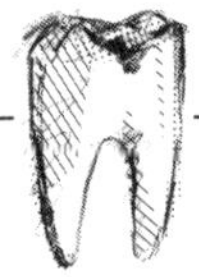

SCHADSTOFF ZUCKER

«Unlängst haben es die Richter am Bundesgerichtshof bestätigt. Wer über die Gefahren des Zuckerkonsums aufklären will, darf dabei auch das Wort ‹Schadstoff› im Munde führen. Geklagt hatte schon vor einiger Zeit die ‹Wirtschaftliche Vereinigung Zucker›, um damit den Vertrieb einer von der Arbeitsgemeinschaft der Verbraucherverbände (AgV) herausgegebenen Broschüre mit dem Titel ‹Schadstoff Zucker› zu unterbinden. Die Bundesrichter wiesen dieses Anliegen zurück und meinten, daß ‹in Zucker ein nicht zu vernachlässigendes gesundheitliches Gefährdungspotential steckt›.»

Aus: Ökotest, 1988

ZUCKERBROT UND PEITSCHE

Der Einsatz von Sklaven war eine der wichtigsten Grundlagen des Kolonialismus und der Plantagenwirtschaft. Erst durch die Einsparung von Löhnen für die Schwerstarbeit mit der Machete wurde der Handel mit Zucker rentabel.

Sklaventransport nach Havanna/Kuba etwa im Jahre 1800

850 Sklaven verkauft für je 50 Pfund	= 42 500 Pfund
Reisekosten	= 2 500 Pfund
Kosten der Sklaven für je 4 Pfund	= 3 400 Pfund
Nettogewinn	= 36 600 Pfund
(umgerechnet	= 750 000 DM)

Quelle: Gert von Paczensky, «Weiße Herrscher – eine Geschichte des Kolonialismus»

Ein Riesengeschäft ermöglichte der sogenannte Dreieckshandel: Aus Europa wurden Gewehre, Baumwollstoffe, Branntwein usw. nach West-Afrika transportiert und mit gutem Gewinn verkauft oder direkt gegen Sklaven eingetauscht. Die Sklaven wurden dann unter den widrigsten Umständen in die Karibik geschifft und dort an die Plantagenbesitzer verkauft, die mit Zucker oder Rum bezahlten. Dieser wurde dann nach Europa zurückgebracht. Zwischen 1750 und 1800 waren allein aus Liverpool 1000 Schiffe im Sklavenhandel tätig. Der Dreieckshandel fand im 18. Jahrhundert seinen Höhepunkt.

Um 1670 gab es auf den Barbados bereits 80 Zuckerplantagen und mehr als 80000 Sklaven. Auf Jamaika gab es um 1700 etwa 36000 Sklaven, bis 1775 war die Zahl auf 200000 Sklaven gestiegen. Brasilien war bis zur Mitte des 17. Jahrhunderts größter Zuckerproduzent der Welt und gleichzeitig größter Sklavenmarkt. Holländisches Kapital finanzierte diesen Markt. Ab Mitte des 18. Jahrhunderts verlagerte sich der Zuckeranbau auf Haiti, das damals noch Saint Dominique hieß. 1786 kamen 27000 Sklaven an, im folgenden Jahr waren es schon 40000. Eine Statistik aus dem Jahr 1793 zeigt, daß in der Karibik auf jeden Weißen etwa sieben Sklaven kamen, in Brasilien kamen auf einen Weißen zeitweise 200 importierte Negersklaven.

«Keine Sklaven: Kein Zucker. Kein Zucker: Keine Kolonien.»
Aime Cesaire

	Weiße	Farbige
Jamaika	30000	250000
Barbados	16167	62115
Grenada	1000	23926
St. Vinccnt	1450	11853
Dominica	1236	14967
Antigua	2590	37808
Montserrat	1300	10000
Nevis	1000	8420
St. Christophers	1900	20435
Virgin Islands	1200	9000
Bahamas	2000	2241
Bermuda	5462	4919
	65305	455684

Quelle: Gert von Paczensky, «Weiße Herrscher – eine Geschichte des Kolonialismus»

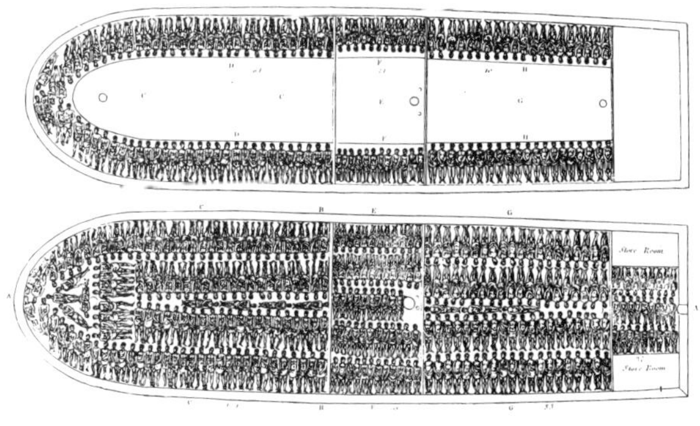

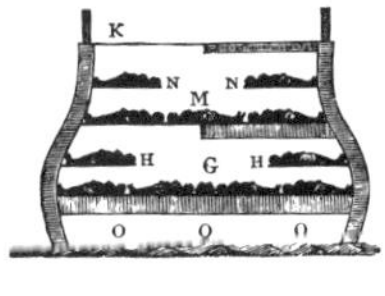

Laderaum eines Sklavenschiffes. Querschnitt und Aufsicht: Die gefesselten Sklaven wurden so zusammengepfercht, daß nur jeder dritte oder gar zweite die Folterqualen der Überfahrt überlebte.

1776, CAPE COAST CASTLE

ALCHIMISTENZAUBER IM AFRIKAGESCHÄFT

«Kapitän Peleg Clarke handelt an der afrikanischen Küste schon eine Weile die Preise herunter.
Auf seinem Schiff stinkt es. Der Kapitän befiehlt seiner Mannschaft, die schon angekauften Sklaven zum Waschen an Deck zu holen; aber kaum werden den Negern die Ketten abgenommen, springen sie ins Meer, und die Strömung reißt die an Land Schwimmenden fort.
Der Verlust der Ware ist ehrverletzend für einen altgedienten Hirten solcher Herden wie Kapitän Clarke und schadet auch dem Ruf der Sklavenschiffe aus Rhode Island. Schließlich rühmen nordamerikanische Werften sich, die sichersten Schiffe für den Guinea-Handel zu bauen. So perfekt sind ihre schwimmenden Verliese gezimmert, daß auf ihnen nur alle viereinhalb Jahre ein Sklavenaufstand vorkommt, wohingegen die Aufstandsquote bei den Franzosen viermal so hoch und auf den Spezialschiffen der Engländer zweimal so hoch liegt.
Die 13 Kolonien, aus denen bald die Vereinigten Staaten von Amerika werden, haben ihren Sklavenschiffen einiges zu verdanken. Amerikanischer Rum, eine Arznei für Seele und Leib, wird an Afrikas Küsten zu Sklaven. Die Neger verwandeln sich auf den Antilleninseln Jamaika und Barbados in Melasse. Die Melasse segelt nach Norden und wird in den Schnapsbrennereien von Massachusetts wieder zu Rum. Mit dem Rum beginnt die Reise übers Meer nach Afrika von vorn. Vervollständigt wird das Geschäft auf jeder Fahrt mit dem Verkauf von Tabak, Bohlen, Eisenwaren, Mehl und Pökelfleisch und dem Ankauf von Gewürzen auf den Inseln. Überschüssige Neger landen auf den Plantagen in Süd-Carolina, Georgia und Virginia.
Der Sklavenhandel zahlt sich also aus für die Seefahrer, Geldverleiher, Schnapsbrenner und Werfteigner, die Sägemühlen- und Plantagenbesitzer, Pökelfleischfabrikanten und Versicherungsunternehmer.»
Aus: Eduardo Galeano, «Gesichter und Masken»

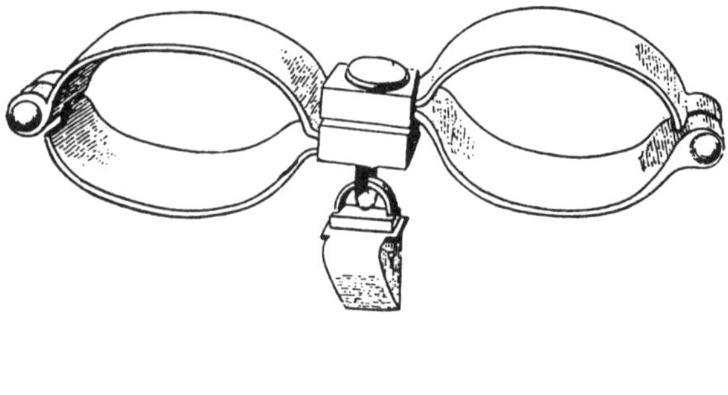

Die Transportbedingungen und die Lebensumstände der Sklaven in der Karibik waren so katastrophal, daß rund ein Drittel der Sklaven die ersten drei Jahre des Sklavendaseins nicht überlebte.
Die Arbeitszeit der Sklaven auf Haiti betrug bis zu 18 Stunden täglich. Kinder ab vier Jahren mußten ebenfalls arbeiten. Die Nahrung war auf das Allernötigste beschränkt. Viele der Sklaven kauten Zuckerrohr, um zu überleben, und starben an Erschöpfung, Mangelerscheinungen und Krankheiten, an Zuckerbrot und Peitsche.
Die durchschnittliche Lebenserwartung eines auf Jamaika geborenen Sklaven lag unter 26 Jahre. Viele Afrikaner kamen bereits zuvor bei den blutigen Sklavenraubzügen oder unter den unmenschlichen Umständen beim Transport um oder begingen Selbstmord. Es sei billiger, so schrieb ein Plantagenbesitzer an seinen Kaufmann in London, neue Sklaven zu kaufen, als sie aufwendig zu ernähren.
Eine solche Einstellung bildete die Grundlage u. a. für die Ausbeutung und Vernichtung der Ureinwohner und für Sklavenhandel. Natürlich gab es Widerstand dagegen.
Die meisten Sklavenaufstände aber wurden brutal niedergeschlagen und blieben erfolglos, nur Haiti bildete eine Ausnahme: 1791 brach der berühmte Sklavenaufstand von Santo Domingo aus, der nach Jahren des Guerillakriegs dann zur Unabhängigkeit Haitis führte. Aber nicht zur wirtschaftlichen Unabhängigkeit – die Zerstörung aller wirtschaftlichen und sozialen Zusammenhänge und die einseitige Plantagenwirtschaft hatten dazu geführt, daß sich Haiti nicht mehr von seinem kolonialen Erbe erholen konnte.

Der englische Wirtschaftswissenschaftler John Stuart Mill: «Unsere westindischen Kolonien können nicht als Länder betrachtet werden... Die westindischen Inseln sind der Ort, wo England es für passend findet, die Erzeugung von Zucker, Kaffee und einigen anderen Tropenprodukten weiterzuführen.»

England schaffte zu Beginn des 19. Jahrhunderts den Sklavenhandel mit britischen Schiffen ab und versuchte auch, Sklaventransporte durch Schiffe anderer Nationen zu verhindern.
Hierfür gab es klare wirtschaftliche Gründe: Zum einen konnten die Franzosen in ihren Zuckerkolonien den kostbaren Stoff um 30 bis 40 Prozent billiger herstellen bzw. vermarkten, zum anderen richtete sich das Interesse Englands bzw. der englischen Investoren mit der Industrialisierung zunehmend auf industrielle Rohstoffe und ausländische Märkte, wohingegen Sklavenarbeit zum Teil den Maschinen wich.
Für Fabrikarbeit und die Arbeit in den Bergwerken wurden Arbeits-

»Als sie sich der Stadt näherten, trafen sie auf einen Neger, der ausgestreckt auf dem Boden lag und nur noch sein halbes Gewand trug, das heisst, eine kurze Hose aus blauem Stoff, dem armen Mann fehlten das linke Bein und die rechte Hand. »Mein Gott! Was machst du da so schrecklich zugerichtet, wie ich dich hier vorfinde, mein Freund?« fragte ihn Candide in holländischer Sprache. »Ich warte auf meinen Meister, Herr Vanderdendur, den berühmten Händler«, antwortete der Neger. »Hat dich Herr Vanderdendur so zugerichtet?« fragte Candide. »Ja, mein Herr, das ist üblich. Jedes Jahr gibt man uns als einzige Bekleidung zweimal jährlich eine kurze Hose aus Stoff; wenn wir in der Zuckermühle arbeiten und ein Finger gerät zwischen die Mahlsteine, dann schneidet man uns die Hand ab; wenn wir flüchten wollen, schneidet man uns das Bein ab; ich habe mich in beiden Lagen befunden: Zu diesem Preis essen Sie in Europa Zucker.«

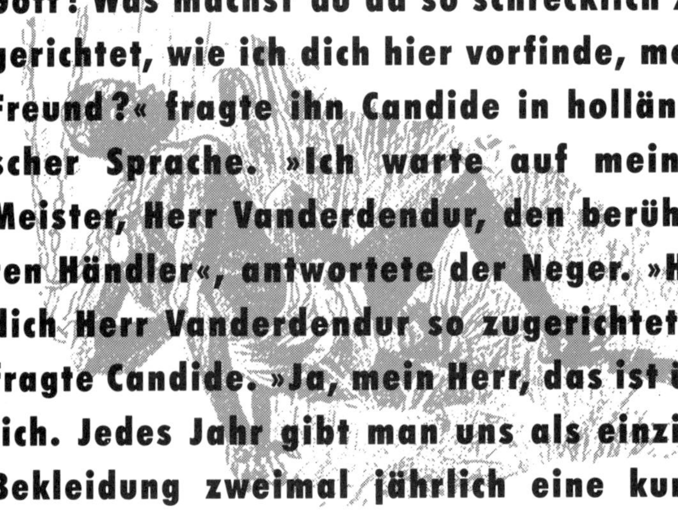

Voltaire: Candide

kräfte im eigenen Land rekrutiert, auf die die Zwangsmaßnahmen in ähnlicher Weise übertragen wurden.
Frankreich folgte England einige Jahre später mit der Abschaffung des Sklavenhandels in seinen Kolonien.
In die spanischen und portugiesischen Kolonien wurden jedoch mindestens bis 1850(!) weiter Sklaven geliefert, (allein im Jahre 1812 etwa 50000 nach Brasilien, später «nur» noch etwa 14000 jährlich).

Die Folgen der Sklaverei

Der Kolonialismus und der Sklavenhandel haben nicht nur bis heute krasse soziale Ungleichheiten, Unterdrückung und Diskriminierung sowie wirtschaftliche Benachteiligung breiter Bevölkerungsschichten mit sich gebracht, sondern auch den Grundstein für das weltwirtschaftliche Ungleichgewicht gelegt, aber auch für «moderne» Formen der Sklaverei.
Die ökonomischen Mechanismen haben sich geändert: inzwischen sind es nicht mehr (nur) die reichen Großgrundbesitzer, die Sklavenhändler und Kolonialherren, die sich ihr Leben mit den Profiten aus dem Zuckergeschäft versüßen und in den Zuckerländern die politische Macht innehaben. Ihren Platz haben weitgehend Konzerne eingenommen. Diese haben Zuckeranbau, -produktion, -verarbeitung und -vermarktung in ihren vielfingrigen Händen – das Geschäft mit dem Zucker ist immer noch ein Weltgeschäft, an dem nur ein geringer Prozentsatz der Bevölkerung in den zuckerproduzierenden Ländern profitiert.
Ein Beispiel dafür, wie Zuckeranbau und -wirtschaft soziale Ungleichheit, ja sklavereiähnliche Zustände unter dem Einfluß eines Konzerns produziert, bietet die Dominikanische Republik. Dort entstanden unter direktem Einfluß der USA (nach extremer Verschuldung besetzten 1919 und 1924 US-Marineeinheiten die seit 1844 unabhängige Dominikanische Republik), Zuckerplantagen mit Investitionen von US-Unternehmen. Bevor die US-Marines abzogen, stellten sie eine paramilitärische Polizeitruppe auf. Deren Chef, Leonidas Trujillo, machte eine steile Karriere und regierte als Diktator 30 Jahre lang (bis zu seiner Ermordung 1961) das Land.

Er eignete sich alle profitablen Wirtschaftszweige an: zum Zeitpunkt seiner Ermordung waren etwa 70 Prozent der gesamten Wirtschaft in seiner Hand bzw. in der Hand seiner Familienmitglieder. Trujillos Besitz wurde dann verstaatlicht und teilweise der staatlichen Zuckergesellschaft CEA übertragen. Diese ist nunmehr im Besitz von rund 60 Prozent der Zuckerproduktion, der Anteil des Transnationalen Konzerns Gulf & Western (G+W) liegt bei 33 Prozent.
G+W hat auch die ca. 130000 Hektar große Zuckerrohrplantage «La Romana» gekauft, die den ganzen Südostzipfel der Insel bedeckt. Dieser Kauf war der Grundstein für den Aufbau eines ganzen Imperiums in der Dominikanischen Republik. Mittlerweile hat G+W diversifiziert und ist engagiert in der Viehzucht, im Gemüse- und Zitrusfrüchteanbau, im Finanz- und Bausektor, in der Tabak- und Zigarrenherstellung, in der Tourismus-, Bekleidungs- und Getränkebranche.
Die rasch anwachsende Zuckerindustrie erforderte – wie auch zu Zeiten des Kolonialismus – eine große Anzahl billiger Arbeitskräfte: Haitianische Wanderarbeiter und Arbeiter haitianischer Abstammung wurden für diese Arbeit auf Plantagen und in Raffinerien herangezogen (offiziell zunächst in den Betrieben der CEA). Die Armut in Haiti, das als ärmstes Land der Karibik gilt, zwang viele Haitianer zur (teilweise illegalen) Auswanderung in die Dominikanische Republik, um Arbeit und Zuflucht zu suchen. Darüber hinaus unterzeichneten die Regierungen Haitis (noch zur Zeit des berüchtigten Diktators «Baby Doc») und die CEA (staatliche Zuckergesellschaft der Dominikanischen Republik) einen bilateralen Vertrag. Dieser erlaubt alljährlich zur Zuckerrohrernte die Anwerbung von etwa 20000 Haitianern, für die die haitianische Regierung 1982/83 etwa 118 US-Dollar pro Kontraktarbeiter erhielt. Die CEA ist für die Unterbringung, für Transport und Rückführung der Arbeiter nach Ende der Ernte verantwortlich. Sie kann die angeworbenen Arbeiter auch an private Zuckerplantagen weitervermieten.
1975 erzielte G+W nach Abzug der Verarbeitungs- und anderer Kosten 33,92 RD-Dollar pro Tonne Zucker an Gewinn – an die Arbeiter wurden – weit unter dem gesetzlichen Minimum – nur 1,59 RD-Dollar pro Tonne gezahlt. G+W strich damit Gewinne ein, die für Lohnerhöhungen genug Spielraum gelassen hätten. Doch der Vertrag der Dominikanischen Republik mit Haiti und die

MODERNE
SKLAVENARBEIT

«Sie (die Kontraktarbeiter) werden auf den Plantagen in Barackensiedlungen, den ‹Bateyse›, zusammengepfercht, in denen es häufig an den minimalsten hygienischen Einrichtungen mangelt.
Die Baracken haben weder elektrisches Licht noch ausreichende Toiletten. Bis zu 18 Arbeiter müssen sich einen meist schlecht belüfteten Raum teilen, und für 40 Arbeiter gibt es eine Toilette. Es existieren nur kärgliche Kochmöglichkeiten für die Arbeiter, die sich selbst beköstigen müssen. Einrichtungsgegenstände wie Tische, Stühle oder Betten, die laut Vertrag gestellt werden müssen, sind in der Regel nicht vorhanden.
Die ‹Braceros» (Zuckerrohrschneider) müssen im Durchschnitt zwölf Stunden, manchmal bis zu 15 Stunden am Tag, mit der Machete Zuckerrohr schlagen und auf Karren laden. Dafür erhalten sie einen durchschnittlichen Tageslohn von 2,00 RD-Dollar (Pesos), das ist weit weniger als der gesetzlich festgelegte Mindestlohn für Landarbeiter von 3,50 RD-Dollar. Nahrungsmittel können sich die ‹Braceros› nur in den Lebensmittelläden der ‹Bateyse› beschaffen, die an private Händler vermietet sind. Die Preise in den Läden sind meist überhöht.
Wer sich diesen Bedingungen entziehen will und die Plantage verläßt, setzt sich der Gefahr aus, von Militär- oder Polizeieinheiten aufgegriffen und als illegaler Einwanderer deportiert zu werden. Dominikanische Sicherheitskräfte patrouillieren in den Zuckergebieten rund um die Uhr, und bewaffnete Wachmänner sorgen auf den Plantagen ‹für Ordnung›. Es gibt Aussagen darüber, daß die Sicherheitskräfte selbst legal in der Dominikanischen Republik lebende Personen haitianischer Abstammung aufgegriffen, ihre Papiere vernichtet und dann zur Arbeit auf einer der Zuckerrohrplantagen gezwungen haben. Gebürtige Dominikaner, die nicht von Haitianern abstammen, sind beim Zuckerrohrschneiden kaum zu finden. Sie nehmen ausschließlich die besseren Positionen als Karrenfahrer, Wiegemeister oder die festen Beschäftigungen in den Destillerien ein. Auch in der Dominikanischen Republik gilt: je heller die Hautfarbe, desto höher die Position.»

Aus: V. Kasch u. a., «Multis und Menschenrechte in der Dritten Welt, 1985

verzweifelte Situation der haitianischen Landbevölkerung sorgen ständig für Nachschub an billigsten Arbeitskräften. Solange sich daran nichts ändert, wird sich auch die Lage der ‹Braceros› kaum verbessern.

Obwohl Gewerkschaften nicht direkt verboten sind, hat G+W in Zusammenarbeit mit der Regierung und Polizei und durch den Einsatz von Spitzeln dafür gesorgt, eine effektive Organisation der Gewerkschaft «Sindicato Unido» unmöglich zu machen und statt ihrer eine «unternehmensfreundlichere» Gewerkschaft («Sindicato Libre») einzusetzen.

Seit 1978 Präsident Balaguer abgewählt wurde und die Partido Revoluccionario Dominicano an die Macht kam, hat sich die Situation für die Gewerkschaften etwas verbessert. Dennoch versucht gerade G+W die Abstimmungen und Unternehmungen unabhängiger Gewerkschaften durch Kontrollen und direkte Einflußnahme auf Entscheidungen zu blockieren. In ähnlicher Weise, wie es die Kolonialherren zur Zeit des Sklavenhandels betrieben, werden auch heute noch soziale Ungerechtigkeit und menschenunwürdige Lebensbedingungen durch die Zuckerwirtschaft produziert und verfestigt.

Alles zur Verfügung stehende Land wird zum Zuckeranbau genutzt, sobald sich wirtschaftliche Rentabilität abzeichnet. Widerstand und gewerkschaftliche Organisation werden häufig blockiert oder gewaltsam unterdrückt. Massiven politischen Einfluß nehmen dabei die transnationalen Konzerne, deren wirtschaftliche Machtposition ihnen gleichzeitig politischen Einfluß auf die – zudem häufig diktatorischen – Regierungen der Zuckerländer verleiht. Die Konzerne weiten ihren Einfluß auf alle möglichen ertragreichen Produktionszweige aus, kaufen Ländereien und Produktionsanlagen auf und bringen Weiterverarbeitung und Vermarktung unter ihre Kontrolle. Häufig stellen sie auch Wirtschaftsberater für Regierungen und nehmen direkten Einfluß auf Gewerkschaften.

Innerhalb der betroffenen Länder können nur einige wenige Großgrundbesitzer bzw. Besitzer von Raffinerien u. ä. sowie Regierungsangehörige, Teile der Bürokratie und des Polizeiapparates (letztere häufig durch Korruption) am Zuckerkuchen teilhaben.

Treibstoff statt Nahrungsmittel

(Trauben-)Zuckerlösung, versetzt mit Hefe, war früher ein hervorragender Trick, mit dem wir die Schule schwänzen konnten. Der Zucker wird von den Hefepilzen zu Alkohol (Ethanol) und Kohlendioxid umgesetzt. Letzteres führte zu unüberhörbaren Blähungen, die unseren Entschuldigungsgrund «Bauchweh» sofort glaubhaft machten. Nebenbei entsteht eine sechs- bis zwölfprozentige Alkohollösung (von der uns dann meist wirklich beträchtlich schlecht wurde...).

Das Schüler-Experiment zeigt, daß man aus Zucker Ethanol herstellen kann, den man wiederum vielfältig nutzen kann: als Rohstoff zur Produktion anderer Chemikalien (Acetaldehyd, Essigsäure, Butanol, Ethylen u. a.) – oder als Treibstoff für Autos.

Auf diese «Schnapsidee» verfiel ausgerechnet die brasilianische Regierung, die – angetrieben von ausländischen Investoren – 1977 das sogenannte «Pro-Alcool»-Programm initiierte, das nur vordergründig ein nationales Programm war. Zwischen 1980 und 1985 war eine Verdreifachung der Produktion von Zuckerrohr vorgesehen – die Anbaufläche für Grundnahrungsmittel ging entsprechend zurück. Rund zehn Milliarden Dollar soll Brasilien in den letzten zehn Jahren in das Programm investiert haben, die Produktionskapazität liegt derzeit bei zwölf bis 16 Millionen Liter Ethanol. 1986 wurden rund zehn Milliarden Liter Ethanol aus Zuckerrohr so produziert. Ausgerechnet die Zeitschrift «Chemische Industrie» bezeichnete das Programm als Milliardenflop.

Der Treibstoff wird entweder in speziell dafür gebauten Autos eingesetzt (Reinalkoholbetrieb) oder wird dem Benzin beigemischt (Gasohol-Betrieb). Rund 2,5 Millionen Brasilianer fahren heute mit Alkoholautos und auf Kosten hungernder Landsleute. Für die Treibstoffproduktion wurden rund 3,8 Millionen Hektar des landwirtschaftlich genutzten Bodens genutzt – etwa ein Dreizehntel der brasilianischen Anbaufläche (zum Vergleich: die landwirtschaftlich genutzte Fläche der Bundesrepublik beträgt etwa zwölf Millionen Hektar). Von Lebensmittelanbau auf dieser Fläche könnten etwa 38 Millionen Menschen ein Jahr lang ernährt werden. Treibstoff statt Nahrungsmittel.

Die Regierung Brasiliens argumentierte geschickt, als es darum ging, das Pro-Alcool-Projekt durchzusetzen. Die Energie sei umweltfreundlich, die Biomasse werde voll ausgenutzt, und die Landwirtschaft erhielte endlich «volle Priorität in der Entwicklung».

Dagegen gab es von Anfang an starke Kritik am Pro-Alcool-Projekt. Am schwersten wiegt der Vorwurf, daß der Anbau von Nahrungsmitteln unter der Treibstoffproduktion leidet. Obwohl Brasilien der größte Zuckerproduzent der Welt ist und zwischen 1977 und 1982 jährlich 8,4 bis 8,5 Millionen Tonnen Zucker produzierte, mußte das Land schon in den Anfängen des Pro-Alcool-Programmes riesige Mengen an Nahrungsmitteln einführen: im Jahr 1980 etwa vier Millionen Tonnen Weizen, 170000 Tonnen Reis, 35000 Tonnen Kartoffeln und 32000 Tonnen Bohnen. Schon vor Beginn des Pro-Alcool-Programmes kam es durch den Zuckerrohranbau (für den Export-Zucker) zu massiven Ernterückgängen bei anderen Lebensmitteln, so etwa im Gebiet von São Paulo, einem der beiden Haupt-Zuckeranbaugebiete: zwischen 1973 und 1979 betrugen dort die Verluste bei Nahrungsmitteln insgesamt ca. 50 Prozent.

Aber es gab noch weitere Bedenken gegen das Pro-Alcool-Programm:

- Um den Zuckerrrohranbau zu verstärken, werden weitere Monokulturen angelegt und Raubbau am Boden betrieben.
- Zum Teil wird die Anbaufläche durch Regenwaldrodung ausgeweitet – mit den bekannten Folgen.

- Da bei der Vergärung des Zuckers nur eine sechs- bis zwölfprozentige Alkohollösung anfällt, muß diese unter hohem Energieaufwand und Wasserverbrauch mehrfach destilliert werden, um den reinen Alkohol zu gewinnen. Dabei entstehen riesige Mengen an Abwasser und Rückständen aus der Destillation, die sogenannte Schlempe.
  1986 waren dies rund 122 Millionen cbm – dies entspricht in der Belastung der jährlichen Abwasserproduktion von rund 61 Millionen Einwohnern.
  Der Hauptteil der Schlempe wird in die Flüsse eingeleitet – mit verheerenden Folgen für die Fischerei und die Wasserqualität.
- Durch das Pro-Alcool-Programm kommt es zur Verdrängung kleinbäuerlicher Produzenten durch die großen Plantagen und zur Landflucht. Die Abhängigkeit vom Ausland steigt, da Düngemittel, Pestizide und Produktionsanlagen importiert werden müssen. Und das Land wird durch die Monostruktur abhängig vom schwankenden Preis des Benzins bzw. des Erdöls, mit dem der erzeugte Industriealkohol konkurrieren muß.
  1986 lag dessen Produktionspreis in Brasilien (je nach Anlage und Bodenqualität) zwischen 37 und 79 Dollar/Barrel, der Benzinpreis dagegen bei 34–38 Dollar/Barrel. Für Brasilien bedeutet dies eine Subventionierung des Alkoholkraftstoffs in Höhe von geschätzten fünf Milliarden Dollar jährlich.
  Dennoch darf nicht verkannt werden, daß die Industrie weiter auf nachwachsende Rohstoffe setzt, die irgendwann einmal – wenn der Ölpreis drastisch steigt – wirtschaftlich konkurrenzfähig werden. So wird schon von «Energiewäldern» und «Chemiewäldern» geschwärmt.
  Aus Zucker neu entwickelt wurden Sucrosepolyester, die als diätetischer Fettersatz dienen, spezielle Süßstoffe und Arzneimittel.
  Das Fettsubstitut «Olestra» der Firma Procter & Gamble wurde kürzlich von der amerikanischen Lebensmittelbehörde zugelassen. Der Süßstoff TGS (Trichlortridesoxigalactosucron), der etwa 600mal süßer ist als Sucrose, ist bereits patentiert, Anträge zur Zulassung liegen vor.
  Kein Zweifel, welche Länder an neuen Zuckerersatzstoffen und an der «Veredelung» verdienen werden und welche Länder sich weiterhin an der Monokultur Zuckerrohr «berauschen» dürfen...

Seit 1948 hatte Kuba eine Exportquote von den USA zugeteilt bekommen, mit der es ein Drittel des nordamerikanischen Marktes versorgte: zu niedrigeren Preisen als denen, die die Produzenten in den USA erhielten, aber höheren und konstanteren als denen des Weltmarktes. Dank der Vermittlung des geschäftstüchtigen Zuckermagnaten, des Franzosen Maurice Varsano, blieb jedoch nach der Revolution der Handel mit den meisten europäischen Staaten bestehen (woran Varsano tüchtig verdiente). Seit 1964 bestehen Vereinbarungen mit der UdSSR, die sich als neuer Hauptabnehmer bereitwillig in den Konflikt einmischte und «Solidarität» in Form eines Langzeitvertrages (sechs Cents pro Pfund) übte. Die UdSSR nimmt mehr als drei Millionen Tonnen von sieben Millionen exportiertem Zucker ab.
Zunächst waren dies günstige Konditionen. Als jedoch der Zuckerpreis auf dem Weltmarkt anstieg, versuchte Kuba, Zugang zum freien Markt zu bekommen. 1968 trat die Insel dem Internationalen Zuckerabkommen bei und erhielt eine Quote von 2,5 Millionen Tonnen zugeteilt.

Klebrige Folgen

Die Folgen des jahrhundertelangen Zuckerrohranbaus, der Plantagenwirtschaft, Sklaverei und des Kolonialismus sind für die meisten der zuckerrohrproduzierenden Länder fatal: der Anbau von Grundnahrungsmitteln wurde zurückgedrängt, die Böden sind ausgelaugt, die Wirtschaftsstruktur ist einseitig und bringt neue Abhängigkeiten, das massive Eindringen der USA und Europas auf dem Zuckermarkt (Rübenzucker und Kornzucker) und der Verfall des Zuckerpreises treiben die Länder in den Ruin.
Anfangs baute man in den späteren Zuckerrohranbaugegenden auch andere Produkte an, zum Beispiel Indigo, Kakao, Tabak und Pfeffer. Von den Briten wurde jedoch die Monokultur Zucker favorisiert, nachdem sich gezeigt hatte, daß sich damit gutes Geld machen ließ.
Sobald dieser Entwicklung Bahn gebrochen war, griff sie fieberhaft um sich. Die «plunder economy» (Plantagenwirtschaft) laugte rasch die Böden aus, da das Zuckerrohr viele Nährstoffe verbraucht.

Um den Boden wieder fruchtbar zu machen, werden heute Staubekken gebaut, Kanäle angelegt und Düngemittel ausgebracht. Letzteres bringt neue Abhängigkeiten mit sich, ist kostspielig und führt keineswegs dazu, daß die Böden sich regenerieren.
Da in den Zucker-Monokulturen Jahr für Jahr das gleiche angebaut wird und das ganze Zuckerrohr weggeräumt wird, verarmen die Böden an Humus. Darüber hinaus werden bei der Bewässerung organische Humus-Bestandteile aus der obersten Erdschicht abgeschwemmt und wichtige Mineralsalze mit dem Sickerwasser ausgeschwemmt, so daß bei künstlicher Bewässerung mehr Kunstdünger benötigt wird.
Da die Plantagenbesitzer früher so vorgegangen waren, daß sie ihre Besitzungen verlegten bzw. ausdehnten, sobald die Böden ausgelaugt waren, wurden riesige Waldgebiete in der Karibik abgeholzt: einerseits um Land urbar zu machen, andererseits um Holz für die Verarbeitung des Zuckerrohrs zu gewinnen – es wurde in den Zukkermühlen und Siedereien verheizt.

In Kuba findet man heute kaum noch Wald, obwohl die Insel früher dicht bewaldet und bekannt war für ihre edlen Hölzer (zum Beispiel Zedern).

Cuba libre?

Jahrhundertelang wurden die Kolonien von den europäischen Staaten unterdrückt, ausgenutzt, mit Sklaverei gegeißelt und zu Monokulturen umfunktioniert, die die Nahrungsmittelversorgung der heimischen Bevölkerung und die Umwelt gefährdeten. Mit dem Rückzug aus den Kolonien hinterließen die ehemaligen Kolonialherren einseitige Wirtschaftsstrukturen, die vortrefflich auf die Bedürfnisse der reichen Industrieländer zugeschnitten waren; mineralische Rohstoffe, Lebensmittel und Futtermittel konnten zu Diskontpreisen eingekauft werden, im Gegenzug wurden Industrieprodukte zu hohen Preisen geliefert.
Erleichtert wurde dies durch die wirtschaftskoloniale Abhängigkeit, in der sich viele Dritte-Welt-Länder befanden. Bestes Beispiel dafür war die «Zuckerinsel» Kuba, die nur deshalb eine Zuckerinsel war, weil sie über Jahrhunderte der kolonialen Abhängigkeit dazu gemacht worden war.
Vor der Revolution verkaufte Kuba fast seinen gesamten Zucker an die USA. Da die landwirtschaftliche Nutzfläche einseitig zum Zuckerrohranbau genutzt wurde, mußte Kuba Grundnahrungsmittel in großem Umfang aus den USA importieren: so stammten etwa die Hälfte des Obsts und des Gemüses aus dem Ausland. Neben dem Zucker exportierte Kuba wichtige Bodenschätze wie Mangan, Chrom, Wolfram, Kupfer, Nickel und Eisen und importierte Industrieprodukte aus den USA. Fast die Hälfte der Zuckerrohranbaufläche gehörte nordamerikanischen Zuckerfabriken. Die wenigen modernen Fabriken, die es auf Kuba gab, gehörten meist amerikanischem Kapital und wurden ferngesteuert.
Am 1. Januar 1959 siegte in Kuba die Revolution. Bis dahin hatte die einseitig auf den Zucker ausgerichtete Wirtschaft das Land in totale Abhängigkeit von den USA gebracht.

1961, HAVANNA

MARIA DE LA CRUZ

«Kurz nach der Invasion versammelt sich das Volk auf der Plaza. Fidel kündigt an, die Gefangenen würden gegen Medizin für Kinder ausgetauscht werden. Dann vergibt er Urkunden an 40000 alphabetisierte Bauern.
Eine alte Frau will auf die Tribüne und besteht so lange darauf, daß man sie schließlich hinaufhebt. Vergeblich rudert ihre Hand auf der Suche nach dem Mikrophon durch die Luft, bis Fidel es ihr zurechtrückt:
«Ich wollte Sie kennenlernen, Fidel. Ich wollte Ihnen sagen...»
«Sehen Sie mal, wie rot ich da werde.»
Doch die Alte, die aus 1000 Runzeln und Haut und Knochen besteht, überhäuft ihn weiter mit Lob und Danksagungen. Sie hat mit 106 Jahren lesen und schreiben gelernt. Und stellt sich vor. Sie heißt Maria de la Cruz, weil sie am Tage der Kreuzesauffindung geboren ist, und mit Nachnamen Semanat, weil das der Name der Zuckerrohrplantage war, auf der sie als Sklavin, Tochter von Sklaven, Enkelin von Sklaven, geboren wurde. In jener Zeit steckten die Herren Neger, die Bildung verlangten, in den Block, erzählt Maria de la Cruz, denn die Neger waren die Maschinen, die zum Klang der Pfeife und im Rhythmus der Peitsche funktionierten, und deshalb hat es so lange gedauert, bis sie etwas lernen konnte.
Maria de la Cruz bemächtigte sich der Tribüne. Als sie mit ihrer Rede fertig ist, beginnt sie zu singen. Als sie zu singen aufhört, tanzt sie. Es ist mehr als ein Jahrhundert her, daß Maria de la Cruz zu tanzen begonnen hat. Tanzend verließ sie den Bauch ihrer Mutter, und tanzend überquerte sie Schmerz und Schrecken, bis sie hierhergelangte, wohin sie gelangen mußte, und so gibt es nichts und niemand, der sie halten könnte.»
Aus: Eduardo Galeano, «Das Jahrhundert des Sturms»

DER AUFSTAND DES

Auch in der friedlichen Pflanzenwelt kam es eines Tages zu einer Revolution. Es heißt, daß die sehr eingebildeten Zuckerrohre die Urheber waren. Der Wind, der wirblige Antreiber aller Mißvergnügen, machte die Propaganda, so daß man bald in allen Mittelpunkten des pflanzlichen Lebens von nichts anderem mehr sprach. Die Wildgewächse verbrüderten sich mit den Blumen und den Zierbäumen in den Gärten und stürzten sich bedenkenlos in den abenteuerlichen Kampf um die Gleichheit. Aber um welche Gleichheit ging es denn? Ging es um die Festigkeit des Holzes, die Güte der Früchte, um das Recht auf nährkräftiges Wasser? Nein, man wollte ganz einfach die gleiche Größe haben. Keiner sollte sein Haupt über die Nachbarschaft erheben. Der Mais dachte nicht daran, sich so stark zu machen wie die Fichte, sondern hatte nur im Sinn, seine üppigen Kolben ebenso hoch zu tragen wie der Baum seine Krone. Die Rose hatte nicht den Ehrgeiz, so nützlich zu werden wie der Kautschukbaum, sie wollte nur unter seinen höchsten Zweigen ihre Blütenkinder wiegen.

Ährchen

Eitelkeit! Eitelkeit! Eitelkeit! Größenwahn, der die Schöpfungen der Natur in Spottbilder verwandelte! Vergebens sprachen einige Blumen, die bei Vernunft geblieben waren – die zaghaften Veilchen und die Seerosen, die gelassen und kühl auf dem Wasserspiegel ruhten –, von der göttlichen Ordnung und von einem an Tollheit grenzenden Übermut. Ihre Reden wurden als Geschwätz abgetan. Wie kam es zu solchen Auswüchsen? Man erzählt von geheimnisvollen Einwirkungen. Die Erdgeister hätten den Pflanzen ihre gewaltige Lebenskraft eingeblasen und so dieses häßliche Wunder erstehen lassen.

Die Geschlechter der Ähren- und Staudenpflanzen schossen über Nacht einige Dutzend Meter in die Höhe, als würden sie von den Sternen emporgezogen.

Als die Landleute am nächsten Morgen ihre Hütten verließen, stand alles starr vor Staunen. Wo der Klee stand, wölbte sich eine grüne Kathedrale, die Weizenfelder hatten sich in goldene Wälder verwandelt. Es war zum Verrücktwerden. Die Tiere brüllten vor Schrecken, fühlten sich verloren in der plötzlich heraufgekommenen Düsternis ihrer Weideplätze. Die jungen Vögel piepsten verzweifelt. Ihre Nester schwebten in Turmhöhe, sie konnten sich nicht auf die Erde niederlassen, um Körner zu suchen, denn dort hinunter fiel kein Sonnenstrahl, kein Grasteppich breitete sich auf dem Boden aus. Die Hirten blieben mit ihrem Vieh ratlos vor den Einfriedungen

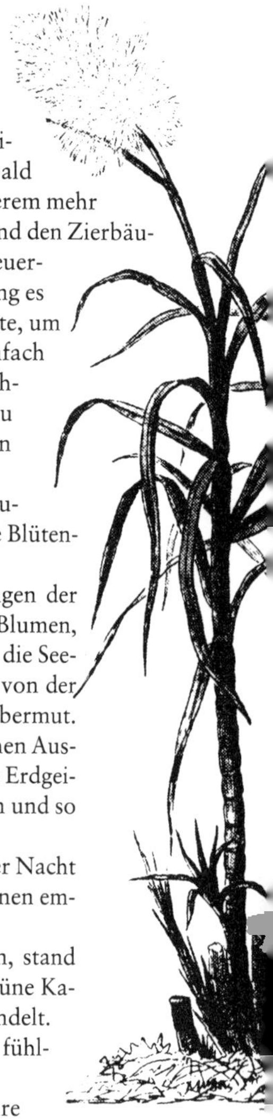

Zuckerrohr wächst in feuc
bei einer jährlichen Niederschla
mittleren Jahrestemperatur von 23
dem Mais. Die Vermehrung wird norm
Je nach Sorte und Klima kann das
nach einer Reifezeit von 9 bis 13 M
enthält durchschnittlich 12 bis 14 Pr
Da nach jeder Ernte der Zuckergehalt
steckt ein Pflanzer nach zwei od

ZUCKERROHRS

stehen. Die weißen Schafe wehrten sich, in dieses dichte, finstere Dickicht einzudringen, in dem sie rettungslos verschwinden würden.

Indessen frohlockten die Zuckerrohre über ihren Sieg, rieben ihre langschäftigen Blätter an den bläulichen Kronen der Eukalyptusbäume.

So verging ein Monat. Dann erfolgte der Niedergang. Die Veilchen entbehrten des feucht-moosigen Untergrundes, ließen ihre violetten Köpfchen hängen und verdorrten.

Die Lilien, die sich bis zu 30 Metern emporgereckt hatten, brachen ab. Ihre marmorweißen Häupter fielen wie abgemäht zu Boden – Häupter von Königinnen.

Die Zitronenbäume waren in solcher Höhe den Gewalten des Windes ausgesetzt und verloren all ihre Blüten und konnten keine Früchte ansetzen.

Die Kornähren neigten sich, aber nicht mehr mit dieser süßen Mattigkeit der Reife; sie fielen in ihrer ganzen närrischen Länge auf den Boden und lagen da wie alte Eisenbahnschienen.

Die Kartoffelpflanzen verbrauchten so viel Kraft für ihre äußere Erscheinung, daß die Knollen verkümmerten und nicht größer wurden als Apfelkerne… Weder Baum noch Strauch trugen Früchte. Und so gab es für die Menschen keine Nahrung, für die Tiere kein Futter. Was es gab: Hunger! Über die Erde kam ein großes Leiden.

Von solchem Notstand unberührt blieben allein die großen, alten Bäume. Sie standen fest wie immer. Sie hatten auch nicht gesündigt.

Die Zuckerrohre waren die letzten, die fielen. Es zeigte sich, daß die früher massiven Zuckerrohre hohl geworden waren. Während sie maßlos höhenwärts strebten, verlor ihr Mark immer mehr an Festigkeit, wurden sie zu inhaltlosen Gebilden wie die Puppen und Gummifiguren. – Aber die Natur, edelmütig wie immer, beseitigte die Schäden in sechs Monaten, ließ die tollen Pflanzen in normaler Gestalt wiedererstehen.

Nur die Zuckerrohre, die Führer im Aufstand, mußten zur Erinnerung an ihre Torheit für immer hohl bleiben…

GABRIELA MISTRAL

Aus: Paul Alverdes (Hg.), «Rabe, Fuchs und Löwe»

varmem, tropischem Klima,
nenge von 120 bis 140 cm und einer
;8 °C. Im Aussehen ähnelt das Rohr
erweise mit Stecklingen vorgenommen.
u 6 m hohe und 5 cm dicke Rohr
aten geschnitten werden. Sein Saft
ent kristallisationsfähigen Zucker.
achwachsenden Pflanzen nachläßt,
drei Ernten neue Stecklinge.

Teil des Blütenstandes

Die Zuckeraktionsgruppe

An der katastrophalen Lage vieler Zuckerrohranbauländer und an Hungerkrisen wie auf Negros tragen die europäischen Länder eine schwere Schuld. Einerseits sind sie die alten Kolonialherren, andererseits hat die EG-Zuckermarktordnung wesentlichen Anteil an Überproduktion und Preisverfall.

Verschiedene entwicklungspolitische Organisationen aus Europa haben sich deshalb 1986 zu einer Zuckeraktionsgruppe zusammengeschlossen (ESAG – European Sugar Action Group, Adresse s. u.). Die ESAG will versuchen, die Öffentlichkeit auf die Zusammenhänge und Verantwortung hinzuweisen, um auf diese Weise Druck auf die anstehenden Zuckerverhandlungen ausüben zu können. Die wesentlichen Forderungen der ESAG sind:

- Reduzierung der Produktion und des Exports von Zucker, insbesondere innerhalb der EG hin zum völligen Abbau der Überschußproduktion.
- Beitritt der EG zu einem internationalen Zuckerabkommen, das auf alle Arten von Süßstoffen ausgedehnt werden muß.
- Diversifizierung der Produktion in der EG und in den Entwicklungsländern sowie Finanzierung der Umstellung in den Entwicklungsländern durch die EG.
- Erhöhung des Zuckerpreises in Verbindung mit einer Steigerung der Einkommen der Zuckerarbeiter.
- Landreformprogramme in den Entwicklungsländern und Umstellungshilfen für Kleinbauern in der EG.

LITERATUR

- Alverdes, Paul (Hg.): «Rabe, Fuchs und Löwe – Fabeln der Welt». Ehrenwirth-Verlag, München 1962
- Arbeitsgemeinschaft der Verbraucher (AgV): «Schadstoff Zucker». Verbraucher Rundschau 10/1985.
- BUKO (Hg.): «Wer Hunger pflanzt und Überschuß erntet» Hamburg 1987. BUKO-Agro-Koordination, Rundbriefe März 1987 «Die Überzuckerung der EG» und Januar 1988 «Das süße Gift».
- Chemische Industrie 2/88, S. 43 f und 12/88, S. 102 f.

- EPN 11/87, S. 27ff.
- Collins, J., Moore Lappe, F.: «Vom Mythos des Hungers». Fischer-Verlag, Frankfurt 1978.
- Galeano, Eduardo: «Gesichter und Masken – Erinnerungen an das Feuer 2». Peter Hammer Verlag, Wuppertal 1986.
- Galeano, Eduardo: «Das Jahrhundert des Sturms – Erinnerung an das Feuer 2», Peter Hammer Verlag, Wuppertal 1988.
- von Göricke, Fred und Reimann, Monika: «Treibstoff statt Nahrungsmittel». rororo aktuell 5030, Reinbek 1982.
- von Paczensky, Gert: «Weiße Herrscher – eine Geschichte des Kolonialismus», Fischer Tb 3418, 1979.
- Imfeld, Al: «Zucker». Unionsverlag, Zürich 1983.
- iz3w (Hg.): blätter des iz3w, Nr. 132, März 1986, S. 37ff (zu: Negros).
- Kasch, V. u. a.: «Multis und Menschenrechte in der Dritten Welt». Lamuv-Verlag, Bornheim-Merten 1985.
- Lemone, Maurice: «Bitterer Zucker». Rotpunkt-Verlag, Zürich 1983.
- Liebs, Elke: «Das Köstlichste von Allem – Von der Lust am Essen und dem Hunger nach Liebe». Kreuz Verlag, Zürich 1988.
- Mintz, Sidney W.: «Die süße Macht – Kulturgeschichte des Zuckers». Campus-Verlag, Frankfurt 1987.

FILME

- Dokumentarfilm «Bitterer Zucker» (Gordian Troeller, Marie-Claude Deffarge), BRD 1983, Verleih: Mathias Film, Ev. Zentrum für entwicklungsbezogene Filmarbeit (EZEF), Gansheidestraße 64, 7000 Stuttgart 1, Tel.: 0711/240512.

ADRESSEN

- BUKO-Agro-Koordination, Nernstweg 32–34, 2000 Hamburg 50, Tel. 040/393156
  Elterninitiative Zuckertee-Karies, Bernhard Kaul, Schöne Aussicht 2, 6152 Holzheim.
- Zuckernetzwerk ESAG, c/o Collectif Stratégies Alimentaires, Quai du Commerce No. 9, 1000 Bruxelles, Belgien

LASST **BLUMEN** SPRECHEN

Wie eine Blume bald vergehet
ist unser Leben, sehet.

Grabstein auf der Insel Föhr, 1778.

Ein einziges Flugzeug kann 500000mal «Freude schenken». Aus Bogota werden 500000 Rosen, Nelken und Chrysanthemen im gekühlten Frachtraum nach Frankfurt geflogen, schnell vergänglicher Export aus Kolumbien. Am bundesdeutschen Schnittblumenmarkt mit seinem jährlichen Umsatz von etwa vier Milliarden DM haben die Blumen nur einen kleinen Anteil, der auch jahreszeitlich schwankt. Der Valentinstag mitten im Wintermonat Februar macht nur einen ökonomischen Sinn, wenn man Gewächshäuser hat oder Blumen von der Südhalbkugel importiert. Kolumbien ist nach Holland der zweitgrößte Blumenexporteur der Welt, und Blumen sind nach Kaffee und Bananen das drittwichtigste Exportprodukt Kolumbiens.
In der fruchtbaren Hochebene um Bogotá hat sich eine rein exportorientierte Blumenindustrie etabliert. Etwa 50000 Arbeiterinnen in 200 Betrieben produzieren Blumen für den Export. Die Blumenerzeugung ist ein typisches Beispiel für eine landwirtschaftliche Nischenproduktion. Die Anbaufläche liegt bei etwa 1800 Hektar, der Ertrag bei etwa 55000 Tonnen(!) Blumen pro Jahr, der Exporterlös bei etwa 100 Millionen Dollar. Der größte Teil der «Stiele» (so sagen die Händler zu den Blumen) geht in die USA, nach Europa gelangen 10 bis 15 Prozent. 1982 importierte die Bundesrepublik etwa 110 Millionen Nelken, 1,5 Millionen Rosen, 27000 Chrysanthemen und 18000 Orchideen aus Kolumbien. Der Einkaufswert lag bei etwa 37 Millionen DM.
Die Blumenindustrie wird im Weltmaßstab betrieben: nicht nur in Kolumbien. Orchideen aus Australien, Chrysanthemen aus Taiwan, Lilien aus Südafrika, Schleierkraut aus Peru und exotische Pflanzen aus Ländern wie Malaysia, Zimbabwe, Elfenbeinküste, Obervolta usw. finden ihren Weg nach Europa.

«Man hat uns immer erzählt, wie wundervoll es ist, Blumen zu produzieren – diese Blumen gehen in die ganze Welt, um vielen Menschen Freude zu bereiten. Deshalb müssen wir uns anstrengen, die ‹perfekte Blume› zu ziehen, und uns wunderbar dabei vorkommen, weil wir damit der Welt Freude und Schönheit schenken. Es stimmt, die kolumbianischen Blumen sind sehr schön. Aber die Sorge gilt offenbar nur den makellosen Blumen. Ob die Arbeiterinnen dabei krank werden, das kümmert niemanden! Kannst du dir vorstellen, daß ich keine Blumen mehr sehen mag, daß mich diese Nelken anwidern?»
Erzählung einer kolumbianischen Blumenarbeiterin, aus: Swissaid Nr. / 87

Die kolumbianischen Exportblumen werden in Gewächshäusern gezogen, morgens geerntet und sortiert, mittags hebt das Flugzeug vom internationalen Airport Bogotás ab, am nächsten Morgen sind die gekühlten Blumen in Frankfurt, mittags beim Blumenhändler und abends vielleicht schon in der Hand der Angebeteten.

Wie kann das sein? Es heißt doch in der Blumenwerbung: «*Blumen – und der Mensch blüht auf.*» Die Gewächshäuser liegen auf 2500 Meter Höhe in der fruchtbaren Hochebene um Bogotá. Beschäftigt sind hier vor allem Frauen, die die monotonsten und anstrengendsten Arbeiten machen: die Setzlinge in den Boden stecken, die heranwachsenden Pflanzen schneiden, sortieren und verpacken. Alles muß hoppla-hopp gehen, bezahlt wird nach Akkord. In den Gewächshäusern liegt die Temperatur bei 35 °C und höher, in den Verpackungsräumen bei 8 °C – die Arbeiterinnen müssen oft mehrmals täglich hin und her wechseln. Die wenigen Männer haben die «gehobenen» Arbeiten, zum Beispiel Pestizide spritzen. Heute wird nach Protesten in den kurzen Arbeitspausen gespritzt, früher wurde oft während der Arbeit gespritzt.

MUJERES EN FLORES

«Sie kamen in unsere Zeile. Der Mann spritzte ohne Gesichtsschutz, ohne irgendeinen Schutz spritzte er. Als ich krank wurde, das war an einem Samstag, da wurde auch gespritzt. Ich fühlte mich plötzlich schlecht. Ich habe etwas von diesem Geruch eingeatmet. Sie spritzten den ganzen Vormittag und wir ganz dicht dabei. Ich übergab mich. Ich hatte mich vergiftet. Die Leute schrien dem Mann zu: ‹Mir schmerzt der Kopf!› Aber klar, der konnte nichts dafür. Als ich zur Toilette ging, mußte ich mich übergeben. Sie brachten mich in die Klinik San Pedro. Der Doktor sagte, das sei vom Spritzen. Ich aß auch abends nichts... damals fing das mit der Anämie an. Der Doktor sagte mir: ‹Es ist besser, du arbeitest nicht mehr in den Blumen, das ist sehr schlecht für die Gesundheit.› Ich dachte, er wird recht haben, und kündigte... Aber kann ich eine andere Arbeit finden als bei den Blumen? Nein. Ich suchte wieder Arbeit und begann bei ‹Papagayo› (Blumenbetrieb).»

Aus: Projektbericht Frauensolidarität/Wien, Testimonio Elena

Nach einer Erhebung eines Entwicklungshilfeprojekts des österreichischen Vereins «Frauensolidarität» litten viele der Blumenarbeiterinnen an den gleichen Symptomen wie Erbrechen, Kopfschmerzen, Haut- und Augenentzündungen. Immer mehr Kinder wurden mißgebildet geboren.

Laßt Blumen sprechen. Auch am Muttertag erzählen sie nichts davon.
Saatgut und Pestizide stammen in der Regel aus dem Ausland, 1980 wurden rund 120000 Kilogramm Pestizide gegen die Krankheiten der anfälligen Zuchtblumen gespritzt. Darunter so akut-giftige Pestizide wie Paraquat und Dutzende von in Europa verbotenen oder nicht zugelassenen Pestiziden wie zum Beispiel Aldrin. Aldrin kann zu Leber- und Nierenschäden und zu Fehl- und Frühgeburten bei Frauen führen. Beim hochgiftigen Paraquat genügt bereits eine Aufnahme von weniger als zehn Milligramm pro Kilogramm Körpergewicht, um zum Tode zu führen. In jedem Gewächshaus wird durchschnittlich zweimal pro Woche gespritzt. Die Blumenarbeiterinnen heißen in Kolumbien poetisch: mujeres en flores (Frauen in den Blumen). Genauso passend wäre «Frauen im Gift».
Die Nelke am Knopfloch des Gewerkschafters auf der 1. Mai-Kundgebung ist aus Kolumbien. Ob er eine Vorstellung von den Arbeitsbedingungen und Löhnen der Blumenarbeiterinnen hat? Der Lohn liegt bei etwa 6 DM. Aber nicht pro Stunde, sondern für einen zehnstündigen Akkordtag und das Bearbeiten von etwa mehreren 1000 Blumen.

Eine Rose im Geschäft kostet etwa 2 DM. Der Einzelhändler hat dafür 1 DM gezahlt, der Großhändler 50 Pfennig und der Importeur 25 Pfennig. Die Frachtkosten liegen bei 10 Pfennig, der kolumbianische Verkäufer erhält 15 Pfennig. Die Blumenarbeiterinnen stechen sich an den Dornen.
Sie arbeiten im Akkord, meist ohne Versicherungsschutz und in Saisonarbeit. Nach zähem Ringen haben sich die Arbeitsbedingungen etwas gebessert, wie die Gruppe Frauensolidarität berichtet. Auch werden die Schutzbestimmungen bei der Pestizidanwendung besser eingehalten, die Frauen bekommen zumindest Handschuhe gestellt und genügend Zeit für die Mittagspause im Freien. Erst im Laufe der Zeit interessierte sich die traditionell männlich eingestellte Gewerkschaft für die Lage der Blumenarbeiterinnen. Mittlerweile ist der Männeranteil gestiegen, wobei die Männer meist die etwas besseren Arbeiten innehaben (Pestizide spritzen u. ä.). Die Stellen sind trotz allem begehrt: immer noch besser als keine Stelle und kein Geld. Die wirtschaftliche Lage der meisten Kolumbianer ist desolat, die Arbeitslosigkeit extrem hoch, drei Viertel sind mangelernährt.

Mit der Zeit werden die Böden erschöpft und sind pestizidverseucht. Gleiches gilt für das Grundwasser. Dies und die erkämpften bescheidenen Schutzbestimmungen waren Grund genug für die nordamerikanische Company mit dem blumigen Namen «Everflower», ihre Produktion zu verlagern: zum Beispiel nach Mexiko.
Das moderne Märchen könnte noch etwas grausamer werden. Das Kölner Max-Planck-Institut für Züchtungsforschung plant einen Freisetzungsversuch mit gentechnisch veränderten Petunien. 37000 ehemals weiße Petunien sollen ziegelrot blühen. Einige – so hoffen die Forscher – werden aber wieder weiß blühen und lassen damit Rückschlüsse auf ein bestimmtes Phänomen zu (die sogenannten «springenden Gene»), das näher untersucht werden soll. Mit den Petunien, ansonsten harmlosen Balkonblumen, soll in der Bundesrepublik die erste gezielte Freisetzung gentechnisch-veränderten Materials getestet werden. Das Experiment soll der Grundlagenforschung dienen und natürlich «ungefährlich» sein.
Den gentechnisch veränderten Petunien wurde ein Mais-Gen eingepflanzt. Auf Grund der Besonderheiten des technischen Verfahrens mußten die Max-Planck-Forscher ein weiteres (bakterielles) Gen mit einbauen, das für eine Antibiotika-Resistenz(!) verantwortlich ist. Was damit bei der Freisetzung passieren kann, wurde gar nicht erst weiter untersucht.

Pyrethrum – die Dorne der Chrysantheme

Das Beispiel der Petunien zeigt, daß die industriell-technische Verwertung, die unser Leben und landwirtschaftliche Produkte aller Art durchdringt, nicht einmal vor den Blumen mehr halt macht. Und es läßt dunkle Ahnungen aufkommen, warum die Industriestaaten ein besonderes Interesse haben, die tropischen Regenwälder als «Genpool» zu erhalten.
Die Nutzung vieler Pflanzen und Blumen als Heilpflanzen – von der Kamille bis zum Fingerhut – ist bekannt. Aber Blumen werden auch für die Gewinnung anderer «Naturstoffe» genutzt, zum Beispiel von Insektiziden! Das natürliche Insektizid Pyrethrum wird aus Chry-

santhemenblüten gewonnen. Die Pflanze stammt aus dem Mittleren Osten und war schon bei den alten Römern als «Persisches Insektenpulver» gegen Läuse und Flöhe bekannt.
Kenia und Tansania produzieren jährlich ca. 23 000 Tonnen Trokkenblüten, mehr als 90 Prozent der Welternte. 1973 waren in Kenia etwa 85 000 kleine Anbauer an der Produktion beteiligt.
Pro Hektar wachsen etwa 35 000 Pflanzen mit einem mittleren «Ertrag» von 900 bis 1300 kg Blüten und Stengeln. Der Pyrethrumgehalt beträgt pro Blüte etwa 0,3 bis zwei Prozent.
Die Anbaubedingungen entsprechen denen anderer «cash crops» (wie Kaffee oder Tee), Anbau und Weiterverarbeitung sind sehr arbeitsintensiv.
Das Pyrethrum ist – als Insektizid – natürlich giftig und sollte auf keinen Fall in Innenräumen Anwendung finden. Seit den siebziger Jahren werden synthetische Verwandte des Pyrethrums im Großmaßstab eingesetzt: die Pyrethroide. Etwa 30 Prozent aller Insektizide, die weltweit eingesetzt werden, sind Vertreter dieser Klasse. Die Pyrethroide sind im Schnitt noch giftiger und umweltschädlicher als das Pyrethrum selbst.
Wenn man alle Insektizide, die in der Bundesrepublik eingesetzt werden (1600 Tonnen), durch Pyrethrum ersetzen wollte, würde allein dafür eine Anbaufläche von ca. 600 000 Hektar benötigt. Ein weiteres Beispiel, daß auch die industrielle Gewinnung von «Naturstoffen» problematisch sein kann.

Mit fünf Mark dabei

Blumen sind schnell vergänglich. Dementsprechend gibt es drei Absatzwege. Wenn die Tulpen und Fresien in den Blumengeschäften (Weg 1) kurz vor dem Verblühen stehen, werden sie zu bunten Sträußen gebündelt und billiger über Lebensmittelgeschäfte (Weg 2) verkauft. Der dritte Absatzweg führt abends durch die Kneipen der Großstädte. Meist sind es junge Asylanten, die Rosen anbieten und sich in der Nachfolge der Blumenfrauen versuchen, die in der «guten, alten Zeit» durch die Gaststätten zogen. Während die Blumenfrauen früher stadtbekannte Originale mit dem dazugehörigen Mundwerk waren, bringen die unbekannten Flüchtlinge, die in der

Petunien –
Schneeweißchen und Ziegelrot

Und sie ließ sich auf einem samtenen Sessel nieder und harrte der Dinge, die da kommen sollten. Da breitete der königliche Jüngling ein großes weißes Tuch aus, führte schweigend eine Prinzessin um die andere in das Nebengemach und verhüllte sie damit, wo sie alle sobald einschlummerten. Dann schnitt er einer jeglichen das Herz aus, zuletzt auch seinem lieben Gärtnermädchen. Der Ballsaal verwandelte sich in eine grünende Gartenflut, von einem goldenen Zaun umschlossen, von singenden Vögeln durchflattert. Da vergrub der Jüngling die Herzen und sprach bei einem jeglichen:

‹Blühe, blühe, blühe
aus der Erde auf!
Bist du rein
Wirst du hold gedeihn.
Aber treibe wilde Dornen
Wenn du bös wirst sein.›

Bald keimten und sproßten Zweiglein und Blättlein empor. Wilde Dornensträuche wuchsen rasch aus der Erde; nur hie und da erschloß sich eine farbige Blüte.

Aber in des Garten Mitte stand ein Blütenstengen,
dessen zartem Kelch entfaltete sich eine herrliche Rose,
eine Rosenkönigin.
Glänzender Tau träufte auf sie nieder,
und das grüne Laub schmiegte sich zärtlich an die Blüten.
Jetzt kam eine Schar Nachtigallen
geflogen, die die Rosenkönigin umkreiseten und sangen:

‹Holde Rose, holde Rose,
Hehre Blumenkönigin!
Du die schönste unter allen,
Du die reinste unter allen
Sollst die ganze Welt bezwingen
Mit der frommen Liebe Sinn.
Hehre Rosenkönigin!›

Aber um die Dornensträuche flogen schwarze Raben
und krächzten auch ihr Lied:

‹Wilde Dornen, wilde Dornen,
Schwarz wie unser Nachtgewand.
Sollt am besten uns gefallen
Mit den tausendfachen Krallen.
Sollet dienen in der Höllen,
In der ewgen Pein, zum Brand.
Schwarze Dornen, Nachtgewand.›»

Aus: Die Rosenkönigin

Regel große Sprachschwierigkeiten haben, schlechte Voraussetzungen mit. Meist haben sie gekürzte Sozialhilfe und keine Arbeitserlaubnis, erst recht keinen Wandergewerbeschein.
Importfirmen verkaufen ihnen im Sonderangebot die Blumen, die kurz vor der (Müll-)Kippe stehen. Eine Mark pro Rose bleibt dem Asylanten – und das Risiko. Rosen haben viele Dornen.

LITERATUR

- epd-Entwicklungspolitik 3/87: «Flower, Power & Co. – Blumenhandel zwischen Erster und Dritter Welt» (Friedrichstraße 2, 6000 Frankfurt am Main)
- Gen-ethischer Informationsdienst Nr. 37/1988, S. 2f und S. 11ff und Nr. 42, S. 4ff (zu Petunien-Freilandversuch)
- Frauensolidarität (Hg., Adresse s. u.), Feiler, Lizzi, Kreishy, Eva und Lunacek, Ulrike: Projektbericht «Kolumbien – Verbesserung der Arbeitsbedingungen der Arbeiterinnen in der Blumenindustrie im Gebiet Sabana de Bogotá». Wien 1986
- Jäger-Mischke, Ismene und Wollny, Volrad: «Pyrethrum und Pyrethroide – Ein Beitrag zur Naturstoff-Diskussion». Öko-Institut, Werkstattreihe Nr. 50, Freiburg 1988
- Die Rosenkönigin, Deutsche Märchen, Band I, S. 478/79, Winkler-Verlag, München 1979

ADRESSEN

- Gen-ethischer Informationsdienst, Potsdamer Straße 96, 1000 Berlin 30
- Frauensolidarität, Weyrgasse 5/1, A-1030 Wien, Tel.: 7133594/80
- Kolumbiengruppe Köln e. V., c/o Anna da/Molin, Lütticher Straße 31, 5000 Köln 1

Danksagung

Für ihre tatkräftige Mitarbeit an diesem Buch danken wir der Lektorin Ingke Brodersen, Bernhard Kunkler und Renate Harter für die graphische Gestaltung, Ruth Haas für Recherchen und Tipparbeit. Ursula Brunner und Georg Tiggemann und die MitarbeiterInnen des Süd-Nord-Forums Freiburg haben uns mit Informationen, Illustrationen und Diskussionen weitergeholfen. Die Arbeit wurde durch das gut bestückte Archiv der Freiburger «Aktion Dritte Welt» (Herausgeberin der Zeitschrift «IZ3W») wesentlich erleichtert.

Fotonachweis

Internationales Baumwollinstitut: S. 23, 39, Ursula Brunner: S. 63, Ralph Rieth: S. 73, Kümmerly + Frey: S. 86, Claude Martin: S. 87, Hans W. Silvester / Focus: S. 111, Volksmund: S. 127, Süddeutscher Bilderdienst: S. 141, Peter Hammer Verlag: S. 183, Deutsches Kaffee Institut: S. 217, edition día: S. 233, 235, 267, Richard North: S. 246, Lamuv-Verlag: S. 124 unten, rotpunktverlag: S. 261 oben und unten, Armin Haab: S. 167, Henri Cartier-Bresson / Magnum / Focus: S. 179

Zu den Autoren

Dr. Rainer Grießhammer, geb. 1953, ist Chemiker, schreibt gern («Der Öko-Knigge») und ist seit langem umweltpolitisch tätig. Bis 1989 war er Geschäftsführer im Öko-Institut.
Claudia Burg, geb. 1960, ist Lehrerin, hat eine Vorliebe für Freie Schulen, absolviert eine Logopädie-Ausbildung und arbeitet ehrenamtlich in Dritte-Welt-Läden.
Beide tragen gern Jeans, essen Bananen, trinken Kaffee ohne Zucker und lieben Blumen.

28,- DM